立ち退かされるのは誰か？

ジェントリフィケーションと脅かされるコミュニティ

山本薫子 Kahoruko Yamamoto

慶應義塾大学出版会

立ち退かされるのは誰か？◇目次

目次

第Ⅱ部　現代のジェントリフィケーションを考える

序章　ジェントリフィケーションとは何か

1　「ジェントリフィケーション」とは

「ジェントリフィケーション」（gentrification）という語をこれまで聞いたことがあるだろうか。もしも、この語を何回か聞いたことがあるとすれば、それらがそれぞれどのような意味の語として、どのような立場から用いられていたか、思い出してもらいたい。なぜこのようなことを書くかというと、ジェントリフィケーションは、誰が、どのような文脈で用いるかによってその意味する現象、対象が異なる場合が多い、という類の語だからだ。

ジェントリフィケーションの一般的な説明としては、インナーエリアと呼ばれる、中心部の労働者住宅地域、低所得地域が再開発され、高級住宅や中流層（ミドルクラス）以上の人々を対象とする商業施設が新たに開業することで、住民の入れ替わりが起き、より高所得の住民が増加する現象である。

ジェントリフィケーションは、今日、世界中の都市が直面する重大な現象の一つとして注目され、同時に社会的弱者の困窮や排除を促進するとして批判もされてきた。一般には、一九九〇年代以降に注目され始めた都市の現象で、当初は欧米諸国の大都市を中心に指摘されていたが、現在はアジアをはじめとするその他の地域、さらには世界中の都市でも生じているとされる。

しかし、ジェントリフィケーションという語は、今日、広く流通しているがゆえに、幅広い場面で用いられがちな語でもある。ややもすると、使い勝手のよい、一種のマジックワードのような不安定さもある。

2　都市の分極化

ジェントリフィケーションはどのようにして生じてきたのだろうか。

ジェントリフィケーションという語が最初に使用されたのは一九六四年だが、広く注目されるようになったのは一九九〇年代以降のことである。そして、その背景には一九八〇年代以降の都市が直面した変化がある。

一九八〇年代以降、都市のグローバル化、経済のサービス化、情報化が進んだことで、都市の社会構造に変化が生じた。具体的には、高学歴、高所得で専門職に従事する人々（アッパープロフェッショナル等）と、低所得で非正規のサービス労働（サービス産業での労働）等に従事する人々の人口規模がそれぞれ拡大した。このように、社会全体の階層構成が上層と下層に分かれていくことを分極化、そのような状態の都市を二重都市（デュアル・シティ）と呼ぶ。

分極化、二重都市は、欧米の大都市を対象にした研究、分析をもとに研究者らによって指摘されたものだが、当然ながら都市・地域はいずれも地理、歴史、産業、人口構成など多くの点でそれぞれ固有の特性を持つ。たとえば日本の都市の分極化については現在まで多くの検証がなされてきており、現在も検証が進められている。その中には、新たな階層構造の出現、三層への分化に関する指摘など、単なる二極化ではないという議論もある。日本に限らず、他のアジアや中南米、アフリカ等の地域のいずれにおいても、必ずしも欧米大都市と同列に都市の分極化を見るのではなく、都市の実態をより詳細、具体的に把握し検証することが必要だと言えよう。

3　再開発とジェントリフィケーション

多くの欧米都市では一九七〇年代ごろにインナーエリアにおいて貧困の集中、治安の悪化、人口やビジネスの流出といった都市の衰退が進んだ。こうした事態への対応策として、一九八〇年代以降にインナーエリアの再開発が進み、老朽化した建物が改装（リノベーション）されたり、建て替えられるなどした。これらは不動産価値を上昇させるとともに、再開発されたインナーエリアに中流層が新たな居住者、消費者として戻ってくること（都心回帰）を促進するものでもあった。

再開発されたインナーエリアで何が起きたかというと、地価上昇に加えて、老朽化した建物の取り壊しや改装、新しい商業施設やマンション（集合住宅）の建設、中流層向けの小売店や飲食店が増加した。これを地域の「高級化」とも呼ぶ。中心部の再生・活性化を推進する立場から見れば、それまで衰退傾向にあった中心部に人々（住民、消費者）と活気が戻る、という好ましい現象として映る。人口が回帰することで、これまで空いていた土地や建物・部屋に借り手が現れ、経済が活性化し、賑わいが生まれ、自治体の税収も増える。日本でも、特に地方都市の多くで経済衰退、地域社会の停滞が懸念され、都市中心部の活性化が試みられている。そうした取り組みや施策は直接的にジェントリフィケーションと呼ばれることは少ないが、構造的に見れば類似点は多い。

4 ジェントリフィケーションに対する批判

一方で、再開発されたインナーエリアにもともと住んでいた人々、その地域の小規模商店を利用していた人々からはどのように見えるだろうか。同じ光景を目の前にして、まったく反対の見方になる場合も多いだろう。

それらの人々から見ると、地価上昇によって家賃が上昇し、馴染みの小規模商店が閉店し、以前よりも高い価格の商品ばかりが売られるようになり、以前よりも生活しにくい状況が生じる。これは明らかに望ましいことではない。場合によっては、もっと家賃・賃料の安い他の場所へ移り住まなくてはいけない、という事態も生じるが、これが「立ち退き」である。立ち退きは必ずしも家賃・賃料の高騰だけによって生じるわけではない。周囲の同じような立場の人々が立ち退くことで自分も立ち退かざるを得ないと感じたり、周囲に高級店や社会階層の高い人々が増えることで一種の圧力を感じることによる立ち退きも起きうる。

そして、再開発によって新しい商業施設やマンションが増えていくことは、都市空間が審美化されていくことでもある。都市空間の審美化とは、建物等が建てられたり、改装されるなどして、外見的な「新しさ」「きれいさ」を多くの人々が感じるような場にすることであり、ゴミが落ちていない、掃除が行き届いているといった「清潔さ」「クリーンさ」が含まれることも多い。ただし、都市空間の審美化に対しては立場によって評価は分かれ、都市の経済活性を目指す立場から見れば、「街が新しくきれいになる」ことは望ましく、そのことを維持するために清掃だけでなく、警備、防犯等のセキュリティの強化も進められていく。それは単に管理者の判断だけによるのではなく、そこを利用する住民、消費者らによる安全・安心を求める意識の高まりによるものでもある。そして、その背景には見知らぬ他者への恐怖・不安感がある。海外の事例では、ジェントリフィケーションの高まりによって警察の取り締まり（特に低所得者に対する取り締まり）が増えた、中流層の住民・消費者による警察への通報が増えた、という指摘もされている。

低所得の住民やホームレス状態の人々の側から見たとき、審美化され、セキュリティが強化された都市空間は、非常に居心地が悪い場所となる。もともと自分たちが暮らしていた地域であるにもかかわらず、ただ歩いているだけ、座っているだけで「何かしでかすのではないか」と疑いの目で見られたり、寝転ぶことや長時間座り続けることができないような設計のベンチや椅子が増えたりする。明らかにその空間からの追い出しや排除が意図されているように感じられるものばかりだ。この背景には、ジェントリフィケーションによって都市インナーエリアの低所得地域そのものが空間的に縮小している、低所得の住民やホームレス状態の人々が過ごせる場所が相対的に減っていることが大きく関係している。

そして、都市活性化を期待する楽観的なジェントリフィケーション観に対して、ジェントリフィケーションそのものが都市インナーエリアを新たに商品化するものであり、その過程の中で立ち退きや排除が正当化されていくという批判もある（スミス 一九九六＝二〇一四）。この正当化のプロセスの中で、特定の社会的カテゴリーの人々を貶《おとし》めるようなイメージ付与がなされ、バッシング（非難）がなされるといった動きもある。たとえば、「怠け者や税金泥棒なのだから追い出されても自業自得」などといった言説である。こうした点からも、ジェントリフィケーションによって都市の低所得地域がどのような影響を受けているのか、検討することは重要だ。

5 ジェントリフィケーションは日本でどのように報道されてきたか

では、日本ではいつから、どのような文脈で、このジェントリフィケーションという語が用いられるようになったのだろうか。

日本で初めてジェントリフィケーションという語が掲載された記事は、一九八八年に『朝日新聞』と『日本経済新聞』でそれぞれ一件ずつあった（「中流が追われる街　貧富の両層に住宅2極化　「放置ビル買って」市は懸命の再生策」、「海外報告（米国）――よみがえる伝統的町並み、根強い歴史への愛着」）。いずれも米国の社会情勢に関する国際報道で、ニューヨークなど米国の大都市での再開発、家賃上昇、低所得の住民の追い出しが社会問題となっている状況に関するレポートである。米国を中心とする海外でのジェントリフィケーションに関する報道の大半は類似した論調であり、ジェントリフィケーションを「問題」として位置づけている。これは一九八八年から二〇二四年までの期間で一貫している(1)。

日本国内の事象に関する報道を見ると、ジェントリフィケーションという外来語がどのような意味を持って、それぞれの時代ごとに日本社会に浸透していったかを知ることができる。日本で初めてジェントリフィケーションという語が用いられた記事は一九八九年の『日本経済新聞』の記事（第一章多面鏡に写す（一五）アメリカ村曲り角――持ち味薄れ高級化の波（わが関西））だが、ここでは、大阪市内の通称「アメリカ村」と呼ばれる地域に大手商業資本が進出することで生じている変化・問題について報じている。記事では、ジェントリフィケーションという語を「薄汚く、古びた町並みが、市街地再開発などで高級な地域に変わっていくこと」と説明し、「アメリカ村」での地価高騰や個性喪失等を問題視している。一方で、同じ『日本経済新聞』の一九九〇年の記事（「湘南ブランドはおおらかな気品――神奈川県など商品開発」）ではジェントリフィケーションという語が商品を販売する側から見て望ましい、消費者の「高級化」（高所得化）と解釈され、高級化した（高所得の）家族という意味合いの「ジェントリフィケーションファミリー」という造語が登場している。

そして、十数年以上にわたってジェントリフィケーションという語は紙面にはほとんど登場しなかったが、二〇〇八年に関西社会経済研究所（当時）が大阪市の再生を目指す提言「水都ジェントリフィケーション　大阪トライアングル構想」を発表したことが『日本経済新聞』で報道されている（「関西社会経済研、水都再生へ提言」）。この提言では、ジェントリフィケーションは都市再生の取り組み手法の一つと位置づけられ、ニューヨークのソーホー地区の例に倣《なら》って、老朽化、貧困化によって停滞したインナーシティを再生する方法とみなされている。このように一九八九年に掲載された記事で扱われた日本国内の事象ではジェントリフィケーションという語が地価高騰等と結びつけられて問題視されていたものの、それ以降の一九九〇年、二〇〇八年に掲載された記事では高所得の消費者獲得や都市再生という意味に解釈され、好意的にとらえられていることがわかる。

二〇一二年に『日本経済新聞』に掲載された経済論評（「都市の構造と課題（6）」）でも、政策やディベロッパーによる再開発によって高所得者の都心回帰が起き、地価や家賃、固定資産税などが上がることでそれまでの居住者が追い出される現象をジェントリフィケーションと位置づけている。この記事では、もともとの住民や新たに居住する住民の双方にマイナスの影響が生じる可能性にも触れつつ、そうした再開発が都市の効率性や周辺地域の安全性を高め、特に密集した大都市では非常に多くのメリットがあると述べている。

ジェントリフィケーションに対するこうした好意的な評価が一変するのは、二〇一〇年代半ばである。一九九六年に米国で出版されたN・スミス『ジェントリフィケーションと報復都市—新たなる都市のフロンティア』の翻訳が二〇一四年に日本で出版され、その書評が二〇一四年の『毎日新聞』に掲載された（「今週の本棚・新刊」）。この記事では、ジェントリフィケーションについて、貧困層が多く、停滞気味の大都市中心部が再開発されることによって再活性化する一方で、もともとの住民が減少し、地域文化の喪失にもつながりかねない、としている。具体的な例も示されており、下町の観光スポット化、芸術家の活躍の場とされることなどが挙げられている。当時すでにそれらに類似した事例は国内都市の各地で生じており、読者の見知った出来事と関連づけながら、ジェントリフィケーションの負の側面に警鐘を鳴らす記事となっていた。

そして、ジェントリフィケーションに関するこのような見方を反映した記事が、同じ『毎日新聞』に二本掲載されたのが翌二〇一五年である。この二本はいずれもコラム（エッセイ）であり、片方はオリンピックなどのスポーツ・メガイベントの問題点について（「発信箱：光と影」）、もう一方は長く「寄せ場」として知られてきた大阪・釜ヶ崎を例に芸術活動が地域にジェントリフィケーションという負の影響をもたらしかねないことへの気づきと危惧について書かれたもの（「ならまち暮らし――芸術という罠」）である。なお、後者は奈良版に掲載されたが、二〇一八年に、それを引用して主に高齢者の住宅問題の観点から野党国会議員が参議院で質問を行っている(2)。

そして、二〇一八年に掲載された記事二本（インタビュー「（聴く！）神戸大教授・小笠原博毅さん『万博反対』の論理」、投書「反対続け排除される人守る」）はいずれもジェントリフィケーションを地域にマイナスの影響を及ぼしかねない「高級化」とみなし、「地域の特性や文化が失われる」「時代遅れの開発主義、拡張主義」として大阪万国博覧会（万博）開催反対を訴えている。二〇一八年に『日本経済新聞』に掲載された経済論評（「東京一極集中の功罪（中）」）は、今後、日本でも都市中心部への高所得世帯集中の可能性があり、それが地域の社会経済の構成に変化を生じさせて問題が生じるかもしれない、と指摘している。

このように、このころから日本国内の都市問題につながる可能性のあるものとしてジェントリフィケーションが認識され始めたが、その背景には、メガイベント（東京オリンピック・パラリンピック（当初予定二〇二〇年）、大阪万博（二〇二五年予定））の開催にともなう再開発・都市再編の進行もあったと推測できる。

二〇一〇年代後半には、日本国内の都市で生じている事象に対してジェントリフィケーションという語を用いて批判的にとらえる記事が目立つようになったが、二〇二〇年前後以降に掲載された記事を見ると、（1）断定的な評価が避けられていること、（2）インバウンドによる価格上昇やフードデザート（食の砂漠＝生鮮食料品等の入手が困難な地域）などそれまで取り上げられてこなかった論点が扱われるようになったこと、の二点を指摘できる。二〇一九年の『読売新聞』、二〇二一年の『朝日新聞』にはいずれも、大阪・釜ヶ崎の変化について紹介する記事が掲載されている（「西成　外国人ビジネスの波　あいりん地区周辺」、「釜ヶ崎PR、ぶつかる思い　「印象変えたい」×「貧困、見せ物でない」」）。釜ヶ崎での社会変化についてジェントリフィケーションだとして批判的にとらえた記事はそれまでも掲載されているが、ここで注目したいことは、二〇一九年の『読売新聞』記事では「大阪市西成区でジェントリフィケーションが起こるかどうかについては、有識者の間でも見解が分かれている」とし、二〇二一年の『朝日新聞』記事では「街の活性化を困窮者の雇用につなげる視点が大切」「路上生活を送る人たちは置き去りにされている」という、専門家による異なる視点のコメントを掲載している点である。

また、新型コロナウイルス感染症拡大による規制等が一定程度緩和された二〇二三年には、『日本経済新聞』が訪日客の急増がホテル等の価格を押し上げている現象について扱った記事（「JRが外国人パスを大幅値上げ　客価格、手本は途上国」）を掲載し、そこで「都市に富裕層が増え一般人が住めなくなる現象」としてジェントリフィケーションを紹介している。同じ年に『日本経済新聞』は「富裕層が移り住み、居住環境が変わる現象」としてジェントリフィケーションを説明した上で、東京の都心部で手ごろな価格で生鮮食品が買えるスーパーや個人商店が撤退し、いわゆる「買い物難民」が発生している問題を取り上げている（「『食の砂漠』都心にも買い物難民　大型開発で住環境変化」）。

報道される記事数全体の中では依然として数は少ないものの、二〇一五年から二〇二四年六月までだけを見ると、ジェントリフィケーションという語が登場する記事数はそれまでよりも増加し、また日本国内の事象を扱った記事と海外の事象について扱った記事の数は同数であった（各一三件）。このことは、日本国内でも徐々にジェントリフィケーションという語が浸透しつつあることと、日本の都市で実際に生じている事象、現象を問題視して検討する際にジェントリフィケーションという語が用いられるようになってきたことを示している。一方で、これまで見てきたように、その意味する内容に依然としてばらつきがあることは否めない。

6　ジェントリフィケーションという語の誕生と混乱

新聞報道の推移からもわかるように、日本の都市については欧米ほど積極的にジェントリフィケーションに関する指摘、議論はされてこなかった。その主な理由として、住宅不足や住環境をめぐる格差の拡大が欧米ほどは深刻化していないことも挙げられるが、しかし実際にはジェントリフィケーションと呼びうる事象は起きている。日本では住宅地域ではなく商業空間での変化やアートを用いた地域活性に関してジェントリフィケーションが指摘されがちであったことも欧米との違いであろう。

ジェントリフィケーションという語は、単に地域の人口（住民、消費者）が入れ替わる状況のみを指すだけでなく、再開発に対する批判、新自由主義的な不動産市場に対する批判の文脈でも用いられてきた。同時に、地域の経済活性をうながすための新たな提案や方策を考える場面ではむしろポジティブな意味合いで用いられることもある（「水都ジェントリフィケーション」など）。いずれにしても、今日の都市で起きている現象について知り、課題や政策について考える際に欠かすことができない語であることは確かだ。

ジェントリフィケーションという語を初めて使用したのは、英国の社会学者ルース・グラス（Ruth Glass　一九一二年〜一九九〇年）である。日本がちょうど高度経済成長期真っ只中にあった一九六四年に英国で出版された、グラスと他の研究者らによる共著書『ロンドン――変化の諸相（*London: Aspect of Change*）』（一九六四年）で初めて使用された。グラスは、一九五〇年代後半のロンドンで低所得層が住まいを追われ、その後に中流層などが移り住み、その地域の社会構成（住民、商店、施設、社会関係、雰囲気等を含めたすべて）が変化する状況を呼び表すものとして、ジェントリフィケーションという新語を考案した。その後、特に、グラス没後の一九九〇年代以降、この新語は広く世界的に流通し、今日に至っている。今日、都市研究、社会学、地理学などの教科書ではジェントリフィケーションという現象について必ずと言ってよいほど紹介・説明がされている。

ジェントリフィケーションをはじめとして、当時、グラスが注目した都市の変化とそれにともなう社会や人々への影響は、今日、よりいっそう顕著となっている。そして、それらは、ロンドンに限らず、多くの先進国都市で大きな社会課題ともなっている。たとえば、適正価格の住宅（アフォーダブル・ハウジング）の不足、住環境をめぐる格差の拡大とそれを背景にした若年層の郊外流出などがある。また、移民の増加、貧困、差別の問題も重要な都市の課題である。

一方で、当時グラスが想定していなかったような都市の現象も生じている。たとえば、居住ではなく投機目的のマンションやコンドミニアム（分譲集合住宅）の購入、民泊と呼ばれる旅行者等への住宅や部屋の提供などはグラスの時代には起きていなかった。このように、住宅や居住をめぐる状況は時代とともに変化してきた。また、公共空間でのパブリックアート設置にともなう観光化やアートイベントに対して、低所得層の排除や公共空間の管理をもたらしていると批判的にとらえ、アートウォッシングと呼び、ジェントリフィケーションの一種として批判する動きもある。これらも含め、都市開発・再開発やそこで生じた変化の全般をまとめてジェントリフィケーションと呼ぶ状況も一部では生まれている。むろん、地価・家賃の上昇や賃貸住宅からの住民の追い出し、貧困はずっと以前から存在していた事象ではないか、という指摘もできよう。何が新しい現象で、何はそうではないのか、という混乱も今日のジェントリフィケーションという語をめぐって生じている。都市において生じる変化のスピードはさらに速くなり、そこでの現象を分析するための変数はさらに複雑になってきている。

かつては「都市研究」という一つの枠組みで都市の事象を全体的にとらえようとする学問的試みが現代よりも積極的に行われていた。しかし、時代が進み、学問分野の細分化、都市に関わる産業の多様化などを背景として、多くの研究者や論客がそれぞれの立場から都市とそこでの現象を説明するための用語、方法を考案し、発展させてきた。そうした中でもジェントリフィケーションはとりわけ注目の対象であり、どのように新たにとらえ直すか、という試みや、新たな概念の構築が各地で目指されている。たとえば、近年では「プラネタリー・ジェントリフィケーション[3]」という新たな枠組みも登場し、注目されている[4]。

7 ジェントリフィケーションをめぐる都市問題の由来を探る

都市で生じている現象の要因は、必ずしもその都市の中だけに存在するわけではない。特にグローバル化の進展以降、世界中の都市では類似の現象が生じ、それらは同じ語（たとえばジェントリフィケーション）で呼ばれている。一方で、私たちは、自分の生活にも関わるような変化（日本で言えば、駅前商店街の衰退、家族経営小売店の閉店、大規模マンションの増加や都市空間の景観変化など）そのものを具体的に認知しても、それらに関わる社会や都市の全体状況がどうなっているのか、詳細に知ることはなかなかできない。グローバル化を背景に、都市の変化を説明するための変数・指標は多様化・複雑化し、影響が及ぶ範囲も広域化している。

ことばが時代を超えて使用されていくことでその意味内容が徐々に変質していくことは普遍的な現象である。ジェントリフィケーションという語が生まれたとき、グラスは何を見て、何を問題と考え、何を指摘するためにこの語を考案したのだろうか。そして、そこでグラスが見た光景や問題の構造は現代に置き換えるとどのようなものだろうか。

今日、欧米をはじめとした都市では、中心部の再開発が進み、インナーエリアの再編と地価上昇が続いている。特に、住宅価格、家賃の高騰は著しく、大きな社会問題となっている都市も多い。こうした状況は低所得層、若年層、高齢者層などへの圧迫、都市における分断状況となって現れている。こうした中で、グラスの業績を振り返り、グラスが着目した都市の変化とそこでの問題を知ることは、単に過去を振り返るだけでなく、都市の変化、とりわけ住宅や人々の生活に関わる変化の総体を現代史の中で把握し、今、私たちが目の当たりにしているそれぞれの事象の背景、由来をたどる経験でもある。

本書は二部構成となっている。第一部ではグラスの業績や現代から見たその意義についてまとめた。第1章「『ジェントリフィケーション』の名づけ親　ルース・グラス」でグラスの経歴を紹介した後、第2章「英国の住宅はどう変わったか」で英国の住宅政策のうち、グラスの著作・研究に関わる時期について概要と流れを紹介する。

そして、第3章から第6章では、グラスの業績をたどりながら、当時の英国およびロンドンの住宅、都市問題へのグラスの関わり、問題関心を探っていく。第3章「地域コミュニティの重要性」では、グラスが関わった公営住宅団地等での住民調査について紹介し、これらを通じてグラスが住民らによる地域コミュニティ形成を重要だと考えるようになった経緯について説明する。そして、第4章「労働者の賃貸住宅をめぐる新たな問題」では、中心部をはじめとしたロンドン全体の社会変化を通じていかにしてグラスがジェントリフィケーションという現象を発見したか、当時それはどのような問題だったのか、グラス自身の記述も参照しながら紹介する。さらに、第5章「移民労働者の増加と『人種問題』」と第6章「スケープゴート化された移民たち」では、移民（西インド諸島出身者）増加に対する英国社会の反応や混乱について研究・分析を行ったグラスの後期の著作の内容に触れながら、移民増加に揺れる当時の英国社会や英国人をグラスがどのように考えていたのかを紹介する。そして、第7章「現代から見るグラスの意義と再評価」では現代の視点からグラスの業績の意義について考える。

第二部では、グラスが生きた時代のロンドンから離れて、カナダ・バンクーバーと横浜という現代の二つの都市についてジェントリフィケーションの観点からそれぞれの状況や課題について考える。第8章から第12章ではカナダ・バンクーバーのインナーエリアに位置する低所得地域ダウンタウン・イーストサイド（DTES）で生じたジェントリフィケーションをめぐる変化や課題について紹介する。第8章「カナダ・バンクーバーの住宅不足と家賃高騰」ではバンクーバーでの住宅をめぐる状況、課題について、第9章「バンクーバーの低所得地域ダウンタウン・イーストサイド」では低所得地域DTESの歴史・変化・課題について説明する。そして、第10章「DTESにおけるジェントリフィケーションへの対抗」では、低家賃住宅の不足、DTESが社会福祉施策の拠点とされてきた経緯等にも触れながら、地域社会がジェントリフィケーションにどのように直面し、それに対して人々がどのように認識し、また対抗的な取り組みを行ってきたかを紹介する。続く第11章「チャイナタウンでのジェントリフィケーションと移民の『歴史』」では、DTESに隣接するチャイナタウンでのジェントリフィケーションとそれへの対抗をめぐる状況やそこでの立場や意見の相違、その背景について説明する。第12章「縮減する低所得地域とホームレスの排除」では、DTESおよび周辺地域でホームレスが増加すると同時に排除も行われている状況とその背景について考える。

第13章「福祉化する横浜・寿町の現在」では、寄せ場として知られてきた横浜・寿町について、特に社会福祉的な役割が期待される地域に変化してきた経緯やそこでの課題について紹介しながら、ジェントリフィケーションとの関連について考える。ただし、バンクーバーと異なり、寿町ではホームレスの居場所が失われつつあるものの、家賃高騰やあからさまな住民の追い出しが起きているわけではなく、ジェントリフィケーションが生じているとは明確には言い難い。そのため、第13章については福祉的なニーズの増大にともなう地域構造の変容について焦点を絞り、主に「イメージの刷新」という観点から寿町でのジェントリフィケーションの今後の可能性について検討する。

ジェントリフィケーションという語が最初に登場した一九六四年当時と現代では都市の人口構成・産業・テクノロジー発展などさまざまな点で違いがある。また、ロンドン、バンクーバー、横浜はそれぞれに異なる歴史や社会情勢、制度等に基づく都市であり、単純な比較は困難である。しかし、今日ジェントリフィケーションと呼ばれる事象をどのように理解できるか、時代を超えてどのような都市の問題・課題があるのか、グラスが指摘したことをたどりながら、またバンクーバーと横浜の事例を参照しつつ、考えてみたい。これらを通じて、ジェントリフィケーションという語が表す現象のより深く、多面的な理解につながれば幸いである。

なお、第10章、第11章、第13章に登場する人名はいずれも仮名である。

タイトルを含むグラスの著作の翻訳はいずれも筆者によるものである。グラス以外による英語での著作等については、原題を省き、筆者による和訳や英語をそのままカタカナ表記するなどして記載した。

（1）『朝日新聞』、『毎日新聞』、『読売新聞』、『日本経済新聞』の掲載記事。検索には、それぞれ朝日新聞クロスサーチ、毎索、ヨミダス歴史館、日経テレコン21を用いた。

（2）質問第九号「『ジェントリフィケーション』への対策と老朽化した集合住宅からの高齢者の立ち退き問題に関する質問主意書」（二〇一八年二月五日、参議院）。質問四点のうち二点は「政府は、世界の主要都市で問題になっている『ジェントリフィケーション』をどのように認識しているか」「政府が『ジェントリフィケーション』を取り組むべき課題だと認識している場合、政府の住宅政策において、同現象にどのような対策を講じるべきであると考えているか、具体的に示されたい」であったが、これに対して政府は「お尋ねの趣旨が明らかではないため、お答えすることは困難である」と回答している（答弁書第九号　内閣参質一九六第九号）。

（3）諸現象が北から南へ、西から東へ（欧米から世界各地へ）広がるとみなす「グローバル化」の発想に対して、地球規模での資本の再編過程をとらえて世界各地で生じているジェントリフィケーションについて再検討するための概念。

（4）Loretta Lees, Hyun Bang Shin & Ernesto López-Morales, 2016, *Planetary Gentrification*, Cambridge: Polity.

第Ⅰ部
ジェントリフィケーションの〈発見〉

イギリス主要地図

ロンドン周辺図

第*1*章　「ジェントリフィケーション」の名づけ親　ルース・グラス

1　社会学者ルース・グラスの生涯

ジェントリフィケーションという語は、今日に至るまで広く世界的に大きな影響力を持って流通しており、その語を創出した人物としてルース・グラスの名が紹介される機会も多い。しかし、「ジェントリフィケーションという語の名づけ親」であること以外のグラスの業績や人物像はさほど広くは知られてこなかった。また、どのような経緯で、どのようなことを考えてグラスがジェントリフィケーションという語の創出に至ったのか、といったこともあまり知られてこなかった。

ルース・グラス（出生名ルース・アデル・ラザルス）は、エリ・ラザルスを父に、リリー・レクザンスカを母に持ち、ユダヤ教を信仰する家族の三姉妹の次女として一九一二年六月三〇日にドイツ・ベルリンで生まれた。ベルリン大学で学んだグラスは、一九三二年にベルリンの若者の失業に関する論考を発表した。この論考は五〇年以上後に出版された論集（『都市の破滅の常套句（*Clichés of Urban Doom and other Essays*）』）に収録されている。

ニューヨーク株式市場の暴落（一九二九年一〇月）に端を発した世界恐慌は世界的な経済危機を引き起こし、ドイツでは一九三二年六月までに六〇〇万人が失業するなど大きな影響を受けた。そして、一九三二年七月、ドイツ（ヴァイマル共和国）総選挙においてヒトラーの率いる国民社会主義ドイツ労働者党（ナチ党）が国会議席の第一党となるなど、社会情勢が急速に変化し、ファシズムが台頭する状況の中、グラスは大学卒業を待たず、一九三二年にドイツを離れた。

ジュネーブ大学やプラハで学んだ後、グラスは一九三〇年代半ばに英国に渡り、ロンドン・スクール・オブ・エコノミクス（LSE）で社会学を学んだ。一九三五年に英国人ヘンリー・ウィリアム・ドゥラント（一九〇二年〜一九八二年）(1)と結婚し、一九四一年に離婚するまで、ルース・ドゥラントを名乗った。

一九四一年から米国・コロンビア大学の応用社会調査研究部門で上級調査員として研究活動を行い、修士号（文学）を取得した。その後、一九四三年に英国に戻ったグラスは、計画・地域再建協会の講師および調査員に着任し、社会科学者として都市計画に携わった。また、一九四二年に英国人社会学者のデイヴィッド・ヴィクター・グラス（一九一一年〜一九七八年）と再婚し、その後は生涯を通じてルース・グラスと名乗った。

一九四七年から一九四八年にかけて、グラスは政策系シンクタンクに調査員として所属し、また一九四八年から一九五〇年は都市・国家計画省に新たに設置された調査部門の責任者を務めた。グラスは一九五〇年にユニバーシティ・カレッジ・ロンドン（UCL）に移り、その後は一貫して学術的な研究活動に専念する。夫のデイヴィッドは一九四八年にＬＳＥの社会学教授となっており、夫妻は「社会研究（Studies in Society）」シリーズを刊行するなど、共同で複数の著作を発表した。

一九五一年にグラスは社会調査ユニットのディレクターとなった。この社会調査ユニットは後の都市研究センター（現在の都市研究所）の前身となった組織である（一九五九年に都市研究センターに名称変更）。そして、一九五八年に調査担当ディレクターとなり、亡くなるまでその職を務め上げた。一九七二年には王立英国建築家協会の名誉研究員となり、一九八二年にはシェフィールド大学から名誉文学博士（ＬｉｔｔＤ）を授与された。一九七八年に夫を亡くしたが、その悲しみは生涯癒えることはなく、晩年の数年間は病に苦しんだ。そして、一九九〇年三月七日にサリー州サットンの高齢者施設で七七歳の生涯を終えた。

図 1-1　ルース・グラス

2　遅れてやってきた注目と再評価

グラスは英国社会学界では一定の知名度はあるが、ジェントリフィケーションという語の生みの親である以外は世界的にはほとんど知られてこなかった。日本ではこれまで評伝も含め、ほとんど紹介されたことはない。

しかし、ともに調査・研究を行うなどした専門家たちの間では、ルース・グラスとその業績に対する評価は総じて高いものであった。グラス死去時に歴史家エリック・ホブズボームは追悼文を寄せ、「チャールズ・ブースの貧困調査のその後を担うべき存在だった」という趣旨の評価をしている。身近でともに研究や調査を行った者や学界仲間はその能力、業績を高く評価していたが、社会一般にまで知られる存在ではなかった。一方で、都市計画家と協力して第二次世界大戦中に、戦後の復興計画策定のために実施したイングランド北部ミドルズブラでの地域調査の報告書『計画の社会的背景——ミドルズブラの報告（*The Social Background of a Plan: A Study of Middlesbrough*』（一九四八年）が、グラスの著作の中では例外的に現在まで版を重ねて読み継がれてきたことなど、目立ちはしないが、後世の社会に着実にその足跡を残し続けてきた。

二一世紀に入り、欧米先進国の都市において再開発が次々に進展すると同時に、地価・住宅価格が高騰し、住宅問題が人々の大きな関心対象となっている。そうした中で、社会現象としてジェントリフィケーションが大きな注目を集めるようになり、学界においても地理学、社会学をはじめとした多くの分野で多くの研究が行われている。この流れの中で、「ジェントリフィケーションという語の生みの親」としてグラスの名が頻繁に登場するようになった。

そして、二〇一〇年代後半から、イギリスを中心にグラス再評価の動きが少しずつ生じてきた。二〇二四年七月には、グラスの著作出版から六〇年を記念し、地理学をはじめとする研究者らによってロンドンでジェントリフィケーションについて議論する催しも開催された(2)。グラスの業績はそのすべてが網羅、管理されているわけではなく、センター長を務めていたＵＣＬの都市研究センターが、現在、グラスの業績のカタログ化を進めている。その他の機関での取り組みも含めて、今後、さらにグラスの再評価が進んでいくだろう。

3　グラスが見たジェントリフィケーション／見なかったジェントリフィケーション

グラスの生涯、業績を振り返ることは、現代の都市の課題や状況を改めてとらえ返すことにつながるだけでなく、イギリスの都市で見られた社会事象やそこにひそむ権力関係について現代的な視点で読み解くことでもある。これは、当時は「当たり前」とされていた価値観や慣習についてポスト植民地主義の考え方（ポストコロニアル理論）(3)をはじめとした現代の視点、議論で解釈し直すことであり、当時は気づかなかった事柄、軽視されてきた事柄に光を当てる試みでもある。また、現代の基準から見ても緻密に行われた都市住宅地域での社会調査、都市開発事業への関わりを振り返ることは、グラスをはじめとした社会科学者の住宅政策、都市計画等への貢献や役割の再確認・再評価にもつながるだろう。

一見しただけでは、現代の都市で生じている事象とグラスの業績、足跡はさほど関連があるようには思えないかもしれない。しかし、私たちが現在、都市の中で日常的に見聞きする現象、社会が直面している都市の課題の根底には、グラスが当時、強い関心を持って取り組み、探求していた都市問題、住宅問題、都市の社会での軋轢等と類似する点、構図もあるはずだ。短時間で次々に新たな事象・出来事が生まれるように見える都市においても、過去と現代は密接に結びついており、現代を深く知るためにこそ過去から学ぶことの意義は大きい。グラスがどのような問題関心を持ち、どのようなまなざしで都市を見ていたかを知ることで、ジェントリフィケーションをはじめとする、現代の都市で指摘される問題の本質を知る手がかりを得られるだろう。

本書は、あくまでも現代の視点、とりわけ現代のジェントリフィケーションをめぐる視点からグラスの業績を振り返る。そのため、グラスのすべての業績を紹介するのではなく、今日、ジェントリフィケーションと呼ばれている都市の事象に関わる事柄のうち、住宅をめぐる問題（住宅整備、家賃高騰、追い出し）、移民の受け入れ、移民に対する排除・排斥を中心に紹介したい。また、都市の地域コミュニティで住民たちが形成する社会関係、コミュニケーションやそれらの変化・衰退もジェントリフィケーションについて考える上で、重要なポイントである。これらについて、現代のジェントリフィケーションをめぐる視点からグラスの業績を振り返ることで、都市における問題の何が変わり、何が変わっていないのか、を浮き彫りにできるだろう。

一方で、グラスの時代にはまだ顕在化していなかった、あるいは存在すらしていなかったもので、現代のジェントリフィケーションをめぐる議論や指摘において頻繁に取り上げられるものもある。たとえば、居住目的以外の住宅利用（投機、民泊など）、都市のグローバル化、インターネット普及とIT化、都市でのサービス労働の増大、都市空間の審美化・観光化などである。加えて、ジェントリフィケーションの圧力を受ける側に焦点を当てれば、低所得者・ホームレスの追い出し・排除や空間的なセグリゲーション（分離）、監視・管理の強化、貧困の犯罪化なども挙げられる。これらのすべてを網羅して把握することは困難だが、その一部、とりわけジェントリフィケーションの圧力を受ける側の視点について特に関連する事象が顕在化しているカナダ・バンクーバーを取り上げ、第二部の第9章から第12章までで紹介する。また、日本の低所得地域である寄せ場の社会変化とそこでのジェントリフィケーションとの関連について、第13章で扱う。

以上の二つの側面、「グラスが見たジェントリフィケーション」「グラスが見ていないジェントリフィケーション」を合わせて知ることで、今日ジェントリフィケーションと呼ばれる事象の背景、ルーツおよびその問題点の広がりと構造についてより多角的に把握することができるだろう。

(1) ヘンリー・ウィリアム・ドゥラントはのちにマーケット・リサーチ・世論調査の分野で活躍した。
(2) https://ruthglass60.wordpress.com
(3) 特に植民地化された人々やその土地への支配や搾取を通じて、植民地主義や帝国主義がその後の時代に文化的、政治的、経済的にどのような影響を及ぼしてきたか、について批判的な視点から学術的に検討する学問の体系やその考え方。

第2章　英国の住宅はどう変わったか

今日、住宅以外の幅広い分野についてもジェントリフィケーションが指摘されている。しかし、この語を創り出したグラスはもともと英国・ロンドンで住宅に関わる問題、社会変化を目の当たりにしたことで問題意識を深めていった。では、グラスが目撃した当時の状況や課題はどのようなものだったのだろうか。そのことを知るためにも、まずはロンドンを中心とした英国の住宅をめぐる状況と政策の推移について見ていこう。

1　第一次世界大戦終結と労働者住宅の不足

英国では、産業革命が起こった一八世紀半ばから一九世紀にかけて、農村から都市に多くの人々が移住した。英国の首都でもある大都市ロンドンでは一九世紀はじめに人口が一〇〇万人を超え、一九世紀半ばには二三〇万人となった。英国では欧州諸国の中でも先んじて一九世紀から住宅政策が進められたが、その背景には工業化にともなう都市人口の急激な増加と人口過密、それにともなう衛生環境の悪化や伝染病感染等の問題があった。住宅関連法が整備され、スラム・クリアランスが政策的に進められたが、その際、地方自治体による公営住宅建設も同時に行われた。

二〇世紀前半から半ばにかけての英国の住宅政策、とりわけ公営住宅建設は二つの世界大戦の影響を受けて進展した。第一次世界大戦（一九一四年～一九一八年）によって国内の住宅建設は停滞し、家賃相場は上昇した。当時の住宅ストックの九割は民間賃貸住宅であったため、このことは一般市民、とりわけ労働者階級の居住に大きな影響をもたらした。このような状況を受けて一九一五年に家賃・抵当利子制限法が制定され、家賃規制が開始された。ただし、民間賃貸住宅の供給減少は家賃規制が導入される以前から進行していた。

第一次世界大戦が終結した後、英国内では住宅不足が生じた。これは、英国に帰還する復員者が増加したためである。このため、ロイド・ジョージ首相（自由党・労働党の連立内閣）は、五年間で五〇万戸の公営住宅の建設を目標とした住宅・都市計画法（アディソン法）を一九一九年に成立させ、中央政府による住宅市場への大規模な介入が行われた。

それまでは国家によって制定された立法の施行は各地方自治体の裁量に委ねられていた。しかし、そのことは立法を施行した場合に要する費用を各自治体が負担することでもあった。これに対して、アディソン法施行によって各地方自治体にはそれぞれの自治体内の住宅需要の調査、労働者階級を対象にした住宅供給計画の策定が義務づけられる一方で、住宅建設の費用には国庫補助が充当されるようになった。しかし、当初は一九二一年までに二一万四〇〇〇戸の住宅供給が認可されていたにもかかわらず、実績は一七万戸にとどまり、労働者階級の住宅問題を解決するまでには至らなかった。グラスが携わった、ロンドン郊外のウォトリングもこうした経緯の中で建設された公営住宅であった（第3章）。

2 公営住宅供給と持ち家の普及（一九二〇年代・三〇年代）

十分な実績に至らないなか、アディソン法による施策は中止された。そして、一九二三年には保守党、一九二四年には労働党のもとでより多くの負担を地方自治体に課した新たな住宅法（順にチェンバレン法、ウィートリー法）が制定された。これによって民間セクターによる住宅建設は活性化したが、そこで多く建設されたのは中産階級向けの分譲住宅であり、低所得者向けの民間賃貸住宅の建設が大きく増えることはなかった。総じてこの時期は、持ち家化と公営住宅の大量供給という二つの現象が同時に進行した。

一九二九年に再び政権に返り咲いた労働党（第二次マクドナルド内閣）（〜一九三一年）は、新たな住宅法（グリーンウッド法）を一九三〇年に制定・施行し、各地方自治体に対してスラム・クリアランスの実施とスラムに住んでいた人々の再居住先の確保を義務づけた。これにより、持ち家の普及とスラム・クリアランスが進行した。

一九三〇年代に住宅建設戸数は増加したが、その実態は、地方自治体による建設が増加したことと、国庫補助を受けない民間住宅の建設戸数の拡大によるものであった。新たに建設された住宅の七割程度を民間住宅が占めていた。民間住宅のほとんどは分譲であったため、住宅ストック総数に占める持ち家の比率は、一〇％（一九一四年）から三三％（一九三九年）と大幅に増加した。つまり、公営住宅政策の導入により地方自治体による住宅供給は進んだが、それと同時に持ち家化も進行したのである。

実はこの時期は、一九二九年の米国での株価大暴落に端を発し、英国経済にも大きな影響をもたらした世界恐慌による不況とも重なっていたが、不況にもかかわらず持ち家は急速に普及した。その要因として、住宅価格の低下、金利の低下、建築組合による住宅ローンの供給、電車・バスなど公共交通機関の発達を背景とした郊外での住宅用地拡大等があった。特に、電車の発達にともなってロンドンをはじめとする都市では郊外化が促進され、都市そのものの変化を背景として持ち家が普及していった。

3　第二次世界大戦後の住宅需要増大（一九四〇年代・五〇年代前半）

一九三七年に首相によって設置された「産業人口の配置に関する王立委員会」（バーロー委員会）は、二年間の調査の結果、一九四〇年に報告書を提出した。そこでは、スラムに代表される都市の過密問題や過疎地域における経済問題は都市計画の欠如によるものであると指摘され、その対策として過密地区の再開発、過密地域からの産業と産業人口の他地域への分散、ロンドンをはじめとする大都市のさらなる膨張の抑止等が提案された。グラスは、一九四三年から一九四五年にかけてロンドンのインナーエリアであるベスナル・グリーンで住民調査を実施するが（第3章）、その背景にはこのような状況があった。

第二次世界大戦によって英国は大きな被害を受け、二一万戸以上の住宅が破壊され、また破壊されたのちに修復されず放置されたままの住宅も多数あった。第二次世界大戦終結後、復員兵の増加、婚姻の増加

図2-1　1949年にロンドン市内に建設された公営住宅

にともない、英国では再び住宅需要が増大した。そこで労働党政府は一九四六年に新たな住宅法を制定して、公営住宅の建設を推進した。一九五一年までの建設実績は九〇万戸に達した。
一九四九年住宅法は、地方自治体による住宅供給の対象をそれまでの労働者階級のみから幅広い階級（スラムに住んでいた人々を含む）に広げた。そして、地方自治体がより多様な種類・規模の住宅を混在させた住宅団地を開発できるように、自治体による住宅団地での食堂やランドリー（洗濯場）施設の設置、住民への家具販売も認めた。また、家主と持ち家所有者に対する住宅改善補助金も導入された。つまり、公営住宅での持ち家所有をより重視した政策がさらに進められたのである。

一九五一年から一九六四年までの期間（保守党政権）は、英国の住宅政策では民間による住宅供給が重点化されたが、結果として十分に進まず、公共セクターによる供給に依存せざるを得なかった。一九五二年から一九五四年までの期間には年間二〇万戸を超える公営住宅が建設された。

4　家賃規制解除と民間賃貸の衰退（一九五〇年代後半・六〇年代）

公営住宅の拡大は民間賃貸住宅（借家）の衰退を意味するものでもあった。住宅ストック総数に占める民間賃貸の比率は一九一四年は九〇%であったが一九三九年には五七%に低下し、さらに、一九七一年には一九%まで減少した。第二次世界大戦中は民間賃貸住宅に対して家賃規制が適用され、戦後も継続した。一方、一九五一年から増加し始めた民間の住宅建設はその後も着実に数を増やし、一九六〇年代の中頃にピークに達した。公営住宅は一九五四年をピークに減少傾向に転換し、それと同時期にスラム・クリアランスによる老朽住宅の取り壊し・閉鎖も進められていった。

保守党が制定した一九五七年家賃法では、課税対象額三〇ポンド（ロンドンとスコットランドは四〇ポンド）以上の民間賃貸住宅に対する家賃規制が解除された。この背景には、家賃を値上げすることで修繕と維持管理の費用を捻出し、それによって民間賃貸住宅の質を改善しようとした保守党の政策があった。しかし、実際の成果を上げることはできなかった。逆に、一九五七年家賃法は民間賃貸住宅における住人の追い出し、管理水準の低下、不安定な借家権といった社会問題をむしろエスカレートさせる結果となった。一九六三年に住宅・地方政府担当大臣から任を受け、ロンドン住宅調査委員会（ホランド委員会）が設置され、そこがまとめた民間賃貸住宅の実態を調査した報告書（一九六五年）では悪質な家主が借家人を追い出すための手段などが明らかにされた。こうした状況はグラスの業績である『ニューカマーズ―ロンドンの西インド諸島移民（*New Comers: The West Indians in London*）』（一九六〇年）でも描かれている。

一九六三年ロンドン政府法に基づいて、一九六五年四月にグレーター・ロンドンが正式に発足した。一九六四年の総選挙で労働党は圧勝するが、労働党の住宅政策は公共セクターと民間セクターの住宅建設戸数を同数にするというものであった。労働党（第一次ウィルソン内閣）は、一九六五年家賃法を制定し、家具なし賃貸住宅の借家人に対し借家権の安定を保証するとともに、家賃決定に関し公正家賃（fair rents）という新しい制度を導入した。これは、借家人が高額な家賃から保護され、家主が投資に見合う利益を確保できるようにすることが目的であったが、民間賃貸住宅の衰退に歯止めをかけることはできなかった。当時の家主にとって安定した収入を得る方法はほかにもあり、貸家業はうまみのある商売ではなかった。このため、多くの民間賃貸住宅が売却された。以上のような状況を含めた都市ロンドンの社会変化に関する研究レポート（論集）として一九六四年に出版されたものが『ロンドン―変化の諸相』であり、そこでグラスが初めて用いた語こそが、ジェントリフィケーションであった。

第3章　地域コミュニティの重要性

1　新興団地での住民たちの地域コミュニティ形成

現代のジェントリフィケーションについて考える上で、もともと住んでいた住民たちの社会関係、コミュニケーションやそれらの変化・衰退という視点は重要である。実は、これらはジェントリフィケーションという語を生み出す以前からのグラスの大きな関心事でもあった。

グラスの初期の業績は、一九三〇年代後半から一九五〇年代前半にかけて実施された公営住宅団地での住民調査である。これらの公営住宅団地は都市計画・住宅計画に基づいて建設されたものである。グラスは、都市計画に基づいて建設された住宅地域で住民の生活やコミュニケーションはどのような状況にあるのか、という疑問を常に抱いていた。これは、政府によって計画的に実施された住宅政策の良し悪しを検討する際の重要なポイントでもあった。

では、実際にどのような住民調査をグラスは行い、何を発見したのだろうか。本章では三つの地域で行われた住民調査とその結果を紹介し、グラスの思考の歩みをたどっていこう。

ウォトリング公営住宅団地

一九三九年、グラスは『ウォトリング——新興住宅地の社会生活調査（*Watling: A Survey of Social Life on a New Housing Estate*）』を出版した。これは、ロンドン郡議会（カウンティ議会）（LCC）によってロンドン郊外に新たに建設された住宅団地（コテージエステート）での住民の生活・意識に関する社会調査の報告書であった。数名の助手らの支援も受けながらも、グラスは基本的に単独でウォトリングでの調査および報告書執筆を行った。

まず、LCCの住宅団地とはどのようなものだったのだろうか。LCCによる住宅団地は主に一九一八年から一九三九年にかけて建てられた公営団地で、グラスが調査を行った時期はその末期にあたる。当時の英国では産業化、都市化にともない、住宅整備・供給が優先順位の高い政策課題として位置づけられていた。アディソン法（一九一九年）によって、三年間で五〇万戸の住宅を整備するために地方自治体への補助金支出が定められた。実際にこの計画の枠内で建てられた住宅数は目標の半数にも満たなかったが、一九一九年から一九三九年にかけて全国で一一〇万戸の住宅が建設され、とりわけ都市郊外で住宅整備が進んだ。

ウォトリングは、ロンドン北部のバーネット区のエッジウェア内に位置する公営住宅で、一九二四年から一九三一年にかけて建設された。同時期の他の公営住宅団地と同様、「英雄たちにふさわしい住宅を」

をスローガンに、第一次世界大戦の戦地から帰還した兵士らへの住宅供給を主な目的として建設された。

ＬＣＣの住宅団地は、それまでは田園地帯であった都市郊外に公営住宅団地を新たに建設し、ロンドン中心部に居住していた主に労働者階級の住民を所得や家族構成等によって一定割合の人数で選び、そこに居住させるという、今でいうソーシャルミックスに近い手法をとっていた。ウォトリングの場合は、二割が熟練作業員とその家族、二割が運輸業労働者とその家族、一割が事務系労働者で、住民のほぼ半数が一八歳未満であった。つまり、多くが子育て期の家族であった。全体として住民の所得階層は労働者階級の中では比較的高かった。

当時の英国では、郊外での無秩序な住宅地の増加が都市のスプロール化（無秩序に市街地開発が拡大する現象）を招いているという批判がたびたびなされていた。ウォトリング調査よりも前に行われた別の団地での住民調査では、世帯・階層が均質的で、住民の生活文化が画一的であることが指摘されていた。郊外に建設された住宅団地での住民間の交流を促進し、自発的なコミュニティ形成を図るためにはどうしたらよいか、という問題意識をおそらくグラスは持っていただろう。

住民間のコミュニケーションを促すために

グラスのウォトリングでの住民調査の問題関心は、（1）新たに計画的に設計・建設された住宅団地は「コミュニティ」となったのかどうか、（2）計画的に設置されたコミュニティセンターは地域の社会生活でどのような役割を果たしてきたのか、というものであった。このとき、グラスは「コミュニティ」を、

「一定地域に暮らす人々の集団」で、かつ「共通の生活様式の共有」と「共通の目的に向けた努力」を有すると定義している。

グラスによる住民調査のアプローチは大きく二種類に分けられる。一つは、ウォトリングに初期に移り住んだ高齢住民に話を聞いたり、既存資料を調べることで、開発初期の状況（一九二〇年代後半から一九三〇年前後ごろ）を明らかにすること、もう一つは開発から一〇年以上が経過した調査時（一九三七年〜一九三八年）の状況を解明することであった。

開発当初は周辺に娯楽や社会施設はなく、荒涼としており、近接地域との交流も乏しかった。新来住民の大半はロンドン中心部から移住したため、孤独や寂寥に直面する者も多かったが、そのことが結果的に人々に一体感を与え、住民たちが結束する要因の一つとなった。その後、住民組織が結成され、新たに設置されたコミュニティセンターを拠点に住民たちによる自主運営も積極的に行われていった。このことは他に類を見ない大きな特徴だ、とグラスは指摘している。

住民たちが住み始めた当初は隣接する区域との間の明確な境界が意識されていたが、時間経過とともに徐々に曖昧になっていった。このことは初期にウォトリングに移り住んだ人々が堅固に有していた地域意識が薄れていく過程でもあった。時間経過によって住民が入れ替わっていくことは、住宅団地で人々が地域コミュニティを築いていく際の唯一、そして最大の欠点だとグラスは考えた。つまり、いったん形成された地域コミュニティや共属感情は、住民たちが世代を超えて住み続けることによって維持されていくものであり、だからこそ世代を超えた定住が促されるような取り組みがなされるべきだということである。

そして、ウォトリングの事例をもとにして、同じような住宅地区計画全般に対してグラスは、①住民の交流を促進する機能を持つ施設の設置、②地域産業の状況も考慮した住宅整備計画、③住民のライフステージの違いによる異なる形態の住宅の建設、④若者の定着促進等の提言を行った。

ウォトリング公営住宅団地の開発初期段階では、それまで娯楽や地域交流の基盤が十分に整っている賑やかな都心から移住した住民たちは困惑や孤立に直面したが、コミュニティセンターをはじめとした新たに設置された社会施設を活用することで住民自らが主体となった交流、地域活動が活発に行われるとともに、住民間の社会関係も構築されていった。このことにグラスは注目した。

この調査は長期にわたる経緯を追ったものではなく、また住宅団地建設から一〇年近くが経過した時点、つまり地域コミュニティが一定程度できあがったときに行った調査であった。したがって、調査の対象となった住民たちは移住当初にさまざまな困惑や問題に直面しながらもそのまま同じ地域に住み続けていた人々、新たな環境に適応した人々に限られており、その点では住宅団地建設以降の全体状況を網羅して把握しているわけではない。後の時代の研究者らからは、都市の郊外に建設された住宅団地の家賃は相対的に高水準で、結果的に労働者階級の中でも所得階層の高い人々が移住したという指摘もある。また、低所得層の中には提供された郊外住宅への移住にともなう生活費高騰に経済的に耐えきれず、住宅団地を去った人々もいたと言われている。

しかし、まずは郊外に住宅団地を整備し、住宅整備・供給を進めることが最優先事項とされた当時の住宅政策に対して、住民の間の交流促進や地域産業に配慮した計画の策定、ライフステージの違いを考慮した住宅建設等の提案がなされたこと、またそれが実証的な住民調査の結果をもとに示されたことは注目に値する。さらに、グラスの提言に示された事柄はいずれも現代の住宅計画で考慮される事柄とほぼ等しい。単に数に見合うだけの住宅を建設し、住民を住まわせれば住宅問題は解決するわけではない、住民たちがどのような暮らしや近隣関係を営むことができるか、ということも住宅政策に関わる計画には含まれるべき、とグラスは考えたのである。

同時にグラスは、当時はまだあまり関心が寄せられなかった都市郊外の若者世代の課題にも大きな関心を寄せた。若者世代が娯楽や余暇を過ごすことができる施設や場所が住宅団地内では不足していた。そのため、団地内施設を破壊する等の非行行為の形で若者世代の不満が顕在化していた。このことにもグラスは注目し、そうした施設を設置することを提言した。これは、現代で言うところの「居場所づくり」に関する提言とも言えるだろう。このような施策を進めることで若者世代の定着が増すことは彼らの成長後の流出抑制に貢献すると同時に、住宅団地内で世代交代が実現することが地域コミュニティのさらなる活性化につながる、とグラスは考えた。このように、世代を超えた長期的な地域コミュニティの持続にまで視野を広げてグラスは対象地域をとらえたのである。

当時の報告書を現在の視点から読み返すと、日本においても高度経済成長期に都市郊外で行われたニュータウン開発とそこでの住民主体のコミュニティ活動、また国民生活審議会による報告「コミュニティ—生活の場における人間性の回復」(一九六九年)をもととしたコミュニティ施策や各地で建設されたコミュニティセンター、およびそれらを活用した住民活動との類似性が見出せる。日本のニュータウンでも開発後に郊外住宅団地での居住環境、社会関係、コミュニケーション等に関する住民調査はたびたび行われた。しかし、ウォトリングでの計画的な住宅団地建設およびその評価のための住民調査が日本よりも四〇年以上前の時代に行われたこと、そこでの提言の内容が現代にも通用する普遍性を持っていることは注目に値する。そして、この提言のもとになったものこそがグラスが実施した住民調査であった。そう考えれば、長期にわたる視野で地域コミュニティの行く末を見据えていたグラスの先見性はもっと評価されて然るべきだっただろう。

2 一体感と多様性を持った地域コミュニティ

ベスナル・グリーンでの住民調査

第二次世界大戦中の一九四三年から一九四五年にかけて、グラスは、計画・地域再建協会による調査としてロンドンのベスナル・グリーンでの住民調査を行った。

ベスナル・グリーンは東ロンドンに位置し、現在は観光地にもなっているが、長くロンドンの低所得地域の一つであった。第二次世界大戦中には周辺地域と同様、ドイツ軍による爆撃の対象とされ、一九四三年三月には地下鉄駅が空爆を受けた。このような戦時下で行われた住民調査の結果は、「コンタクトブック」という雑誌風のシリーズ本の第三巻に「ベスナル・グリーンでの生活（How They Live at Bethnal Green)」（モーリーン・フレンケルとの共著）として一九四六年に掲載された。

ベスナル・グリーンは、ナントの勅令廃止（一六八五年）前後にフランス国外に逃れたユグノー（カルヴァン派）の英国での定住地の一つであった。ユグノー移民の多くは絹織工として働いたが、生活は貧しかった。一九世紀末以降になると欧州大陸から移住したユダヤ系移民が住みはじめ、同様に衣料品産業に従事した。グラスらが住民調査を実施した一九四三年から一九四五年の時期は、ベスナル・グリーンでは建物が老朽化し、住民は全体として低所得であった。

「コンタクトブック」に掲載された「ベスナル・グリーンでの生活」は地図、写真も入れて全一〇ページだが、文章のページは四ページと短い。この短いレポートによれば、ベスナル・グリーンでグラスらが注目したのは人々の結束、一体感と多様性であった。ベスナル・グリーンは移民も多く暮らす貧しい地域であったが、住民の間で密な社会関係が構築されていることで地域の多様性と一体感が保たれていることが報告されている。このことは、実は、それまでの都市計画の担い手たちがいかにして新しい住宅地域で実現させるか、苦慮してきたことでもあった。それについて「ベスナル・グリーンでの生活」では次のように指摘している。

現在のベスナル・グリーンの傑出した特徴は、どんなに老朽化し、貧しく、みすぼらしくても、現代の（都市）計画が直面している差し迫った問題の一つである、各構成要素が明確に区別され、しかもまとまった全体として統合された都市コミュニティをいかに創造するかという問題を解決していることである。(1)

一九四四年に、ロンドン大学の教授であったパトリック・アーバークロンビー（都市計画家、建築家）によって大ロンドン計画が作成された。この計画では、一部地域を除いて新規の工場立地が禁止され、区域内総人口を一九三八年時点の約一〇〇〇万人以内に抑えると同時に、ロンドン内部（内部ロンドン地帯、ロンドン・カウンティ、ロンドンシティ）から約一二〇万人の過剰人口を郊外のグリーンベルト地帯とその外周の地域に移住させるとした。大ロンドン計画におけるベスナル・グリーンの計画では、地域内に産業地帯（工場）を置きつつ、オープンスペース（広場・緑地等）の面積を一定程度確保しようとしていた。つまり、既存の住宅の取り壊しと住民の郊外移転が前提とされていたのである。

図 3-1 「ベスナル・グリーンでの生活」より

　こうした計画に対して、ベスナル・グリーンの既存の地域コミュニティの特質を高く評価していたグラスらは、ベスナル・グリーンにすでに存在する社会的凝集性、多様性の両方を保ちながら地域再建を実現することが都市計画に求められる、と考えた。当時すでにベスナル・グリーンの人口は減少傾向にあったが（一九二一年：一一万七〇〇〇人、一九三一年：一〇万八〇〇〇人）、グラスらは住民への十分な数の住宅確保の必要性と衰退しつつあった地域産業の再生を主張した。

大ロンドン計画では、新規の工場立地を制限し、郊外に住宅・商業・工場や公共施設が適切に配置された自己完結型のニュータウンを建設することが企図された。これに対し、グラスらはむしろベスナル・グリーンに暮らし続けられる環境の整備（住宅整備、産業維持・雇用確保）を主張した。同時に、当時進められていた都市中心部からの労働者階級の郊外移転を促進する住宅政策が現実にそぐわないこと、これまで住宅整備、産業維持・雇用確保に対する施策が十分ではなかったために次世代の担い手となるべきベスナル・グリーン出身の若者たちが地域外に流出してしまっていることについて懸念を述べている。そして、地域社会の実情と官僚による政策との間に大きな齟齬があることを指摘した。これは当時の住宅政策に対する強い批判であった。

スラム・クリアランスによる地域コミュニティ解体への懸念

スラム・クリアランスが実施された一九三〇年代当初は、老朽化した家屋等の解体が地域全体で行われることによってもともと存在していた地域コミュニティも解体されること、そのことが社会的な損失となりうるということは、都市計画でも社会一般でもほとんど認識されていなかった。

ベスナル・グリーンで行われた住民調査として、グラスたちよりも後に行われた『イースト・ロンドンの家族と親族関係』（一九五七年）がよく知られている。これは、一九五〇年代に行ったベスナル・グリーンでの調査に基づいて、マイケル・ヤングとピーター・ウィルモットがまとめたもので、英国の都市コミュニティ論の古典として今も読み継がれている。ヤングらは母親と既婚の娘との強い紐帯を軸とする血縁・地縁関係を明らかにすると同時に、ベスナル・グリーンから郊外の公営住宅団地に移住した家族が直面した孤立、消費主義的な生活様式を対比的に描き、スラム・クリアランス、郊外移住にともなう地域コミュニティ解体の問題を提起した。ヤングらの指摘は、郊外化を促進した当時の住宅政策には地域コミュニティ、労働者階級の家族の生活文化に対する視点が欠けていたことを鋭く示すものであった。

このように、スラム・クリアランスによる新たな住宅建設がもともとそこに存在していた地域コミュニティを解体してしまい、そのことで多大な社会的コストを発生させることへの問題提起が住民調査の結果をもとに提示された。そのこととの具体的な因果関係は定かではないが、その後、英国の住宅政策は既存の地域コミュニティを残しつつ、住宅を補修して住宅開発を行う改良住宅政策に転換していく。

3 地区再整備計画に向けた住民調査

ミドルズブラでの都市再整備計画

ベスナル・グリーン調査と並行してグラスが住民調査を実施したのが、ミドルズブラであった。この調査は、それまでとは異なり、都市計画家らとチームを組んだもので、地区再整備計画という具体的な目的のもとに実施された。

ミドルズブラは、イングランド北部のノース・ヨークシャーに位置する地方都市である。一八二九年に六人のクエーカー教徒が組合をつくって共同で農地を買い、格子状の街区を設定し一八三〇年に着工された、英国では数少ない計画的に建設された都市でもある。

一九四四年、三〇代の建築家・都市計画家のマックス・ロック（一九〇九年〜一九八八年）は地元自治体から都市再整備計画を委任された。戦時中に、イングランド東海岸のハル（キングストン・アポン・ハル）の建築学校で校長を務めていたロックは、ミドルズブラ以前にハルの再建計画を作成したが、その際に写真や地図等を多用することで一般市民にも理解しやすいよう、計画内容を提示した。この手法をロックはミドルズブラでも用いている。

当時のミドルズブラは人口一三万人の鉄鋼を主産業とする地方工業都市であった。従来までの計画手法とは異なり、ロックは住民とともに計画を策定することを決めた。これは、高度に専門的・技術的な要素が強い都市計画のプロセスを民主的な手続きで進めていこうとするものであった。今日では、住民ワークショップや住民説明会を複数回にわたって繰り返し実施してまちづくり計画が策定されることは珍しくないが、当時としては非常に斬新なものであった。このとき、グラスはロックのチームに住民調査担当として加わり、地理学者、都市計画家、助手らとともに計画策定に向けたリサーチを行った。ロックらはミドルズブラの街中に事務所を設け、一般に開放することで、誰でも立ち寄って質問や議論ができるようにして地域に開かれた調査や再整備計画を行った。

英国では、都市計画に関する基本法である都市・農村計画法が一九四七年に制定されており、ミドルズブラでの調査・計画作成が行われたのはその直前の時期にあたる。なお、この法律の施行によって各地方自治体が一〇年〜二〇年後の土地利用の開発計画を策定し、各開発事業に対する許認可を行う制度が導入された。ミドルズブラは、全国に先駆けて地元自治体が専門家に都市再整備計画策定のための調査と計画作成を依頼した先駆的なケースであった。

調査結果は一九四五年のうちにまとめられて市議会に提出され、その後、市の都市計画施策の方針として位置づけられた。同時に、報告書の最終版は現地調査のレポートや地図、各種調査結果も掲載して一九四八年に『計画の社会的背景―ミドルズブラの報告』として出版されているが、この編集を中心的に担ったのがグラスであった。

住民生活に即した地域づくりのために

ロックらは、住宅、オープンスペース（広場・緑地等）、交通、公共施設といったミドルズブラの地域社会を構成する要素の全般について現地調査（フィールドワーク）をはじめとした実態把握を行い、その中でグラスは地域構造、保健、教育分野、小売分野に関して詳細な把握を行った。

グラスは、行政サービスの種類（保健、教育サービス、人口統計）によって区域分けの範囲が異なることを明らかにし、それらのいずれもが住民生活に即した地域（ネイバーフッド）と必ずしも一致していないこと、そしてネイバーフッドを軸とした区分けの方が生活や社会関係の実態により沿っていると述べた。そして、都市再整備計画では、（1）統一されバランスの取れたミドルズブラ地域の形成を図ること、（2）地域内の不均衡を消し去ることで多様性を実現できるようになること、（3）地域の今後の社会変化

図 3-2　ミドルズブラの住宅地域

の中での成長、とりわけ時代情勢への適応と両立する成長を実現することの三点を主目的とした。そして、そのためには物理的、社会的、経済的側面を切り離さず、すべてを融合させた計画とすることが重要だと述べた。

そして、グラスは、このような提案の仕方はややもするとユートピア的に見えるかもしれないと断った上で次のように述べた。計画には短期的な計画と長期的な計画の二種類があり、スラム・クリアランスが必要な地域には最も早急な対応（短期的な計画）が必要だろうが、それ以外の地域では決まった優先順位はなく、地域にまつわるすべての事項は等しく重要である。つまり、早急なスラム・クリアランスを必要としていないミドルズブラのような地域では、単に住宅やインフラだけに着目するのではなく、社会関係といった目に見えないものも含めて地域社会全体を構成する諸要素を見極め、それらの内容に関する実態把握をもとにして計画を立てることが肝要だ、という指摘である。これは、住宅整備が優先されてきた当時の政策に対する批判でもあり、また新しい形の地域整備計画の提案でもあった。

以上の三つの異なる地域での住民調査を通じてグラスが発見したことは住民たちによる地域コミュニティの形成であると同時に、それを維持し続けていくことの重要さであった。グラスが後にジェントリフィケーションの現象を指摘した際には、もともと居住していた住民たちが追い出しを受け、その地域を離れることで既存の地域コミュニティが解体されることに対する懸念があった。ジェントリフィケーションという語は確かにロンドン中心部で生じた現象から生まれた語だが、そこに至る過程を考えると、グラスが英国の他の地域で行った住民調査とそこでの発見、気づきが重要な影響を与えていたことは間違いないだろう。

（1）p. 43.（　）内は筆者による補足。

第4章　労働者の賃貸住宅をめぐる新たな問題

1　ロンドンの変化とジェントリフィケーション

ロンドン復興と都市問題の噴出

グラスは、一九五一年にユニバーシティ・カレッジ・ロンドン（UCL）の社会調査ユニットのディレクターとなり、都市研究センター創設に携わることになった。その後、ロンドンの社会状況、社会変化について精力的に調査・研究を実施していく。

グラスが取りまとめたミドルズブラの報告書（第3章）では、多分野の専門家と住民をはじめとした地域関係者が協力して長期的な視野で地域再整備を行っていくことを提唱すると同時に、そうしたことが広く実践されていくべきだとする理想を謳《うた》った。当時の英国社会では、居住環境を豊かにすることが生活の豊かさや幸福の実現につながると考えることができ、またそうした理想を語ることが可能でもあった。

しかし、第二次世界大戦後のロンドンは急速な復興とさらなる都市化を遂げ、その過程で数々の都市問題が生じた。住宅が不足し、家賃は上昇し、労働者階級の居住・生活環境はさらに悪化していった。かつてグラスやロックが謳っていた理想と現実とのギャップは大きなものとなっていった。

そうした中で、グラスは人々にとって住宅が持つ意味の変化にも敏感に気づいた。かつて住宅は生活の豊かさを通じた幸福の象徴であったが、消費文化の普及・高まりの中で自己実現の手段・消費財とみなす人々が増えてきたのである。

戦後復興の過程で、都市に暮らす人々のライフスタイルも変化していった。以前と比較して社会階級の差は相対的に減少し、大量生産に支えられた消費文化が普及するようになった。そのことは人々の社会関係にも大きく影響を及ぼした。そして、住宅政策が変遷する中で、都市中心部やその周辺での住宅問題はいっそう深刻となり、中心部から郊外へのさらなる人口流出にもつながった。

一九四〇年代までのグラスの調査研究は地方都市や都市郊外での住宅地域を中心に行われていたが、一九五〇年代以降のグラスはロンドン、特にロンドン中心部での調査研究を活発に行った。そうした中で目撃した都市の変化への気づきがジェントリフィケーションという新語創出につながったのである。

論集『ロンドン―変化の諸相』

一九五六年三月から一九五九年一月にかけて、ロンドンの発展、居住、社会等をめぐる社会科学分野の連続セミナーが開催された。このセミナーは、グラスをはじめ、その後にＵＣＬ都市研究センターの核となる人々によって実施され、当時のロンドンの状況について共通の関心を持つ、社会科学および関連分野の大学関係者（教員、大学院生）、調査員、行政関係者らが集まった。

このセミナーで意識されたことは、単に各分野の計画や結果について情報交換をするのではなく、複数分野を融合させた都市ロンドンの現状や課題についての検討であった。こうした方法が採られた背景には、当時、ロンドンの発展、都市変化について行われていた調査研究とそれに基づいた検討、計画策定に対する批判的な見方があった。

当時の英国では、歴史学、地理学、経済学、社会学等の各分野の専門家がそれぞれ独自に立てた計画に基づいた調査研究が中心的に行われていた。これに対し、かつてグラスが携わった公営住宅団地での住民調査やロックらと一緒に実施したミドルズブラでの都市再整備計画では、多分野の専門家が一つのチームを結成して、学際的な研究チームによる調査研究が実施された。そうした経験からグラスは再三にわたって、多分野の専門家や地域関係者が協力して長期的な視野で地域再整備を行うことの意義を述べてきた。しかし、その手法は決して広く普及することはなかった。おそらくそうした経緯もあり、この連続セミナーでは多分野が連携した調査実施と結果の検討、それらを踏まえた多角的な議論が目指されたのだろう。

この連続セミナーの結果をまとめ、一九六四年に出版された論集が『ロンドン―変化の諸相』である。執筆者は合計九人で、筆頭著者はグラスであり、ホブズボームらも執筆者として名を連ねた。全体は四部構成になっており、第一部が都市中心部の発展、第二部が現代ロンドンの情勢、第三部が新たな地域コミュニティ、第四部が移民コミュニティ（アイルランド人、ポーランド人）についてそれぞれ扱っている。

グラスは冒頭の「イントロダクション」を担当し、ロンドンの急速な発展と変化を描き出した。そして、この「イントロダクション」に初めて登場し、その後の時代で広く普及した新語こそが「ジェントリフィケーション」であった。では、グラスはどのようにしてジェントリフィケーションを発見したのだろうか。そこで指摘されたジェントリフィケーションとはどのようなものだったのだろうか。

郊外化と人々の生活変化

まず、当時のロンドンの行政上の範囲と人口動態について確認しておこう。

現在のインナー・ロンドンと呼ばれる地域に対応していたのがカウンティ・オブ・ロンドン（一八八九年〜一九六五年）であり、行政区としてはロンドン郡議会（LCC）が該当する。[1] これは一八八八年地方政府法によって創設されたものである。また、この法律に基づいて、シティ・オブ・ロンドンをその領域内に含む行政カウンティ・オブ・ロンドン（London A.C.）が創設された。

図4-1『ロンドン―変化の諸相』（1964年）の表紙

現在のインナー・ロンドンにあたる行政カウンティ・オブ・ロンドンは一九二一年には外周部よりも多くの人口を持っていた。その後、一九三一年以降にその人口は減少し、一九六一年では外周部の方が人口が大きくなっている。当時のロンドンでは郊外化が進んでいたのである。

『ロンドン─変化の諸相』の「イントロダクション」でグラスがまず指摘したことは、郊外化の進展とそれにともなう人々の生活、ライフスタイルの変化、社会の質的な変化であり、その主要な変化の一つが消費社会化とそれにともなう外観上の階級差縮小であった。


店には、以前は大量生産も大量消費もされていなかった個人用品や家庭用品が所狭しと並んでいる。（中略）昨日までの贅沢品、あるいは昨日までの贅沢品の模造品は、大部分の人々にとって今日の必需品となった。

（中略）

このような消費の新たな多様性とともに、いや、むしろそれゆえに、新たな画一性も生まれている。表面的には、外見や服装、家事用具に見られる階級の区別はかなり狭まった。(2)


加えて、グラスが注目したことは、サービス産業の拡大、人々の間のコミュニケーションの変化、個人化であった。郊外化によるライフスタイルの変化は、郊外と中心部の間を毎日往復する大勢の通勤者と中心部の交通渋滞といった都市社会の新たな変化、課題を生み出した。

技術の進歩、労働の分業化、消費支出の増加にともない、特に中流階級の間で、新しい職業が生まれて

きた。（中略）
社会集団の入れ替わりは、主に中流階級で起こっている。新しいマイノリティ・グループも出現した。しかし、こうした動きには、真の意味での社会的流動性の高まりは見られない。旧態依然とした階級間の序列は維持され、あるいは模倣されている。[3]

そして、人々が頻繁に移動するようになり、消費社会化が進展しているように見えるにもかかわらず、社会の中での「真の意味での社会的流動性」には結びついていない、古くからの階級間の序列は時に形を変えながらも残り続けている、とグラスはみなした。

グラスは、開発が進むことで都市、郊外、農村の間にかつて存在していた明確な差異が縮小すると同時に、第二次世界大戦後の都市再建・復興によってロンドン内部に存在していた貧富の差も縮小したと考えた。住宅について見ると、戦後の住宅需要拡大に対応した施策が積極的に展開されたことで、労働者階級が暮らす公営住宅が、外観上は高級アパートと変わらないか、場合によっては優れていることもあった。また、高級とされる地域やその近くに建てられた公営住宅では外観や設備が改善され、周囲から忌避されるようなこともなくなった。このように、公的セクターによって住宅整備事業が進められたことでロンドンの住宅地では外観上の差異は縮小した。一方で、民間では規制がほとんど設けられず、自由放任の状態が続けられ、このことによって都市の中心部で新たな問題が生じるようになった。

ジェントリフィケーションという現象

一九五一年に政権の座についた保守党は民間による住宅供給を重点化し、民間の住宅建設はその後、増加していく。ただし、民間だけでは十分な数を達成することはできず、一九五二年から一九五四年には年間二〇万戸を超える公営住宅も建設された。とはいえそれまでの労働党政権の時代よりも民間の住宅供給が重視される政策が進められる中で、保守党が制定した一九五七年家賃法は民間賃貸住宅に対する家賃規制解除を実施した。家賃の値上げによって修繕と維持管理の費用を捻出し、民間賃貸住宅の質を改善することが目的であった。しかし、結果として成果を上げることができず、むしろ追い出し、管理水準の低下、借家権の不安定化といった社会問題を加速させてしまった。

こうした社会状況の中でグラスがロンドンの中で住宅に関わる現象として発見したものがジェントリフィケーションであった。その本の「イントロダクション」でジェントリフィケーションという語は一度だけ登場するが、その箇所は以下のように記述されている。

次々と、ロンドンの労働者階級の居住区の多くが、中流階級（上層の中流階級もいれば下層の中流階級もいる）の侵入を受けている。一階と二階に二部屋ずつある程度のみすぼらしく質素な小屋のような小さい家々は、借地契約が切れた後、優雅で高価な邸宅に変わっている。以前にもしくは比較的最近に格下げされ、下宿として使用されていたり、そうでなければ多人数用の住まいとして使われていたビクトリア様式の大規模な住宅は、再び格上げされている。現在、これらの住宅の多くは、分割されて、高価なフラットや「ハウスレット」（新しい不動産スノッブの専門用語）となっている。これらの住居の現在の社会的地位や価値は、その大きさに反比例することが多く、いずれにせよ、その近隣地域の以前の水準と比較すると、莫大に膨れ上がっている。このような「ジェントリフィケーション」のプロセスは、ある地区でひとたび始まると、もともと住んでいた労働者階級の居住者のすべて、あるいは大半が追い出され、その地区の社会的性格全体が変わるまで急速に進行する。ハムステッドやチェルシーにあったような貧困層の飛び地はほとんど残っておらず、そうした地域の区では、つい最近、アッパーミドルクラスの乗っ取りが一帯を覆った(4)。

グラスはジェントリフィケーションという現象の過程として、もともとその地区に暮らしていた労働者階級の全員もしくは大半が他所《よそ》へ追い出され、地区の社会構成のすべてが一変すること、としている。ここで言う社会構成とは単に人口（住民）だけを指すのではなく、住宅の様式や外観、人々が利用する商業施設やそこで売られている商品の価格等を含めた、その地区に存在するすべてを指している。

当時、都市ロンドンの人口規模拡大、郊外人口増大の一方で、都市再整備から取り残された寂れた地区が中心部に飛び地のように取り残されるという状況が発生していたことに加えて、民間賃貸住宅での住民の追い出しといった問題も増加していた。

グラスは『ロンドン―変化の諸相』で消費社会化をアメリカ化(5)（アメリカナイズ）と表現したが、後に一九七三年に発表された「ロンドンの雰囲気（The Mood of London）」では前言を否定し、アメリカナイズでもなく分極化でもなく、ロンドン中心部で一気にジェントリフィケーションが起き、厳選された上流階級だけの場所になる可能性があることだとした。

このジェントリフィケーションという語をめぐっては後の時代に多くの実例とともに活発な議論が取り交わされることになる。今日、日本で用いられているジェントリフィケーションという語は、どちらかというと再開発にともなう低家賃住宅や小規模店舗の取り壊し、高級マンションの建設、高級商業施設のオープンといった個別の事象を指して用いられることが多いが、グラスによる説明はその地域で生じる社会変化、とりわけ住民層の入れ替わりにともなう消費、居住、ライフスタイル等のすべてに関わる変化とそのプロセスを指している。

今日、何をもってジェントリフィケーションと呼ぶのか、何がジェントリフィケーションに当たるのか（あるいは当たらないのか）という混乱が見られる。それには、最初にこの語を創ったグラスがジェントリフィケーションを現象として描き、明確な定義をしなかったことも影響している。ただし、当時のグラスとしては目の前の現象を現すものとして新語を考案したのであり、何か新しい理論を展開するつもりはなかったはずだ。その証拠に、グラスは同じ文章の中でロンドンの社会変化を具体的に描きだすと同時に、当時の政策・都市計画のあり方を強く批判している。これは、学術的な正確さと同時に、それによって得たエビデンスを現実に社会で生じている問題の解決にいかに活かせるか、という問題意識を強く持っていたためでもある。

取り残された衰退地域

では、当時、グラスは何がジェントリフィケーションの背景にあると考えたのだろうか。ロンドンやその近郊では郊外化が進み、公営住宅団地の整備も進んだが、人口増加、婚姻等の増加にともなう世帯数の増加等によって相対的に住宅需要が増大していた。ロンドン中心部に残っていた低所得地域（「貧困層の飛び地」）では古い建物が改装（リノベーション）されるなどして中流層向けの住宅に次々に変えられ、もともと暮らしていた低所得の住民に対する追い出しも起きていた。こうした状況を見たグラスは、ロンドンで空間をめぐる競争が激化していると指摘した。

ロンドンでは、空間をめぐる競争がますます激しくなっている。さまざまな要素がこの競争をさらに強化している。（中略）さらに、生活水準の向上は、他のすべての用途のための空間的な需要を高めるのみならず、個々の世帯による需要をも高め、さらに世帯の数を増やすことにつながっている。人々の実質所得と願望が増し、結婚が早まり、長生きするようになると、既存の世帯が分離し、人口に対する世帯の割合が高くなり、その結果、独立した住居の需要が増加する。大事なことを一つ言い残したが、こうして生み出された空間をめぐる競争は、予測も制御もされなければ手に負えなくなり、地価（上昇）のスパイラルにつながる。そして、まさにこれが起きてしまったのである。(6)

一九五〇年代以来、市や国の計画関連法制は、その実、反計画的な計画関連法（計画関連法制）であり続けている。一九四七年に制定された法律（注：都市・農村計画法）が大幅に改正され、開発権の国有化が解除され、開発価値の凍結が解除され、不動産投機が「解放」された。これらの措置は、家賃規制の緩和と相まって、他の大都市以上にロンドンが悩まされている不動産価格の継続的なインフレに「進め」のサインを出した。このような状況では、ロンドン市内や近郊のどの地区も、以前にどんなに薄汚れていたり、あるいは流行遅れであったとしても、地価が上昇する可能性が高い。ロンドンが、そこで働き、生活する余裕のある経済的適者しか生き残れない都市になる日も近いかもしれない(7)。

グラスは、一九四七年に制定された都市・農村計画法の緩和（一九五九年）が地価上昇につながり、それが都市ロンドンの社会変化の全体に関わる構造的な要因としてあると考えた。都市・農村計画法は一九五三年改正で開発負担金を撤廃したが、そのことで開発の主体は国から民間へと広がり、さらに土地価格を一九四七年の基準に据え置いていた方針は一九五九年の改正で撤廃された。政策や住宅をめぐる状況の変化を目の当たりにしたグラスは、一九五〇年代以降は地方自治体および国の計画とそれに関わる法制定が計画的ではなくなっていると批判した。

グラスはロンドンで空間をめぐる競争がさらに激化していき、何らかの予測や規制、制御をしなければ地価のスパイラルが生じるという状況がまさに進行していると指摘した。規制をせずに「自由放任」の状態に置くことは不動産投機の呼び水となり、地価は上昇を続け、ロンドンで生き残っていけるのは高収入を得られる富裕者だけとなりかねない、という懸念も述べている。

当時、郊外化は進行していたが、同時に開発・再建から取り残された地域も中心部にあった。そうした地域では公共的な開発・整備もなされないため、民間から見ても旨味がなく、さらに放置され続けた。そして、それらの地域に低所得層、国内外からの移住者、移民が集まり、物件の実情と比較すると高く設定された家賃を支払わされ、狭い場所に密集して居住する、という状況が生じていた。グラスは、それまで行政による整備やメンテナンスが十分になされずに放置されてきた地域に下宿（民間賃貸）が集まり、そこに暮らす人々はロンドン中心部で住み続けたいがために劣悪な住環境にもかかわらず法外に高い家賃を支払わされていると指摘した。

生活水準が上昇し、地価がさらに上昇するにつれ、古い労働者階級の地区が再整備されたり、他の地区がますます囲い込まれたりするにつれて、残された狭い荒廃地はさらに密度を増している。（中略）また、幹線道路に近く、拡大する中流階級地域に隣接する地域は下宿街となっている。そこには、ロンドン中心部に足場を確保しなければならない、あるいは確保したいと願うさまざまな人々が詰め込まれ、その場所を確保するために法外な家賃を支払わなければならないことも多い(8)。

グラスは、社会的に不安定な立場にある人々が、そうした狭く、住環境が不十分であるにもかかわらず家賃が高い住宅に住まざるを得ない状態に置かれていると指摘した。とりわけ非白人の住民たちがそうした困難な状況に置かれているとし、その要因として白人家主らによる多くの入居差別を挙げた。そして、困難な状況に置かれているそうした人々の住居に対するニーズが搾取されていること、つまり足元を見られ、劣悪な住環境にもかかわらず高い家賃を支払わされていると指摘した。さらに、そのように不安定な状況の中で生じるさまざまな摩擦もまた何らかの目的のために利用されやすくなる、とも述べた。

ここで挙げられた非白人の移民の中には西インド諸島（カリブ海地域）出身者が多く含まれていた。一九五八年にロンドンのノッティングヒルで白人青年たちによって西インド諸島出身者らをターゲットにした騒擾《そうじょう》が発生しており、ここでの記述はそうした事件を念頭に置いて書かれたと考えられる。『ロンドン―変化の諸相』（一九六四年）のもととなった連続セミナー（一九五六年三月～一九五九年一月）と時期が重なる一九五八年夏からグラスは同僚らと西インド諸島出身者のロンドンでの状況に関する調査の準備を始め、結果は『ニューカマーズ』として一九六〇年に出版された。この内容は第5章で紹介する。

ロンドンの地位低下と社会不安

グラスの目には、ロンドンで行われてきた都市計画は本当に必要な再生がなされないまま、短期的な視野で次々に行われる、欠陥だらけのものとして映った。とりわけ、地価上昇への対策について一貫性に欠けている、策定された都市計画を無視している、とグラスは手厳しく批判し続けた。地方行政が財政逼迫に窮している中で、政治の場では開発における多くのアクターの統合に関わる法律制定が議論されていたが、開発実施に際して建物の強制的な取得・入手が行われることをグラスは懸念し、多くのアクターが開発を担うことによる問題を考えなくてはならない、と主張した。そして、ロンドンには社会的な実態をともなって人々が暮らしているにもかかわらず、政府による都市計画はそのことを見ず、実態に必ずしもそぐわない区域指定に基づいて進められている、と批判的に指摘した。

さらに、家賃高騰、郊外化、ライフスタイルや価値観の変化が急速に起こる中で、かつては植民地を含む大英帝国の首都だったロンドンの地位が低下し、そのことが特に白人英国人たちの不安を高めていることもグラスは指摘した。かつての植民地で英国人に仕えていた使用人の子孫も、今では一般の英国人労働者に混じってロンドンで働いている。ロンドンの問題はもはや貧困や経済的不安定だけではなく、経済と社会の不一致、大都市圏での文化と環境の不一致が顕在化していることであり、そのことが人々に不安をもたらしている、とグラスは考えた。なお、ここで提示された問題意識は『ニューカマーズ』で詳細に述べられている。

このように都市政策、都市計画に対する批判が繰り返し行われた背景には、当時、大ロンドン地域の区域再編に関する議論が進められていた状況がある。グレーター・ロンドンは、一九六三年ロンドン政府法に基づいて一九六五年四月に正式に発足するが、それより以前の一九五七年から「グレーター・ロンドンにおける地方政府に関する王立委員会」が検討を開始し、一九六〇年一〇月に報告書が公表された。そこでは、五二の大ロンドン特別区が提案された。その後、区の数の削減や各区の境界について議論がなされ、最終的に三二の特別区とシティ・オブ・ロンドンで構成されることになった。

グラス自身は、このグレーター・ロンドン再編に対して必ずしも好意的とは言えない意見を「イントロダクション」で述べている。長くロンドンやその周辺で地域調査、住民調査を実施してきたグラスから見ると、もともと区域の境界で分けられてきたそれぞれの地域は社会的地理的な特徴、社会的輪郭を一定程度反映してきた。政府は区域再編に際して新たに自治体の境界線を引き直そうとしているが、それはあくまでも恣意的なもので、周囲から次々に人を呼び寄せる都市ロンドンでは、人々の移動や人口集中といった自然の流れに何らかの作用を加えることは困難だろう、とグラスは考えた。この考えは、だからこそ都市中心部での地価上昇に対する何らかの政策的な対応が必要だという主張につながるものであった。

2　都心回帰と地価上昇に対する規制の不在

郊外化進展の一方で、グラスは経済的に余裕のある一部の人々の間で中心部で暮らすことの魅力が見直されつつあること、つまり都心回帰の動きがあることにも気づいた。経済情勢の変化、既婚女性の就業率の上昇に加え、通勤コストの負担を感じる人が増え、郊外流出から都市での生活への回帰に人々の志向が変わりつつあった。とりわけ上流、中流、そして労働者階級の中でも社会的地位の高い人たち（かつては郊外生活を望んでいた人々）の間でそうした傾向が見られた。そしてそのことは、地域に愛着を感じながら都市の中で生活していた労働者階級の人々が住む一帯の家賃高騰を引き起こした。高家賃に直面したそうした人々は事態に抗《あらが》うことができず、最終的に郊外に転出せざるを得ない、とグラスは問題を指摘した。

このときグラスは、住宅だけでなく、商店や地域産業を含めた地域の変化についても冷静に観察をしている。住宅、商業、産業が混在していた地域で土地利用の整理が行われたことにより、まず製造業が郊外に移り、次に小規模な作業所（工場）が都市中心部から姿を消した。そして、自営の小売店が消え、後にチェーン店が入り、小さな食品店が連なっていた一帯がスーパーマーケットになった。単に店が入れ替わるだけではなく、建物への入居状況や外観にも変化が生じた。古びたイタリア料理店がエスプレッソカフェになるなど消費者の階級が変化（上昇）し、特定の通りに特定の特徴を持った店や施設が集まることで、その通りの名が特定のイメージ、とりわけより高級なイメージを持つようになっていく。そして、周辺の住宅では住民の社会階層が上昇し、同時にそれまでいた人々は他所へ追いやられてしまう。こうした一連の流れでロンドンの中心部にあるいくつもの地域がその性質を変えていったことをグラスは確認している。

そうした変化にもかかわらず、中心部の開発は民間事業者が占有し、地価・家賃に対して行政によるコントロールがなされておらず、空間をめぐる競争が生じていたため、受け皿となる適切な価格の住宅は十分に提供されていなかった。もしも、こうしたグラスの指摘を受けた対応策が講じられていれば、その後の中心部の空洞化は一定程度防ぐことができたかもしれない。適切なタイミングで適切な住宅政策、都市計画を実施することが都市衰退を防ぐ、というグラスの指摘は、現代から読み返すと、その後生じる英国病、都市インナーエリアの衰退の予言のようにも映る。同時に、調査研究を通じてロンドンでの住宅や住民生活に関する実態や問題を十分把握していながら、それが社会政策や都市計画に反映できない自らの立場には歯痒い思いもあっただろう。そのことも、当時、グラスが国の住宅政策、ロンドンの都市計画に対して厳しい批判を向けた背景にあったに違いない。

3　住宅ニーズ調査と政府委員会への反論

一九六三年、ロンドン住宅調査委員会（ホランド委員会）が組織された。委員会の主たる目的は、とりわけ賃貸物件（民間住宅、公営団地）の使用、維持・管理に関する問題の把握と分析であり、その対象には居住者（賃貸者）と貸主との関係も含まれていた。

この結果は一九六五年に発表され、悪質な家主による借家人追い出しは世間の注目、批判を浴びた。報告の内容は一九六五年の家賃法に反映され、家具なし賃貸住宅の借家人に対する借家権の安定性保障、公正家賃の導入につながった。一九六五年家賃法は高額な家賃から借家人を保護すると同時に、貸主（家主）が適切な利益を確保できるようにすることが目的であったが、結果的に民間賃貸住宅衰退を防ぐことはできなかった。

このとき、報告作成にあたってデータの提供を行ったのが、グラスがいたＵＣＬの都市研究センターであった。都市研究センターはロンドンでのそれまでの調査を通じて取得した統計データの豊富な蓄積に加えて、一九五七年に大規模な騒擾事件が生じた西ロンドンのノース・ケンジントン地区でも一九六一年に現地調査を実施していた。

ロンドン住宅調査委員会の報告が出た一九六五年三月の二カ月後の同年五月に都市研究センターも報告書「ロンドンの住宅ニーズ―グレーター・ロンドンの住宅に関する委員会への意見書（London's Housing Needs: Statement of Evidence to the Committee on Housing in Greater London）」を発行した。この報告書は序文、要約の後に全三部が続く構成となっており、要約と第一部をグラスが執筆した。第一部では一九五一年と一九六一年のロンドンでの人口動態や住宅に関する統計データを用いながら、需要の実態とそれに見合った適正な住環境・価格の住宅が不足していること、住宅不足をめぐる不均衡、家主の状況等について説明している。第二部は住宅需要の地理的パターン、第三部は公営・民間のそれぞれの住宅での空間利用についてまとめている。

通常の見方では、政府によって組織されたロンドン住宅調査委員会による報告と、そのもととなったデータをまとめた研究機関の報告はさほど内容に違いはないと考えるかもしれない。しかし、この都市研究センターによる報告の序文では、ていねいではあるが非常に強い調子で住宅調査委員会の報告を批判している。両者の立場が最も分かれた点は、賃貸住宅の家主に対する評価とその対応のあり方、そして住民（賃貸者）の居住保障に関わる施策のあり方であった。

住宅調査委員会の報告とそれに基づく政府の方針は、一部の悪質な貸主を排除しつつも、住宅賃貸を生《なり》業《わい》としている民間事業主（その大半は小規模経営者であった）の事業も新たな法律改正で保障するというものであった。同時に、借家権の安定性保証、公正家賃を導入することで借家人を保護するとした。しかし、結果を見ると、これらは十分な成果にはつながったとは言いがたかった。

ロンドン住宅調査委員会の報告が当時の英国社会で広く注目された理由の一つは、一部の悪質な貸主の行為を具体的に明らかにした点である。老朽化した民間賃貸住宅（下宿）の住人を追い出すために法外な家賃を要求し、追い出しに成功すると、社会的経済的により不安定な立場に置かれているアフリカや西インド諸島出身の移民に部屋を貸し、彼ら住人がほかに行き場がないことを承知の上で高額の家賃を徴収することが繰り返されていた。また、その過程で立場の弱い住人に対する嫌がらせ（ハラスメント）が行われたり、住人と同じ出身の移民を雇って店子に対する脅しが行われることもあった。当時、ロンドン北部に多数の不動産を所有していた、ポーランド・リヴィウ（現在はウクライナ）出身のユダヤ人経営者ピーター・ラックマンがこうした行為を繰り返していたことが報告書で指摘され、悪徳家主を指す「ラックマニズム」という新語も登場した。しかし、現代の文脈で読み返してみると、個人の行為に対する批判の一方で、民間賃貸住宅をめぐる制度的社会的な構造に存在する問題については十分に触れられていない。むしろ、個人攻撃がなされることでそうした構造的な問題から人々の目を逸《そ》らさせる効果ももたらしてしまっていたとも言える。そうした問題点をこの報告書の記述と当時の英国社会の受け止めに見出すこともできる。

そして、これほど多くの問題を抱えている民間賃貸住宅に多くの移民が住んでいた背景には、当時、公営住宅に居住する移民の少なさがあった。これに対して、イングランド出身者（英国人）は公営住宅に居住する者の割合が相対的に大きかった。

なぜ公営住宅に暮らす移民は少なかったのだろうか。グラスらによる報告書の後の調査、分析に基づく指摘になるが、公営住宅への入居に至る待機時間の長さに加えて、白人よりも質の劣った部屋を割り当てられる、申請手続きに関するアクセスの困難といった直接的、間接的な人種差別の存在があったとも言われている。(9)

4　社会保障としての住宅という視点

報告書「ロンドンの住宅ニーズ」の「序文」では、家賃が一定以上の住宅の供給は豊富になされているが、低家賃住宅はジェントリフィケーションによって相対的に減少しており、残された住宅に人々のニーズが集中し、さらに貸し渋り、入居拒否も生じていることから、経済的社会的に弱い立場にある人々に深刻な住宅問題が現れやすくなっていると指摘されている。

ロンドンでの最大のニーズは、年四〇〇ポンドや五〇〇ポンドの家賃クラスの物件（このような物件は豊富に供給されている）の家賃が支払えなかったり、入居を妨げられている、立場が弱く嫌がらせを受けている人々のための住宅である。もともと低価格帯や中価格帯であった物件の多くが「ジェントリフィケーション」されつつあるため、ニーズが高まっている。民間の大家がこうした人々のニーズを満たすにはどうすればいいのだろうか(10)。

当時、もともと狭かった部屋を二つに分けて、装飾して高額で販売するような商売が登場し、ハウスレット（とても小さい家）という造語が新たに生まれた。一部の人々には住宅が誇示的な消費財とみなされるようになっていく一方で、家賃上昇によって民間賃貸住宅に住み続けられなくなる人々も出てくる、つまり遅かれ早かれ住宅は一種の社会サービスにならざるを得ないだろう、とグラスは考えていた。都市部では個々人が就労等を通じて経済保障を得る機会は増えたが、同時に、社会保障の不十分さも拡大していたからである。

都市研究センターでは、社会的、経済的、地理的な住宅の偏在がロンドンの住宅問題の決定的な要因とみなしていた。そして、住環境をめぐるそうした偏在が半ば永続化される状態が続いており、それが人々の生活にさらなる問題を生じさせていた。報告書では、住宅をめぐって需要と供給に大きなギャップが生じた状態となっていることと、高額な家賃とそれに見合わない不十分な住環境にある民間賃貸住宅（下宿等）の住民が強いられている問題をこそ解決すべき、と述べられた。これは、「住宅を社会サービスとして位置づけるべき」という、政府に対する主張につながるものである。そして、大きく拡大した公営住宅の活用こそが現在のロンドンの住宅問題を減らし、最終的に解決するための唯一の希望だ、と報告書は述べている。同時に、家主が厳しい経営状態にあることにも共感を示しつつ、一部の家主の振る舞いを並べたてることで家主全体が悪者かのように批判すべきではないとも述べている。これは、脆弱な小規模事業主が多い民間賃貸住宅の家主に対しても公的な保護が必要、という主張であり、家主の振る舞いを個人的な問題として済ませるのではなく、社会全体に関わる構造的な問題とみなし、制度的な改善が求められる、という考えに基づいている。

グラスは、民間の持ち家の割合が増している状況で、地方自治体による都市計画で住宅について公的領域をどのように位置づけるかが重要だ、と述べている。そして、そのことをかつて第二次世界大戦後に郊外に多くの公営住宅を建設した経験とは切り離して、都市の新たな課題としてみなすべき、とも考えていた。つまり、郊外に新たに労働者住宅を建て、中心部から人々を移住させるのではなく、すでに地域でコミュニティを築いている人々、就労等のために都市部を離れられない人々が移動をせずに安定した住居を確保でき、公正な家賃が保証されるような政策を求めていたのである。

ロンドン住宅調査委員会による報告書（一九六五年）では当時の公営住宅の住環境の劣悪さについて具体的な記述があり、老朽化し、公衆衛生の観点からも大きな問題がある公営住宅について報告されている。一九五四年に制定された住宅改修・家賃法は、住宅（持ち家）の所有者に対して改修補助金を支給する制度であったが、あくまでも申請した者に支給される補助金であったため、制度を知らなかったり、書類作成をはじめとして手続きへのアクセスが困難であった者は恩恵を受けられなかった。

グラスによる提言を現在読み返してみると、居住に関わる社会保障政策として古さを感じないどころか、現在、世界各地で多くの人々から支持される対策・政策との共通点も多い。彼女は必ずしも社会保障の専門家ではなかったが、これらの指摘を自分たちの調査グループが行った社会調査の結果から導き出していることは注目すべき点である。グラスらは、もともとは安価ないしは中程度の価格であった多くの物件で家賃が上昇し、住宅そのものは供給されているが、家賃が高額になり過ぎたために社会的により弱い立場にある人々が支払うことができない、という問題を指摘した。これは、二一世紀の現在でも世界各地の都市で指摘されている住宅価格の高騰、都市内部の経済格差拡大、およびそれによって生じる人権侵害の問題にそのまま重なる。しかし、結果として、都市研究センターによるこうした批判や提言はその後の住宅政策に反映されることはほとんどなかった。その後、民間賃貸住宅は衰退し、一九七九年以降のサッチャー政権のもとで英国の住宅政策は大きな転換を迎えることとなる。

大都市ロンドンで見られた急速な都市変化と住宅問題の深刻化を目の当たりにしたグラスは、再三にわたって公的機関による、実態を反映した計画的な都市再整備の必要性を訴えた。公営住宅団地の整備と地域コミュニティ形成を通じた社会生活の安定が望ましいと考えていたからである。それは当時の住宅政策の流れに沿うものではなかった。しかし、グラスは理想や期待を抱き続けた。では、それはどのようなものだっただろうか。次節では、一九五〇年代、一九六〇年代にグラスが関わった住宅団地での住民調査を通じて、グラスがどのような都市社会を理想と考えていたのか、見ていこう。

5　公営住宅への変わらぬ期待

地域コミュニティの形成・維持の成功事例

一九五〇年代半ばにグラスが関わったのがランズベリー住宅団地での住民調査であった。

一九五一年に開催された英国祭での博覧会展示の一つとして、ロンドン東部のタワー・ハムレッツに位置するポプラーとブロムリー・バイ・ボウにまたがる広大な公営住宅団地が建設された。ロンドンでも最大規模の住宅団地の一つであり、第二次世界大戦中の空襲によって大きな被害を受けた地域を対象にLCCが一九四九年に建設を計画した。英国祭開催の直前から工事が開始され、全体が完成したのは一九八二年であった。

このランズベリー住宅団地でグラスらは住民調査（第一次）を行い、その結果は一九五四年にジョン・

ウェスターガードとの共著（ウェスターガードが主著者）で「ランズベリー地域のプロフィール（A Profile of Lansbury）」として学術誌に掲載された。さらに、一九五八年から一九六〇年にも追加調査（第二次調査）を行い、その結果は、晩年の一九八九年に出版された彼女の論集『都市の破滅の常套句』に収録された。なお、ウェスターガード（一九二七年生まれ）は一九五一年にLSE社会学科を卒業し、当時グラスの調査員（リサーチャー）を務めていた二〇代の青年で、その後、ノッティンガム大学、LSE等を経て、シェフィールド大学教授、社会学部長を歴任し、一九九一年から一九九三年は英国社会学会会長も務めた。なお、ウェスターガードは「ロンドンの住宅ニーズ―グレーター・ロンドンの住宅に関する委員会への意見書」の第二部・第三部の執筆を担当した。

図 4-2　ランズベリー住宅団地

第一次調査でグラスらはランズベリー住宅団地の構成、住宅環境、住民の出身や雇用、以前の居住環境等について尋ねている。住民たちからは通勤のための公共交通の不十分さ、住宅内部のデザインといった不満が述べられた点もあったが、それらは時間の経過とともに解決されていくとグラスは考えた。ランズベリー住宅団地に移り住んだ住民たちは近隣地域（ロンドンの下町であるイーストエンド）の出身者が大半であったため、住民同士の気心も知れており、そのことが地域コミュニティの形成・維持に大いに役立っているとグラスらは評価した。

そして、第二次調査でも、ランズベリー住宅団地を成功事例として位置づける見方は変わらなかった。特に、労働者階級が職住近接を可能にできるよう、公的機関による都市再開発として労働者階級を対象とした住宅団地が整備されたことの意義は大きい、という評価をしている。

しかし、公的セクターによる住宅整備に関わる住民調査とそれをもとにした評価、というそれまでグラスが行ってきた調査研究はこれが最後となった。この背景には、公的セクターによる住宅供給が一九五四年をピークに減少していったことがあり、さらに一九五〇年代後半から一九六〇年代にかけて民間賃貸住宅の問題が大きな社会問題となっていたこともあった。

カムデン区の住宅政策案への期待

一九六三年ロンドン政府法によって新たな行政区としてグレーター・ロンドンが設置され、そこに設けられた三二のロンドン自治区カウンシル（特別区）の一つがカムデン区であった。カムデン区はロンドン北西部に位置し、インナー・ロンドンを構成する自治区の一つである。区内には大英博物館等が立地するブルームズベリー、鉄道の主要ターミナル駅であるキングスクロス駅、法曹街、高級住宅街のほかに運河や倉庫群もあった。

カムデン区はUCLの都市研究センターに公的セクター、民間セクターの両方を含む住宅に関する調査研究の依頼を行った。これを受けて、グラスら都市研究センターのメンバーは一万三六〇〇人の公営賃貸住宅居住者に対する調査を一九六七年はじめに完了し、抽出した三〇〇〇あまりの民間賃貸住宅居住世帯に対する調査を同年五月下旬から六月にかけて実施した。調査結果は一九六七年一一月に区に提出され、さらに加筆された版が一九六八年に提出された。これらをまとめたものが「カムデンにおける住宅(Housing in Camden)」として一九七〇年に学術誌に掲載された。

調査結果に基づいてグラスは、この地区の住宅政策の案(プロポーザル)を作成している。そこでは、階級ごとに住宅政策の提案を行うとともに、公営賃貸住宅の家賃価格設定の計画案もまとめている。その際に、いかにして区にとっても住民にとってもわかりやすく、かつできるだけ公平な家賃設定にするか、をていねいに検討している。このことは、公営住宅を単なる家賃を払って住むだけの場所、一時的な生活の場所としてグラスが見ていなかったことも意味している。

グラスは、ロンドンの深刻な住宅問題とそれにまつわる都市問題の解決策として公営住宅団地の再活用に大きな期待を寄せていた。当時すでにロンドン中心部では、古く狭小な労働者住宅が並んでいた一帯に中流層を対象にした住宅が新しく建てられ、地域社会の住民構成が変わるという現象が起きていた。これまでに何度も公営住宅団地に関わってきたグラスにとって、そこは単なる居住の枠を超え、地域コミュニティが形成されると同時に住民同士がコミュニケーションをとりながら長く、そして可能であれば世代を超えて、住み続けることができる場所であった。そしてそのことが都市中心部で実現できることを強く願っていた。だからこそ、グラスがこのカムデン区での公営住宅に寄せた期待は大きかった。

一方で、グラスによる批判、指摘は当時の政策の流れから見るとどのようなものであっただろうか。グラスは、現代で言うところの社会権としての住宅を重視し、時間をかけて住民調査を実施して人々のニーズ、意向、地域の現状を把握した上で、現実に対応した住宅計画、都市計画を策定、実施することを常に求めていた。そしてそれが実現できる場所として公営住宅、とりわけ公営住宅団地に大きな期待を寄せていた。しかし、これは政策の時流には必ずしも沿ったものではなかった。

当時の保守党政権下では、基本的には、民間住宅市場の活性化による住宅供給が目指されており、公営住宅は民間による不足を補うものとして位置づけられていた。結果的に公営住宅建設は引き続き実施され、国の住宅政策の中で重要な役割を担ったが、これは家賃規制解除によって民間賃貸を再生・活性化させようとした施策（一九五七年家賃法）が効果を持たなかったことにもよる。

一九六〇年代半ばの英国では全国で持ち家率が上昇したが、一方で、住宅を必ずしも社会権、社会保障としてではなく商品とみなす消費スタイルも生まれた。グラスも指摘したように、住宅は誇示的消費や自己実現のための消費財として位置づけられるようにもなりつつあった。このような住宅の位置づけの変化は、恒久的な住まいやコミュニティ形成の場づくりといった、グラスが長く重視してきた価値とは必ずしもそぐわないものでもあった。

（1）ただし、LCCは中心部シティに対してほとんど行政サービスは行わなかった。
（2）「イントロダクション」(p. xiv)。
（3）「イントロダクション」(p. xvi)。
（4）「イントロダクション」(pp. xviii–xix)。
（5）D. Donnison & D.E. Eversley, *London: Urban Patterns, Problems and Policies.* (Heinemann) に収録され、後に『都市の破滅の常套句』に収録された。
（6）「イントロダクション」(p. xix)。（　）内は筆者による補足。

（7）「イントロダクション」（pp. xix–xx）（　）内は筆者による補足。
（8）「イントロダクション」（p. xx）。
（9）富岡次郎『イギリスにおける移民労働者の住宅問題』三八九－四六九頁。
（10）「序文」（p. ix）。

第5章　移民労働者の増加と「人種問題」

1　多民族多文化都市ロンドンのルーツ

住宅問題を中心にロンドンでの社会調査を継続して実施するなかでグラスが目の当たりにしてきたのは、当時増加しつつあった西インド諸島（カリブ海地域）出身の移民の居住をめぐる問題や彼らに対する英国人の態度、特に差別や排斥であった。この章では、英国、およびロンドンの移民労働者増加の状況と背景、そして「人種問題（カラー・プロブレム）」と呼ばれた暴動、排斥の経緯について紹介しよう。

当時、西インド諸島等から移民としてやってきた人々が直面した大きな課題の一つが住宅確保の問題であった。白人が貸主の賃貸住宅や公営住宅を借りることが実質的に困難であったり、借りることができても劣った住環境や高額の家賃といった悪条件を突きつけられた。また、賃金の低い労働条件で雇用される移民も多く、景気が悪化すると真っ先に解雇の対象とされた。職場をはじめ社会全体で移民に対する差別的な扱いがあり、移民と白人の間での摩擦も生じていた。一九五八年には、白人の低所得の若者たちが西インド諸島出身者をはじめとした移民を集団で襲った「ノッティングヒル騒擾」が発生した。これ以外にも白人の若者が移民を襲撃するという事件がしばしば発生し、移民人口の急増とそれに対する白人（特に低所得の若者たち）の反感や差別、暴力、そしてそれにともなう社会の分断が大きな社会問題となっていた。グラスは同僚とともにそうした「人種問題」の実態と白人社会について調査をし、その結果を『ニューカマーズ』（一九六〇年）という書籍にまとめた。移民増加という変化に揺れる当時の英国およびロンドンの社会をグラスはどのように見つめていたのだろうか。また、何をそこで問題としてとらえていたのだろうか。

なお、グラスが中心になってまとめた『ニューカマーズ』では「ウエスト・インディーズ」という名称が用いられている。これは大英帝国の一部分であった西インド諸島[1]と、地理的には西インド諸島には含まれない英領ホンジュラス、英領ギアナを指しており、島嶼《とうしょ》群としての西インド諸島（南北アメリカ大陸に挟まれたカリブ海地域にある群島）全体を指す語ではない。ただし、本書ではグラスらの著作での記載に倣《なら》って「西インド諸島」と表記する。

今日のロンドン（グレーター・ロンドン）は人口八八七万人（二〇二二年）のうち四割が英国以外の外国生まれで、多様な人種・民族・宗教・母語を有する人々によって構成される多民族多文化都市である。しかし、ロンドンでこのような多様性が見られるようになったのはそれほど古いことではない。

英国で移民の数が急激に増加したのは第二次世界大戦後以降である。一九四八年の国籍法によって、英国の植民地および英連邦の人々に英国市民権が付与され、これらの人々が英国へ移住し、働くことができ

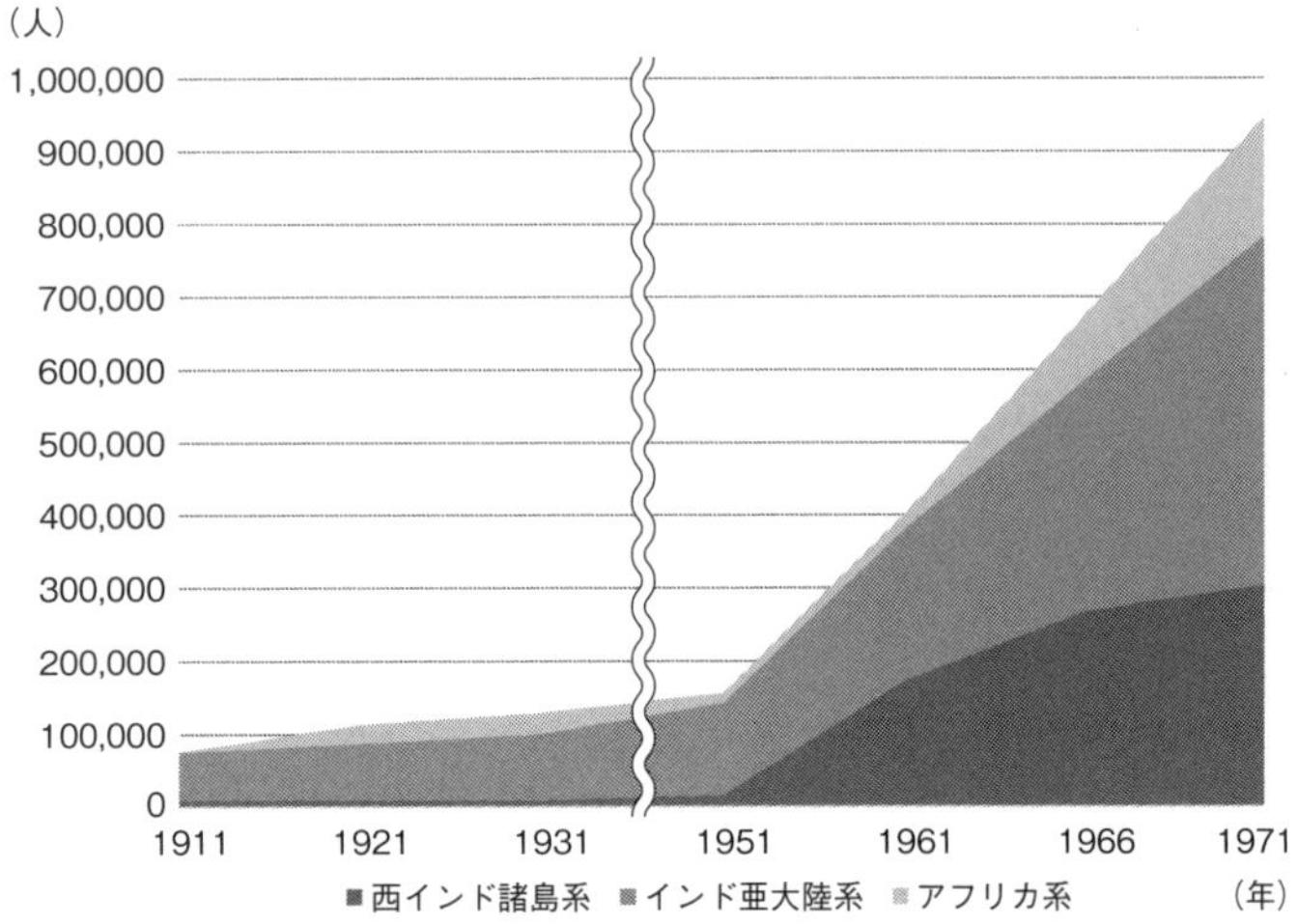

図 5-1　イギリスにおける移民系住民数（1911 年〜1971 年）

出典：富岡次郎『現代イギリスの移民労働者』（1988 年、明石書店）p22–23、p26 の表をもとに作図

るようになった。一方、英国側では、第二次世界大戦後の復興のための労働力に加えて、ＮＨＳ（国民保健サービス）の創設にともなう看護士等の医療職従事者の確保、公共交通機関での交通職員確保も課題となっていた。これに対して、アフリカ、アジア、西インド諸島等から多くの移民が英国へ渡り、労働力需要を補った。移民が従事した仕事は必ずしも単純労働だけでなく事務職、看護職といった専門職に従事する者も一定数いた。特に（国民保健サービス：ＮＨＳの）医師・看護師や駅員・運転手（公共交通機関）といった一定の英語力が求められる仕事には、アフリカ、西インド諸島出身の多くの移民が従事した。このほかにも、アイルランドからの移民、各地の紛争地からの難民も英国に渡った。

一八〇〇年ごろから二〇〇〇年ごろまでの英国への移民の推定数は、一九四五年以前の移民が合計二三三万九〇〇〇人、一九四五年以降の移民が合計六二五万八〇〇〇人であった。移民集団別に見たとき合計値が最も大きいのはアイルランド人であり、その次に南アジア人、アフリカ人と続く。一八〇〇年ごろから二〇〇〇年ごろまでの西インド諸島移民の推定数は、合計で四一万人であり、必ずしも移民全体の中で多数派というわけではない。

しかし、移民全体の中でも西インド諸島出身者は二つの点で特徴的であった。一つは、一九五〇年代から一九六〇年代にかけて英国への移住が急増したこと、もう一つは移住先がロンドンを中心とした大都市に集中したことである。西インド諸島からの移民が増加した時期のロンドンの人口は減少傾向にあった。その大きな要因は郊外への流出であった。つまり、一九五〇年代、一九六〇年代のロンドンでは中心部から白人住民が流出する一方で、短期間に大勢の西インド諸島出身の移民が流入したのである。このことは、白人中心の社会に大きなインパクトを与え、移民受け入れの是非をめぐる論争や人種を理由とした騒擾事件の原因ともなった。

ロンドンの中でも民間賃貸住宅（下宿）やジェントリフィケーションが指摘されるような問題が顕著な地域に多く暮らしていたのが西インド諸島移民であった。『ニューカマーズ』出版後の統計になるが、一九六一年の国勢調査では、西インド諸島移民の四五・七%がロンドンに居住しており、インド系（三三・五%）、パキスタン系（二一・七%）と比較しても英国の西インド諸島移民全体に占めるロンドン居住者の割合は大きかった。ただし、移民の人数については英国への移住者数、英国での移民局による把握、国勢調査をはじめとした複数の統計があり、それぞれの数値が完全に一致しているわけではない。以上の限界を踏まえた上で、この章ではグラスらが用いた統計を中心に、その他の統計も用いながら説明する。

2　英国に渡った西インド諸島移民

英国（大英帝国）は一六二〇年代に小アンティル諸島に本格的に入植し、その後、一八六〇年代までにジャマイカ、ホンジュラス等を植民地下に置いた。一九一二年に、英領西インド諸島はバハマ、バルバドス、英領ギアナ（現ガイアナ）[2]、英領ホンジュラス（現ベリーズ）[3]、ジャマイカ、トリニダード・トバゴ、ウィンドワード諸島、リーワード諸島の八つの植民地に分割された。そして、一九五六年、英領カリブ連邦法成立によって各植民地が連合し、一九五八年から一九六二年の間に英領ヴァージン諸島、バハマ、英領ホンジュラス、英領ギアナを除くすべての諸島が西インド連邦に組み込まれ、将来的な独立を視野に入れた、外交と防衛を除いた自治権を持つ半独立国となった。

一九四八年の国籍法施行以降、西インド諸島（カリブ海地域）、アフリカ大陸、インド亜大陸といった植民地および英連邦からの多くの移民が雇用とチャンスを求めて英国に渡った。一九四八年に、オーストラリアから英国に向かった蒸気船ウィンドラッシュ号は途中でジャマイカ、トリニダードに寄港し、大勢の乗客を乗せて六月二二日にロンドン近郊のティンバリー港に着いた。実際に西インド諸島から乗船した人数には諸説あるが、乗船名簿に直近の居住地として西インド諸島を記載した乗客は八〇二人であった[4]。この後、「ウィンドラッシュ」は西インド諸島からの移民を象徴する語として使用されるようになる。

西インド諸島（カリブ海地域）では、欧米列強による単一作物のプランテーションが発展したが、そこ

図 5-2　西インド諸島（カリブ海地域）

での労働は奴隷制によって支えられるという歪《いびつ》な構造があった。奴隷制度は一九世紀に段階的に廃止されたが、長く単一作物栽培に依存してきた経済は不安定で、脆弱であった。そのため、一九四八年国籍法施行にともなって英国人と同じ条件で英国で就労できるようになったことは西インド諸島の人々の英国への移住を促進する大きな原動力となった。加えて、米国での移民規制も影響を及ぼした。それまで西インド諸島移民の主要な行き先は米国であったが、米国が一九五二年に移民数を各国割り当て制としたことでジャマイカから米国への移民数が年一〇〇人に制限され、移住が実質的に困難となった。このことも英国への移住に拍車をかけた。さらに、第二次世界大戦での戦災から一定程度復興を果たし、経済が好調であった英国産業界も労働力を求めていた。

図5-3　ウィンドラッシュ号で英国に到着した西インド諸島移民（1948年）

英国に渡った西インド諸島移民たちは、ロンドンをはじめとする国内の都市で専門技術者を含む労働者として英国社会の社会・産業を担った。産業界から見れば、英語に支障のない西インド諸島移民たちは労働力需要、とりわけ非熟練の労働力を埋める存在として大いに期待された。これは民間セクターだけでなく、公営セクターについても同様で、イギリス国鉄（当時のブリティッシュ・レールウェイズ）やロンドン交通局（当時のロンドン・トランスポート・エグゼクティブ）等の交通・運輸部門、NHSの看護師といった医療部門では西インド諸島移民を積極的に雇用した。イギリス国鉄は一九四八年に国営化されたが、同じ年にロンドン交通局とNHSが発足している。第二次世界大戦後の復興期に整備（再整備）された公共インフラ・医療サービス部門で労働力需要が拡大し、その穴埋めを担った人々の一部が西インド諸島移民であった。

3　移民に対する襲撃・騒擾の発生

ロンドンでの西インド諸島移民の増加前から、ロンドンを含む英国の都市では人種を理由とした市民間の対立や衝突はあったが、全国的な注目を浴び社会問題となるほどではなかった。その大きな理由は、一九五〇年代までは非白人の移民の人数がそれほど多くなかったためである。しかし、一九五〇年代後半から移民数が増大したことは国内での議論や反感を巻き起こした。英国に移住した西インド諸島移民たちは激しい偏見・差別にもさらされた。現代でいうところのヘイトクライム（憎悪犯罪）も起き、移民の受け入れは全国的な関心となっていった。

この背景の一つに、移民数増大に加えて、経済的な状況の変化も挙げられる。一九五〇年代、一九六〇年代の英国の失業率は平均三％未満と低水準であった。しかし、そうした中でもより不況の影響を受けやすかった人々が移民労働者であった。一九五五年、一九五六年の好況期の後、一九五七年、一九五八年には不景気となり、多くの移民が失業した。イングランドの中心部に位置するノッティンガムでは、一九五八年に市全体の失業率は一％以下であったが、西インド諸島移民の失業率は一四・五％と、大きな開きがあった。このことからも、移民労働者の雇用が景気悪化の影響を受けやすく、より脆弱な立場に置かれていたことがわかる。その一九五八年にノッティンガムで起きたのがノッティンガム騒擾である。

ノッティンガム騒擾

ノッティンガムはイングランド中部の工業都市で、ラッダイト運動（機械うちこわし運動）が始まった都市でもある。当時の人口は三一万三〇〇〇人で、そのうち二〇〇〇人から三〇〇〇人程度が移民であり、移民の半数を西インド諸島移民が占め、残りの半数はインド・パキスタンからの移民であった。

一九五八年八月二三日夜に市内のパブの店外で西インド諸島移民と白人男性が言い争いとなり、複数の移民が六人の白人青年を刺すという事件に発展した。これはさらに白人による集団での襲撃につながった。さらに約一五〇〇人の白人たちが集まって乱闘し、移民、白人、警察官が負傷した。実は、前年の一九五七年に同じノッティンガム市内で西インド諸島移民と白人青年たちの間での衝突、白人たちによる移民襲撃が複数回起きており、地域住民がいつか大きな事件が起きるだろうと懸念していた末の事件であった。

さらに、一九五八年八月二三日の乱闘事件の一週間後には、乱闘事件が起きたその場所に白人を中心とした群衆が集まり、その数は約四〇〇〇人にまで膨れ上がった。被害を受けないよう西インド諸島移民たちは屋内にとどまっていたが、たまたま通りかかった西インド諸島移民を白人青年たちが攻撃しようとしたこともあった。結果的に、白人五〇人以上が警察に連行された。

さらにその一週間後の同じ時刻にも同じ場所に約二〇〇人の群衆が集まり、西インド諸島移民の住宅に物を投げるなどして攻撃し、路上にいた西インド諸島移民を襲撃した。

なお、これらの騒擾で中心となっていた白人青年は当時テディボーイと呼ばれた不良たちであった。テディボーイとは、一九五〇年代初頭から一九六〇年代半ばごろを中心に英国で見られた、一定の下位文化を共有する白人の若者たちを指す。テディボーイの一部がギャング化し、西インド諸島出身者をはじめとする移民を攻撃した。テディボーイの中には、騒擾に参加し、移民を攻撃するためにわざわざ遠方からノッティンガムにやってきた者たちもいた。

ノッティングヒル騒擾

そして、ほぼ同時期の一九五八年八月から九月にかけて騒擾が発生したのが、ノッティングヒルである。ノッティングヒルはロンドンのウェストエンドに位置し、今日では高級住宅地・観光地として知られているが、ノッティングヒルの中でもノッティングデール（ノッティングバーン）、コルヴィル、ゴルボーン地区は低所得層の居住地も含んでおり、移民の住民も多かった。特にコルヴィル地区では二〇世紀以降に移民・難民が多く居住するようになったが、同時にこうした人々を攻撃する排外主義的なファシズム運動団体の拠点ともなっていた。

コルヴィル地区には老朽化し、環境が劣悪な賃貸住宅が建ち並ぶ一帯があり、先述したラックマンもここに多数の貸家を所有していた。この一帯には多くの西インド諸島移民が暮らし、一九五八年時点にはその人数はおよそ七〇〇〇人であった。当時の英国では、飲食店をはじめとする公共空間で白人とそれ以外を隔てる人種差別（カラーバー）が存在しており、非白人は白人向け飲食店を利用できなかった。このため、移民たちは自分たちでレストラン、カフェ等を経営したが、この地域は移民によるそうした飲食店が集積する場でもあった。

騒擾の前、同年七月にも白人青年たちが移民の経営する店を複数回襲い、店を破壊し、うち一回では逮捕者も出た。八月一一日には移民の住宅を白人青年たちが取り囲み、窓を壊すといった乱暴をはたらいたが、群衆は制止することなく見物していた。このように、ほぼ毎週のように移民に対する暴力や破壊が繰り返され、しかもそれを多くの群衆が目撃していながら傍観している、あるいはそれを見物に来る、といった状況が続いていた。

そして、八月二三日夜に鉄棒、ナイフ等で武装した白人青年たちがノッティングデールで移民たちを襲い、五人の移民が病院に運ばれ、うち三人は重傷となった。このとき、加害者の白人青年たちは事件から三週間後に裁判にかけられ、有罪判決を受けた。

翌週の八月三〇日深夜、ノッティングデールに近い地区で移民の家が放火・襲撃され、約二〇〇人の白人の群衆が武装して周辺をうろついた。翌三一日はさらに群衆の数が四〇〇～七〇〇人規模に増え、群衆たちは「奴らをリンチしろ」「英国を白く保て（白人の英国を守れ）」と叫び、移民や警察と衝突し、複数の怪我人が出た。移民を含む一三人が逮捕され、白人五人が有罪となった。この日は周辺の他の地域でも武装した白人青年たちが集まったり、移民たちとの間で小競り合いが起きたりした。街の緊張感は高まり、移民たちはできるだけ外出を控えて生活せざるを得なかった。

続く九月一日は、さらに白人の群衆の人数が増え、夜だけでなく昼間にも地域外から群衆が集まり、その人数は数千人規模に及んだ。たまたま近くを通りかかった移民が群衆に追われたり、物を投げつけられるといった被害も生じた。当地区（ノース・ケンジントン）選出の労働党国会議員は地区内を車で回り、寛容や冷静さを取り戻すよう訴えて回ったが、あまり効果はなかった。夕方には、ファシズム運動団体が地下鉄駅前で移民を脅威ととらえ侮蔑する内容のパンフレットを配布した。こうしたグループの行動は社会の中で生じつつあった人種間の不信感や対立をさらに煽《あお》ろうとするものであった。

翌九月二日、大半の移民は外出を控え、家の中にいたが、白人青年たちは街頭に集まり、「黒人を追い出せ」と大声で叫びながら行進した。大勢の警察官が街中に出て警戒にあたり、警官に付き添われて帰宅する移民労働者もいた。この日、この数日の中で最多となる五五人が逮捕された。容疑は、侮辱的・脅迫的行動、公務執行妨害、攻撃的武器の携行等であった。

大雨であった九月三日は特段の事件や襲撃は起きなかったが、四日はノッティングヒル等で火炎瓶が投げられ、また移民の乳母車と白人の買い物カートがぶつかったことで一五〇人近い群衆が集まるなど、地理的な範囲や規模は縮小したが依然として街には緊張感が漂っていた。五日に、ジャマイカ首相、西インド諸島連邦副首相らがロンドンに到着し、騒擾のあった現地を視察するとともに、英国政府関係者と会い、西インド諸島出国時の移住制限の可能性について話し合うなどした。八月三〇日から九月四日の間にこの騒擾に関連して逮捕された者は一四〇人で、四分の三が白人、四分の一が移民であった。逮捕された白人の約六割が二〇歳以下であった。

なお、現在のノッティングヒルは欧州で最大規模、世界的にもブラジルのリオに次ぐ大規模なカーニバルの開催地としても知られている。これは、一九五八年の騒擾の後、西インド諸島出身者対象の新聞の発行人であった、トリニダード出身の女性が故郷のカーニバルで人々の連帯を図ろうと始めたのが発端である。当初はロンドン各地で開催されていたが、一九六四年からノッティングヒルに会場が固定され、現在に至るまで毎年開催されている。

ノッティンガム、ノッティングヒル等での騒擾は、その後、移民数の制限に関する国全体での議論へとつながっていき、一九六二年に英連邦移民法が制定された。これにより、英連邦諸国からの移民に入国審査を課し、労働許可証がなければ英国内で働くことができなくなった。

これらの事件、出来事は英国社会に大きな衝撃を与えたと同時に、移民受け入れのあり方、白人による人種差別や偏見・排斥、白人と非白人の関係性について英国内での幅広い議論を巻き起こし、その後、移民受け入れや規制に関わる政策が検討、決定されていくことになる。

これらは一見するとジェントリフィケーションとは関連しないかのようにも見える。しかし、賃貸住宅の住人の多くを占めていた移民たちに対する非難やバッシングが英国社会でどのような文脈や過程で生じたのか、問題の本質がずらされていくことで英国社会での移民たちのスケープゴート化にどのようにつながっていったかを知ることは、ジェントリフィケーションを取り巻く社会の構造を理解する上でも重要である。次章で詳しく見ていこう。

(1) 大英帝国の一部分であった西インド諸島の現在の国・地域名では以下のとおりである。アンギラ（英国海外領）、アンティグア・バーブーダ（一九八一年独立）、バハマ（一九七三年独立）、バルバドス（一九六六年独立）、ベリーズ（旧英領ホンジュラス、一九八一年独立）、バミューダ諸島（英国海外領）、イギリス領ヴァージン諸島（英国海外領）、ケイマン諸島（英国海外領）、ドミニカ国（一九七八年独立）、グレナダ（一九七四年独立）、ガイアナ（旧英領ギアナ、一九六六年独立）、ジャマイカ（一九六二年独立）、モントセラト（英国海外領）、セントクリストファー・ネイビス（一九八三年独立）、セントルシア（一九七九年独立）、セントビンセント・グレナディーン（一九七九年独立）、トリニダード・トバゴ（一九六二年独立）、タークス・カイコス諸島（英国海外領）。なお、ドミニカ国は、イスパニョーラ島東部に位置する、ドミニカ共和国とは別の国である。
(2) カリブ海の小アンティル諸島南部に連なる小規模な島々。
(3) 小アンティル諸島北部、プエルトリコの東側からドミニカ島にかけて、西北から東南方向に連なる小規模な島々。

（4）西インド諸島（カリブ海地域）からの乗客のほか、ポーランド人、英国人、その他英連邦出身者も乗船し、乗客数は合計一〇二七人と言われている。

第6章　スケープゴート化された移民たち

1　移民増加に対する社会の反応

ジェントリフィケーションが進行していく際、往々にして立ち退きや排除が起きるが、ジェントリフィケーションの担い手側（ジェントリファイヤー）による立ち退きや排除の正当化もしばしば行われる。そして、正当化の過程で、特定の社会的カテゴリーの人々を貶《おとし》めるようなイメージ付与がなされ、その人々に向けてバッシングが行われることも珍しくはない。

こうした指摘をグラス自身がしたわけではないが、歴史を振り返ると、ロンドンの民間賃貸住宅に多くの西インド諸島出身の移民が住んでおり、ジェントリフィケーションが指摘されたのとほぼ時期を同じくして移民受け入れをめぐる全国的な議論や反発、騒擾が広く巻き起こった。しかし、当時、この二つの事象が関連づけて議論されることはほとんどなく、人種間に住環境の格差があることやその要因、背景について指摘されることもほとんどなかった。では、グラスは一九五〇年代の移民増加に対する英国（白人）

社会の反応、とりわけ社会の根底にある差別・偏見に関わる意識をどのようにとらえ、考えていたのだろうか。

『ニューカマーズ』はUCLの都市研究センターの研究レポート（論集）の第一号として一九六〇年に発行された。『ロンドン―変化の諸相』発行の四年前にあたる。リサーチ・アシスタントであったハロルド・ポリンズ（一九二四年～二〇一八年）が一九五八年から一九六〇年にかけて主要なデータ収集を担い、下書き（ドラフト）となる原稿を執筆した。その後、それを研究レポート（論集）としてまとめることとなり、ポリンズの原稿をもとにグラスが執筆し、さらに新たな章を追加で執筆した。

当時は移民自身の意識・生活等の実態を明らかにした研究は少なく、『ニューカマーズ』も移民の実態を明らかにした書籍ではない。既存の統計資料を用いながら西インド諸島移民の背景や属性をまとめているが、当時利用できる統計資料には限りがあったことから、「ロンドン・グループ」と名づけた集団を対象にした統計分析が行われた。ロンドン・グループは一九五八年までに移民事務所を訪れた人々の記録をもとにしていた。職を求めて相談に訪れるため、失業状態という記録が残りやすい等の偏りがある可能性があることは『ニューカマーズ』内でも述べられている。現代の統計分析技術から見れば不十分な点もあるが、そのような限界があるなかで、背景や属性は異なっても共通の問題を抱えて移民事務所に相談に訪れているのではないかという推測から、西インド諸島移民の居住、就労、生活、地域社会との交流等について既存資料の二次分析を中心に検証が行われた。なお、『ニューカマーズ』は六章構成となっており、さらにアペンディックス（付録）として各種資料（「ロンドンサンプル」の統計、世論調査の結果、インタビュー調査の結果、議会議事録リスト）がつけられている。

全体としてこの書籍が焦点を当てているのは、西インド諸島移民それ自体ではなく、移民急増に対する英国社会の反応とその根底にある差別・偏見に関わる意識である。西インド諸島移民の雇用・居住等については既存データを用いた説明にとどまっているが、それに対して、英国社会の反応については豊富な資料によって、場合によっては現地視察も交えながら多角的に紹介されている。

2 「人種問題」に対する英国社会の反応、戸惑い

『ニューカマーズ』は、白人中心の英国社会がどのように移民を見ているか、について主に各種調査結果や公的文書等の資料をもとに検証した書籍である。冷静に事実関係を整理することに重点が置かれ、安易な断定や偏見に基づくような記載は読み取れないが、このことは現代にも通じる重要な点だ。特にグラスの冷静な視点が際立つのが、移民に対する英国社会の反応やそこに見られる矛盾、移民増加に対する英国社会の戸惑いに関する解釈である。では、そこでのグラスの着眼とはどのようなものであったのだろうか。

西インド諸島移民たちの戸惑いと憤り

グラスはまず西インド諸島移民の多くが英国生活の中で戸惑いや憤りを感じていたこととその要因が英国社会にあることに注目した。英国の植民地で育ち、教育を受けてきた西インド諸島移民たちは「英国人」であることを内面化し、英国的、愛国的（「国」は英国を指す）であろうとしていた。しかし、予想に

反し、渡英後に偏見、差別に直面し、ショックを受ける者が多かった。移民たちは自らを英国連邦の一員と認識して渡英するが、英国人が英国連邦そのものに興味がなく、同胞とは思っていないこと、自分たちが英国を理解しているほどには英国人は自分たちのことを知らないことに気づき、とても困惑した。英国内で「外国人」とみなされるだけでなく、たびたび偏見や差別の対象とされることに憤りや怒りを感じるようになった。

一九五八年の騒擾以降、労働組合は公的には人種差別に厳しく反対する態度を示したが、実態は労働現場によってさまざまで、時には組合の方針と労働現場での労働者たちの態度の間には相違が見られた。一般に労働者たちは職場外でもスポーツ等の話題で親密さを深めるが、移民は白人労働者が好む話題についていけず、距離ができていた。現業労働で働く移民たちは下町の英語を話さないために職場で労働者階級とみなされず、奇異な存在として映った。

母国では人を雇用する立場だった者が英国では工場労働者として働くことも珍しくなく、収入は上がったが、社会的地位は下落した。英国人からは、英国に来る前から貧しく、未開な生活をしていたかのように扱われることもあり、そのことは多くの西インド諸島出身者の尊厳を傷つけるものであった。

そうした中で、西インド諸島移民間では自分の出身地よりも経済的に劣位の島出身者を見下す傾向も一部では見られた。つまり、英国人から見れば同じように見える西インド諸島の移民の間で階層や優劣の意識があったのである。英国人は西インド諸島移民を十把一絡げにして一つのカテゴリーに一方的にくくり、差別や偏見の対象としたが、そうやって同じカテゴリーに入れられた側には当然ながら共属感情はなく、自分たちが同じようにみなされることへの不満も生じた。そうした中で、鬱憤《うっぷん》を直接英国人に向けるのではなく、自分よりも劣位の存在を見つけ、「××よりはまし」とみなすことで、差別や偏見を受けた憤りをやり過ごそうとしたり、自尊心を回復しようとした。このような行為は「下方比較」と呼ばれ、現代社会でも見られる現象であると同時に、差別・偏見を受ける社会的弱者同士が協力して社会状況を改善していこうとする行動の阻害につながるものでもある。

無意識の偏見

西インド諸島移民たちの戸惑いや憤りの背景には、植民地に対する英国人の態度と無意識の偏見や差別意識があった。英国人は、植民地と本国のそれぞれで非白人（植民地出身者）に対する態度が異なっていた。公的には「英国連邦の国・地域は家族」と言われ、偏見はよくないものとされていたが、実際には、職場の同僚を除き植民地の人々に直接接する機会はほぼなく、多くの英国人にとって彼らは遠い存在でしかなかった。英国は長期にわたって植民地を支配してきたが、植民地出身者が使用人以外の身分で英国内に暮らし、働くことを英国人は考えたことがなく、そのような経験もほとんどなかった。

英国国内で非白人は社会階級ではなく肌の色で判別された。むろん、他の国にも移民はいるが、移民への対応について英国人の対応は特別だ、とグラスには映った。植民地に対する、頭の中だけの理解や寛容と、実際にその人たちが自分の近隣地域や職場に来た際の偏見や差別的な対応の間には明確な二重性があった。「自分自身は人種差別が好ましいとは思わないが、そうせざるを得ない」という言い訳を英国人が口にすることは珍しいことではないとグラスは述べている。

一九五八年の騒擾（前章）の翌年一九五九年に、西インド諸島の一つであるアンティグア・バーブーダ出身の移民ケルソー・コクレーンがノッティングヒルで殺害された。複数の白人の若者がナイフで刺したと言われているが、現在まで犯人は不明の未解決事件となっている。こうした人種に関連した騒擾や殺人事件が起きたことに対して、当時の著名政治家の一人が「こんなことが英国で起こるなんて（起こるはずがない）」という反応をしたことがあった。この発言に対して、実はそれまでにも同様のことが起きていたが、そのことが社会で広く認識されてこなかっただけにすぎない、とグラスは指摘している。つまり、大規模な騒擾事件があり、それがニュースとして扱われるまで白人の英国人の大半は移民と白人の間の問題を深く意識することはなかったが、その以前から類似した問題は英国社会、特に都市部には存在していた。つまり、そのことに誰が気づいているか、誰には見えていないか、という問題だ、とグラスは考えたのだ。

人種差別の二つの側面

移民の増加にともない、英国では次第にファシズム運動団体のメンバーやそれに近い人々が「非白人を甘やかしている」「特別扱いされた非白人がのさばる」というプロパガンダを用いるようになった。一方、植民地支配や植民地出身者の英国での扱いに対する罪悪感から非白人に丁寧な態度で接する白人もいた。これに対して、罪悪感からそうした対応をするのだろうと相手（非白人）は推測する、という構図を、当時、グラスは読み解いている。これは、今日、アンコンシャスバイアス〈無意識の偏見〉の一つに数えられる慈悲的差別にあたると言える。

当時の英国社会では「人種差別は望ましくないことだ」という表向きの社会通念はあったが、人種差別に対して必ずしも法律で規定、規制がされていたわけではなく、差別や偏見の定義もされていなかった。そのため、新聞の社説では人種差別を批判した記事が掲載される一方で、同じ紙面に人種差別的な借家人募集（「非白人は除く」等）が出ることも珍しくなかった。

当時、西インド諸島出身の著名クリケット選手やアフリカ系米国人の旅行者がロンドンで宿泊を拒否され、ホテルを相手に裁判を起こし勝訴するということが続いた。一方で、パブ等で非白人の入店を断る人種隔離は違法とはされていなかった。

非白人は英国社会でさまざまな形での偏見や差別を受けたと感じていた。しかし、英国人の非白人への態度が曖昧かつ多義的であるため、非白人から見てそれが偏見なのか、差別なのか、先入観や考え方の偏りによるものなのかどうか、がわかりにくいことも混乱を招くもととなっていた。

「反移民暴動」の実際

グラスは、一九五八年のノッティンガム騒擾、ノッティングヒル騒擾について新聞報道、裁判記録等をもとに検証を行った。ノッティングヒルではノッティンガムとは比べものにならないほど大勢の白人たちが集まり、大きな騒ぎとなった。しかし、実際には移民は一方的に襲われたり巻き込まれたりしたのであり、白人の若者たちが暴れ回った、移民不在の「反移民暴動」であった。騒擾の背景には、白人労働者階級の若者たちの不満、鬱屈があった。ノッティンガムでは、当時、やや景気が落ち込んでいたという事情もあったが、新聞はその背景を報道しておらず、人種間の対立として描かれた。

また、ノッティングヒルを含むロンドンのインナーエリアで住宅不足が深刻化していたことも背景の一つであった。グラスは、騒擾に関与したとして逮捕された白人の若者が裁判で「女王のせいだ。女王が国外のいろいろな国に行くからその国の人々が英国にやってきて、自分たちの仕事を奪う」と発言したことに注目した。世間では反移民暴動と言われている事件の背景には支配階級に対する労働者階級の強い反発があり、実は白人対白人の構図となっていたことをグラスは指摘し、「反移民」の姿勢は白人労働者階級の若者たちの新しい形の反抗、反体制の形だと考えた。

人種問題をめぐる全国的な議論のゆくえ

騒擾事件をきっかけに「人種問題」について国内外で大きな反応、議論が続き、英国の新聞、雑誌、テレビ、ラジオではこの問題が連日取り上げられた。グラスは、同じ国に暮らす者同士が互いを敬わず罵り合い、時に暴力を行使して対立を続けるさまを「内戦」のようだと表現した。

英国における移民規制は一九〇五年外国人法に始まり、一九一四年外国人規制法、一九一九年外国人規制法改正と続いた。一九三〇年代にはユダヤ難民の流入が増え、グラス自身の英国移住も同時期であった。この年の夏にはドイツ（ヴァイマル共和国）総選挙でナチ党が大躍進し、第一党となった。特に一九三八年に起きたクリスタル・ナハト（水晶の夜）のユダヤ人虐殺以降は英国に渡るユダヤ人がさらに増加した。第二次世界大戦後の一九四八年に制定された国籍法によって英国の植民地および英連邦の人々に英国市民権が付与されるようになったことは先述したとおりである。

ノッティンガム騒擾が発生した一九五八年八月以降、人種問題に関して公の場での意見と私的な場での意見の相違がより顕著になったことにグラスは注目した。騒擾事件の以前から下院では英国内の人種問題、移民規制について議論されていたが、特に騒擾事件の後、移民規制に焦点が当てられていく。移民規制を支持する議員もいたが、同時に、英国連邦との関係に配慮の必要があること、英連邦市民が英国に来る権利を否定することの問題、肌の色を理由に入国規制を法制化した場合に英連邦の統合を阻む事態になるという多くの懸念が示された。議論が進むにつれ、人種を取り上げて規制を議論することは恥ずべきこと、倫理的な問題がある、という意識が議員だけでなく新聞報道や世論でも広がっていった。その後、犯罪に関わった移民たちの送還を求める議論は続き、これは一九六二年の移民法制定へとつながった。

一方で、一九五八年以降、白人至上主義、反移民の団体の活動がいっそう活発になり、反ユダヤ的な活動や非白人への嫌がらせも増えていった。それらの団体のパンフレットが家々のポストに入れられたり、鉤《かぎ》十字のマークがシナゴーグ（ユダヤ教の礼拝堂）やユダヤ墓地に描かれたりすることもあった。

各政党や政治グループは移民、人種をめぐる問題に対する声明を発表したが、いずれも人種差別に反対し、騒擾を起こした白人の若者を非難する内容だった。これらの事件は国内だけでなく国際的なニュースとなり、英国人に与えた衝撃は大きかった。当時、米国での人種差別問題が英国内でも大きなニュースになっていたが、米国南部と同じようなことが英国でも起きた、と多くの英国人はとらえ、ショックを受けた。

そうした中、国会での議論は人種差別規制の法制度化に移っていく。一方で人種差別規制の法整備は不必要で社会の意識啓発によって人種差別はなくなるという意見、すでに存在するコモン・ロー（慣習法）で対応できるとの意見も見られた。何度かにわたって法案が提出され、そのたびに規制の程度は弱められていった。そして、これらの議論は、その後、英国内で人種差別を初めて違法とした人種関係法の制定（一九六五年）につながった。

3　移民のスケープゴート化とその背景

偏見が差別とみなされない社会

ドイツから英国に移住（避難）したユダヤ人であるグラスは、英国社会における無意識の偏見、人種差別に敏感であった。グラスは一般の英国人たちが非白人の移民についてそもそもよく理解していないと指摘した。多くの英国人たちは、移民を単に肌の黒い未知の存在としてとらえ、その背景をまったく知らないし、知ろうともしなかった。移民や人種に関する多くの報道がテレビ、ラジオ、新聞等で扱われたが、そこには事実でないことも多く含まれていた。

グラスは、人種問題（非白人問題）というのは実は「白人問題」であると看破した。英国人の中には、差別や偏見といった問題は何も起きていないと言う者もいたが、それは英国人が自らの持つ偏見や外国人嫌いにまったく気づいていないということであり、非白人側の現実から遠いところに白人がいるにすぎない、概念的な理解だけでなく実態をよく知る必要がある、とグラスは述べている。

『ニューカマーズ』のアペンディックス（付録）Bには、米国の世論調査会社によって一九五八年九月初旬に複数回、人種偏見をテーマとして実施された世論調査の結果が掲載されている。これは、英国全土を対象範囲とし、対象者数は一〇〇〇人から一五〇〇人であった。この世論調査の結果では、英国人の中で偏見を持っているとみなされる者は全体のわずかにすぎないとされた。しかし、グラスは、割合が小さいからといって軽視していいわけではない、と考えた。その理由として、全体として目指すべき方向性が定まっていない社会における偏見に満ちた少数派は、社会全体で人種間の平等が目指されているなかでの偏見に満ちた大規模な集団よりもはるかに影響力の大きな存在となる可能性があるからだ、とグラスは述べている。つまり、人数の規模は小さくても、偏見を持った少数派に多数派（相反する意見の間で揺れ、曖昧な態度をとりやすい人々）が影響を受けやすい、という指摘である。これらはナチス・ドイツの台頭を目の当たりにしてきたグラスならではの指摘であると同時に、人種差別、憎悪犯罪、ヘイトスピーチといった差別、偏見に関わる問題を抱えている現代社会から見ても重要な視点だ。

グラスは、英国社会を「社会的人種的な平等を目指す傾向が強い社会」ではなく「偏見に満ちたかなり大きな集団がおり、日常のなかで偏見を受容しがちな社会」とみなした。この背景には、ユダヤ人に対する英国社会のまなざしや姿勢の影響があるとグラスは考えた。グラスから見れば、英国社会では歴史的に人々の間の差異（階級等）があることやそれゆえの扱いの違いは受容されてきており、だからこそ特定の人々を「部外者」とみなすことも自然になされる。一般的に英国人は、ユダヤ人、カトリック教徒、黒人が自分にとって身近な存在である場合には偏見や悪口を言わないが、不特定多数である場合は偏見を含むジョークが知識層の間でも使われる傾向にあった。むしろ、集団に対する差別よりも個人に向けた差別の方が倫理的に良くないとされる傾向もあり、そうした差別が見過ごされやすい、とグラスは見た。

こうした状況から、英国では偏見が必ずしも差別とみなされない傾向にあり、それが今回の騒擾事件とその後の社会の反応、そこでの議論の混迷の背景にある、とグラスは考えた。たとえば、住宅での入居差別や公共空間での非白人の締め出し等は、日常生活での差別と同等にはみなされていなかった。後者はその行為が社会的、倫理的に恥ずべきこととはみなされていたが、前者は必ずしもそうではなかった。このように人々が相反する価値・意見の間で揺れ、曖昧な態度をとりやすいことについてグラスは「受け身の寛容性」と表現している。日常生活の中では差別的な言動を非難する人でも住宅での入居差別や公共空間での非白人の締め出しは必ずしも問題視しない。グラスは、英国社会の中では差別は必ずしも制度化されたものにはなっていないが、逆に差別禁止も制度化されていないと指摘した。

そしてグラスは、人種差別をめぐる英国における今後の状況について以下のように予想した。今後来たる経済的繁栄は非白人に対する英国人の矛盾した態度をより鮮明化させ、経済的な繁栄が広がるに従って社会的人種的分離はさらに強化されるだろう。その背景には、経済的繁栄によって社会的区別がより不鮮明になり、そのことでむしろ人々が違いをより意識するようになること、内と外との区別をつけたがるようになることがある。特に社会階層が高くない層のうち社会上昇のために努力していない人々は、社会階層の高い人々への怒りのはけぐちとして自分の競争相手や自分より社会的に劣位にある人々を攻撃しがちとなる。つまり、経済的繁栄の別の側面として、他者に対する攻撃の導火線となるような不安定さや、自己中心的な価値観に閉じこもる逃避を生み出す、と指摘した。

これはまさに現代のジェントリフィケーションや社会の分極化が進行する中で、社会的経済的に劣位に置かれた者が自分よりもさらに劣位にある者を見つけ、叩き、非難するという、各地で生じている現象と重なる。人種・民族・宗教をはじめとした、その社会の中でマジョリティ（多数派）とは異なる社会的カテゴリーでくくられる人々に対する偏見、差別意識は、それらの人々が居住に関して不利な扱いを受けた場合にその不当さを覆い隠す効果を持ちかねない。そして、そうした扱いの背景となるのは、決してむき出しの悪意や自覚的な偏見ではない。このことは問題の本質をより見えにくいものとする恐れがある。これはグラスの時代にも現代にも当てはまることである。

社会の安定を脅かす「価値の真空状態」

グラスは英国社会の受け身の寛容性、つまり相反する価値・意見の間で揺れ、曖昧な態度をとりやすい状況を「価値の真空状態」と呼び、これは明らかな悪意よりも重大な問題で、酷《ひど》いことだと厳しく批判した。その批判の理由として、そうした寛容さが抑制されることなく惰性のまま進む限り、社会の中で偏見が成長し続けるからだ、と指摘した。さらに、人種問題に関する英国社会の価値の真空状態は社会の安定を脅かす、社会基盤に関わる重要な問題だとも述べている。

グラスから見たとき、一九五八年の騒擾は英国人の自尊心を大きく揺るがせるものであった。当時、一般市民と同様に、公的な立場にある者の中にも白人・黒人の間の関係がどういうものであるのか、そのことが目の前の社会情勢とどのように関わるのか、十分に理解できていない者も少なくなかった。公人の中には「非白人の方が問題であるから騒擾が起きた。もし彼らが英国に来なければ（いなければ）こうした出来事は起こらなかった」と公言する者もいた。国会議員やマスメディア等でのコメンテーターによるこうした発言と、「非白人に部屋を貸さないからといって私が責められるべきではない」といった貸家業を営む家主の発言の間には大きな違いはない。こうした言説が日々繰り返され、人種問題に関して自己の責任を回避するような発言が絶えず行われることを目の当たりにし、英国社会では、人種偏見が社会システムをまっすぐに貫く問題であると認めることは国家の、そして個々の英国人（白人）のプライドを大きく傷つけるのだ、とグラスは見た。ここには、自らも移民であると同時に、英国社会で差別の対象とされていたユダヤ人でもあったグラスの冷静な分析が現れている。

一九五八年の騒擾は、人種問題に関する英国内の制度・政策や政府方針の策定も含め、その後の社会には大して変化をもたらさなかった、とグラスは結論づけている。時間の経過とともに市民の多くが騒擾について忘れてしまう一方でファシズム運動団体など人種差別主義者らによる反移民のキャンペーンは行われ続け、そのことが移民たちに不安を与え続けている、と指摘した。そうしたキャンペーンがたとえ表通りではなく裏通りで行われ、それほど多くの人々（特に社会階層が高い人々や公人）の目につかなかったとしても、移民たちは平穏ではいられない、なぜならばそこは移民たちにとって日常的な生活の場だから、とグラスは述べている。人種差別主義者たちは嫌がらせを目的としてわざわざ移民たちの居住地の近くで反移民キャンペーンを行っていた。しかし、このようなことが行われていること自体が世間であまり知られていないことにもグラスは懸念を抱いた。

グラスは、英国社会で多くの市民が持つ二面性と、それによって社会の中で温存され続ける偏見・差別について鋭く指摘した。日常の中で多く見られる「親切な偏見」(現代でいうマイクロアグレッション)と攻撃的な偏見は、一見するとつながりがないようだが、差別や偏見をたびたび受ける人々はそのようにはとらえない。たとえば、自分は差別に反対していると考えている者であっても、バーやレストランが人種隔離を設けているのだから移民の側がもっと落ち着ける場所を見つけた方がいい、という言い方をする。つまり店舗や人種隔離自体を問題にするのではなく論点をそらすのである。このように、一見、悪意なく発せられる親切な偏見は日常会話の中にも多く含まれる。多くの場合、人々はそれらを一つ一つ取り上げて指摘して反対すべき、とは考えない。だからこそ、親切な偏見は行われ続ける。そして、身の周りで親切な偏見をたびたび見聞きすることは「人種差別主義者らによる攻撃的な偏見が起きるかもしれない」と移民たちを不安にさせる。もしも、親切な偏見がなければ移民たちはそのような不安は感じないはずだが、英国社会は実際にはそのようになっていない、とグラスは分析した。

次世代への懸念と政治の責任

一九五八年の騒擾の背景に失業、劣悪な住環境といった問題があったことよりも、移民たちが制度的に不安定な立場に置かれていることの方が重大だ、ともグラスは考えた。なぜなら、制度的に不安定な立場に置かれ続ける限り、移民は社会の周縁に置かれ続けるからである。

今のような状態が続けば、移民の子・孫の世代も英国社会での待遇に不満を抱えることになりかねない、とグラスは懸念した。英国で生まれ育ち教育を受けても移民にルーツを持つ者は専門職、管理職になりにくく、生まれながらにそうした制約の下に置かれることは第二世代にとって過酷な状況だ、と考えたからである。

グラスは当時のロンドンに人種別の棲み分け（セグリゲーション）があるとはみなしていなかった。しかし、同じような状況が続けば人種ごとの地区ができていくかもしれず、もしそのような事態になれば、移民たちは社会的に不安定な状態に縛られ続けることになるだろう、とも考えた。

英国社会で白人と黒人の間の問題・困難は分離不可能であり、だからこそ、逆説的に、移民はすでに英国社会に統合されているということができる、とグラスは述べている。当時、英国社会の平穏を脅かしたのは移民だという非難が移民たちに向けられていた。このことは移民たちが不公平で不適切な事柄について非難され続けたことを意味し、移民のスケープゴート化だといえる。そして、人種問題をめぐって反目が起きた英国社会の分断の要因が移民の存在と同一であるかのように白人中心の社会で語られることは、憤りの連鎖を生みかねない、とグラスは懸念した。

そして、グラスはこのような問題に対して英国の政治に責任がある、英国議会は社会の中での寛容を推し進めるよう後押しする責任がある、と政府の対応を強く求めた。移民に対する公平な扱いがなされることが法律で明文化されるべきであり、そうすることによって企業等における差別禁止は可能となると、国連人権宣言を引用しながら彼女は述べた。社会全体が人種問題について寛容の方向に向かうことができれば、移民を拒否してきた個々の家主たちの態度や意識も変わるだろう、とグラスは考えた。これはつまり、法の整備による人種差別の抑制、取り扱いの上での平等の実現と社会全体での意識変化である。ここで述べられていることは一九五〇年代後半の英国社会の状況であるが、現在の日本および世界各国の情勢とほぼ変わらないとも言えよう。

そしてグラスは、五〇年後、六〇年後の歴史家が一九五〇年代〜一九六〇年代の英国社会の移民の状況を特筆に値するとみなすだろう、とも考えた。これは移民たちがいたことで二〇世紀後半の英国社会が視野を広げ、それによって多くを得られるだろう、という将来予測でもあった。まさに、違いを認め合い、異質なものを取り入れながら共生社会を実現させようとする思想であり、ここに時代を先取りしたグラスの先見性を見ることができる。

4　一九六〇年代後半以降の英国社会と移民

五〇年後、六〇年後を見すえたグラスの展望は、その後、英国社会でどのように現実化したのだろうか。以下では、『ニューカマーズ』発行以降の英国の移民をめぐる状況、とりわけカリブ海地域（西インド諸島）出身の移民をめぐる状況を見ていこう。

一九六二年に移民法が制定された。これは、英連邦市民を「英国市民」「英国属領市民」「英国海外市民」に分類すると同時に、居住権を持つ者とそれ以外を明確に区分し、非白人の移民に的を絞って英国への移民を制限する意図を持った、明らかに人種差別的な法律であった。一九六五年には移民規制を表明した「英連邦移民白書」が発表されたが、これは英連邦からの未熟練労働者の入国を規制するものであった。その後も、英連邦移民法（一九六八年）で血統主義を導入し、改正移民法（一九七一年）では英国に自由に入国、定住できる権利に関して自身または親、もしくは祖父母が英国で生まれた場合等に限った血統主義的基準を設けた。血統主義に基づくパトリアル（居住権を有して自由に出入国できる移民）制度の導入がなされ、移民政策、入国管理が強化された。このとき、すでに英国に在住していた英連邦加盟国民には永住権が与えられたが、当時の内務省は対象となった人々の記録を残しておらず、永住許可証等の証明書類を発行していなかった。このことが後年の「ウィンドラッシュ事件」（後述）につながった。

一方、一九五八年当時から顕在化していた反移民の流れは収まらず、一九六二年の移民法制定以降も白人による非白人移民に対する暴力は続き、社会問題となった。一九六八年四月、バーミンガムでの保守党会合で行われた演説でイノック・パウエル下院議員が英国への移民流入を激しく非難し、移民拡大により街中で暴力事件が起きることを「血の川」にたとえ、人種関連法を提唱した。

一八二四年に制定された浮浪罪に起源を持ち、「疑わしい人物」に対する警察官による職務質問を定めた法律サス・ローによって、一九七〇年代に特に黒人をはじめとする非白人が職務質問の対象とされた。

逮捕される者も多かった。これは現代でいう人種プロファイリングにあたる。このように英連邦からの移民流入が規制されると同時に、英国内で暮らす移民、非白人に対する警察の取り締まり、差別的な取り扱いも頻発した。そのような中で、一九七〇年に警察の差別的な取り締まりに抗議する黒人住民らによるデモの参加者九人が逮捕されたが、裁判で警察の主張の矛盾を指摘し、全員が無罪となるという画期的な出来事（マングローブ事件）もあった。

その後、一九九七年から政権に就いた労働党は、経済成長にともなう熟練労働者の必要性と難民の増加等に対応する形で移民受け入れを拡大した。また、二〇〇四年に東欧諸国など一〇カ国がEUに加盟すると、これらの国から自由に入国し働くことができるようになった。これらの政策によって、英国の移民数はさらに増加した。EU外からEU内の国へ渡りEU市民権を獲得した人を含め、EU市民であれば本人が選択さえすれば英国内に居住し、働くことができるため、英国政府が移民数を調整することはできなかった。このことは、その後、ブレグジット（EU離脱、二〇二〇年）支持の増加を推し進める要因の一つになったとも言われている。

「ウィンドラッシュ世代」とは、一九四八年から一九七〇年代初頭にかけて、カリブ海地域から英国にやって来た移民とその子どもたちを指す。親に同行した子どもたちの中には旅券等の公的書類がないまま入国して、定住した者も多かった。二〇一七年からその詳細が徐々に明らかになったウィンドラッシュ事件は、一九七一年移民法に起源を持つ。当時、内務省が永住許可証等の証明書類を発行しなかったため、一九七一年移民法で永住権を得た英連邦出身者たち（ウィンドラッシュ世代）は長らく英国滞在の合法性を証明できない状態にあった。二〇一二年の移民法改正で、移民は就労や不動産賃貸、医療を含む社会保障を受ける際に身分を示す書類提出が必要になったため、合法的に英国に住んでいることを証明できないウィンドラッシュ世代たちが誤って非正規移民とみなされ、解雇されたり、強制送還の対象とされるといった事態が生じた。実際に強制送還された者も八〇人以上に及んだ。

このことは大きな政治スキャンダルとなると同時に、英国社会ではカリブ海地域出身者をはじめとする移民の経験、歴史を改めて振り返る機会ともなった。長年にわたる英国社会での英連邦出身者に対する差別的扱いに対する抗議の声も高まった。これを受けて英国政府は二〇一八年に毎年六月二二日を「ウィンドラッシュの日」と定めると同時に、二〇二二年にはロンドン中心部の駅にウィンドラッシュ世代を記念するカリブ海地域出身移民の銅像が建てられた。

図 6-1　ウィンドラッシュ世代を記念して建てられたカリブ海地域出身移民の銅像

一方、英連邦の一つであったバルバドスは二〇二一年に英国君主を国家元首とする立憲君主制から共和制への移行を果たし、その他のカリブ海地域の英連邦諸国も共和制への移行を検討している。二〇二二年にカリブ海地域の英連邦諸国を歴訪した英王子夫妻に対して英国の過去の奴隷貿易に対する謝罪を求める抗議デモが行われるなど、今日、英国とカリブ海地域の英連邦諸国の関係性は変化しつつある。

現在の英国社会では、カリブ海地域にルーツを持つ多くの人々が社会の幅広い分野で活躍し、英国市民として暮らしている。英国では、かつては「移民」と呼ばれていた人々も社会に定着し、第二世代、第三世代の時代に移っている。[1] 同時に、紛争地からの難民も含め、英国内の大都市には常に国外から多くの人々が移り住み続けている。そして、そうした人々の背景、社会的地位、英国社会との関わりはより多様なものとなっている。移民たちがいたことで二〇世紀後半の英国社会は視野を広げ、それによって多くを得ることが可能となるだろう、というグラスの展望は現実のものとなった。一方で、ロンドンは世界有数の高家賃の都市ともなった。グラスが一九五〇年代のロンドンで見た風景よりもさらに広範囲に住宅問題が生じ、分極化が進行している。このような時代状況の中で半世紀以上前のグラスの業績、研究が今改めて注目され、再評価の目が向けられているのである。

(1) 二〇一六年にはサディク・カーンがパキスタン系英国人として初めてロンドン市長に、二〇二二年にはリシ・スナクがインド系英国人として初めて英国首相に就任した。

第7章　現代から見るグラスの意義と再評価

1　ジェントリフィケーションをめぐる混乱と戸惑い

一九九〇年にグラスが死去してから三〇年以上が経過した。前に書いたように日本ではジェントリフィケーションという語の生みの親として一部に知られる程度であるが、英国を中心とした英語圏では二〇一〇年代後半からグラスの業績に対する再発見、再評価の動きが見られる。

その具体的な状況としてまず挙げられるのが、没後に散在していた業績のアーカイブ化（カタログ化）である。グラスは書籍以外にも雑誌や論文集への寄稿、シンポジウムや学術集会、国際機関等での講演を多く行っていた。グラス自身がセンター長を務めていたUCLの都市研究センター（現在の都市研究所）が、現在、それらを取りまとめる作業を進めている。もう一つは、同時代ではグラスを知らない、ずっと下の世代の研究者による、文字通りの再発見である。特に現代の文脈、視点に立った再評価が続いている。

なぜ今グラスが注目されているのだろうか。この問いに対する回答の一つは、二一世紀に入り、ジェントリフィケーションが専門用語の域を超えて、社会現象を示す語として広く流通していることだ。その背景として、欧米の大都市を中心に再開発が進展し、地価・家賃の高騰が人々の生活に大きな影響を及ぼしているという現実的な問題がある。特に、住宅不足、住環境をめぐる格差の拡大、小規模小売店への圧迫、若年層の郊外流出といった現象において著しい。

当初は、地域の中流化を意味していたジェントリフィケーションだが、実際の社会変化に沿ってその用いられ方、意味する内容は多様化している。たとえば、商店街や商業空間の中流化（店舗・客層の入れ替わり）が「小売・商業空間のジェントリフィケーション」と呼ばれたり、パブリック・アートの設置、芸術家・アーティストの芸術活動実践による集客や観光化がジェントリフィケーションの一部として紹介されることもある。

一方で、都市や地域が直面する大きな課題の一つが経済的、社会的な衰退だ。買い物客の減少、店舗撤退、空き店舗・空き家増加等も現代社会の大きな課題である。それらに対する施策、取り組みも各地でなされているが、それによってより購買力のある客層を対象とする店舗が開店したり、商店街・商業空間が再活性化することもジェントリフィケーションと呼ぶのか、という疑問もたびたび耳にする。

もともとグラスは、特定の事象を批判することを意図してジェントリフィケーションという語をつくった。しかし、これが広く普及したことと、時代とともに変化する社会状況の中で、何をもってジェントリフィケーションと呼ぶのか、何がジェントリフィケーションに当たるのか（あるいは当たらないのか）という混乱も起きている。さらには「再開発やリノベーションのすべてがジェントリフィケーションなのか?」「治安回復、雇用創出等の利点もあるのでは?」といった議論が錯綜し、評価も一様ではない。

グラスはロンドンの住宅問題とそれをめぐる社会変化を発見し、そこで生じていた事象をジェントリフィケーションと名づけたが、それはあくまでも社会現象であり、グラス自身は厳密な定義をしなかった。グラスの意図は、実際に生じている現象に関して丹念な社会調査に基づく実態把握を行い、それに基づいて当時の政策・都市計画に対する批判的検討を行うことであった。

日本の都市に関しては、これまで欧米ほど積極的にはジェントリフィケーションについて指摘、議論されてこなかった。その主な理由として、住宅不足や住環境をめぐる格差の拡大が欧米ほどには深刻化していないことが挙げられるが、実際にはジェントリフィケーションと呼べる事象は起きている。また、全体として、日本では住宅地域ではなく商業空間での変化やアートを用いた地域活性に関してジェントリフィケーションが指摘されがちであることも欧米との違いである。

2　わかりやすさの罠

ジェントリフィケーションをめぐるこれまでの多くの混乱に関して、サム・ジョンソン゠シュリーという地理学者は二〇一九年に「ルース・グラスならどうするだろうか?」と題した論文(1)を発表した。その中で、ジョンソン゠シュリーは、本来はそれぞれに異なる歴史、文化、社会によって構成される各地の都市で生じている現象を同一の基準に基づいて「分類」(2)したり「定義」したりすることには、常に危険性や落とし穴がつきまとっている、というグラスの指摘を「重要な視点」と評価している。ジョンソン゠シュリーは、現実に存在する複雑さ、現象の個別性、地理的社会的に境界とされているものの不確かさが軽んじられ、実態にそぐわない大まかな分類になりかねない、という懸念をグラスがかつて示していたことを挙げ、「(分類し) 始めることは終わりにもなりかねない」(カッコ内は引用者) と述べている。

起きている事象の分類やカテゴリー分け、そうしたカテゴリーの定義づけはこれまで多くの学問分野でなされてきたことでもあるが、そこには常に「わかりやすさの罠」がある。グラスの指摘は、あくまでも都市研究、つまり都市で見られる社会現象に関する分類やカテゴリー化に限定されたものである。全体状況をわかりやすく示そうとタイプ分けをしたり、各カテゴリーに名称を付けて区別することは、学問に限らずたびたび行われることでもある。しかし、本来は異なる背景、性質を持つ複数の地域・事象・事柄をどのような基準に基づいて分け、そのタイプ分けを誰が行い、誰が各カテゴリーに名称をつけるのか、ということは、実は社会的かつ政治的な問題でもある。グラスはこれを「ステレオタイプとなりうる」と表現しているが、その事象に直接関わる人々、その事象を生きる人々ではない立場から全体を分類してタイプ分けする行為には、権力性もともなう。

ジョンソン゠シュリーは、『ロンドン―変化の諸相』(一九六四年) でのグラスの姿勢を挙げ、複雑さや時には矛盾もはらんでいる大都市ロンドンの社会状況を説明、描写する際に、グラスは決して「分極化した都市」「ヒエラルキーによって社会構造が引き裂かれた都市」といった二項対立的な語を用いたレトリックに陥ることはなかった、とその慎重さと客観的な視点の重要性を指摘している。そして、現代のジェントリフィケーション研究は、グラスの指摘から学ぶことができておらず、ジェントリファイする側、される側の間に存在するより複雑な社会関係を説明することに失敗している、と述べ、その課題として、都市のあらゆる場面、とりわけ都市政策・都市計画に関わる場面で見られる支配関係、権力作用をめぐる構造を批判的な視点でとらえ、より自由な都市のあるべき姿を提示することができていない、と課題を挙げている。

グラスが稀有であったことは、単に理念的、分析的に都市を見ようとするのではなく、丹念な社会調査に基づいた多くのデータ（エビデンス）を参照しながら、常に都市の内部に見られる権力作用、支配関係についてマクロ、ミクロの両面から目を配り、都市の枠を超えた社会全体の政治、経済、社会状況の中に都市の事象、問題を位置づけて論じてきたことだ。現在、多用されているジェントリフィケーションという事象・問題を象徴する語は、本来は、現場に密着した調査研究をもととして生まれてきた。しかし、その後、使いやすくわかりやすい語として一人歩きし、その結果、「結局のところ何を指しているのか、何を説明しているのか」がわからなくなる、という混乱をも招いた。

3　現代の文脈から読み解くグラスの意義

逆に問うてみれば、なぜグラスはこれまで注目されてこなかったのだろうか、あるいは発見されてこなかったのだろうか。

グラスの考え・主張と英国の住宅政策や都市計画とが合致していた時代は短い。第二次世界大戦前後の労働者階級世帯を対象にした住宅開発がなされた時代（第3章）以降は、政府の住宅政策（第4章）、「人種問題」に対応した政策（もしくは無策）（第5章、第6章）に対してグラスは厳しい評価を下してきた。

英国では公共セクターによる住宅供給が一九五〇年代半ばのピーク以降は減少し、民間賃貸住宅をめぐる問題（家賃上昇、住環境の悪化、借り手に対する貸主による人種差別など）も頻発した。一九七九年には保守党サッチャー政権の時代に入り、英国では電気通信、石炭、航空等の各種国営企業が民営化され、労働法制を含む規制緩和、社会保障制度の見直しが進んだ。住宅分野では、一九八〇年に持ち家促進制度が導入された。これは公営住宅の住人に現在居住する物件を市価より安い価格で購入できる権利を与えるもので、これによって英国の持ち家率は飛躍的に上昇した。当時は、労働者に公営住宅を払い下げることで所有意識を高め、停滞した社会の活性化に寄与するとも言われていた。

しかし、グラスは一九八九年出版の『都市の破滅の常套句』の「イントロダクション」でサッチャー首相による政策を痛烈に批判し、それらの政策によって社会格差の拡大・固定化、社会のさらなる分断が進むだろうと強い口調で懸念を述べ、このままでは住宅、教育、医療（健康）の分野での格差としてそのまま社会に反映されると予想した。そして、米国の新自由主義政策（共和党レーガン政権）との共通点を指摘しながら、英国ではサッチャー政権を支える人たち（政財界）のために利益が回るようなシステムにすらなっている、とも述べた。

端的に言えば、特に一九八〇年代以降の英国社会でグラスの考え方は時流に沿うものではなかった。公営住宅を維持・拡大するとともに住み良い住環境を整え、労働者とその家族に一定の生活保障が約束される社会を望ましいとする考え方は、競争を生み出すことによって経済が活性化すると考える社会では時代遅れとみなされがちであった。

それから三〇年以上が経過し、今日、世界の都市の多くでは中流層の減少や流出、社会経済格差の増大、人々の孤立・孤独、家賃高騰をはじめとする住宅問題の深刻化が生じている。一部の富裕層や巨大企業に富が集中しすぎているという不公平感の高まりも見られる。そうした中で、新自由主義への批判と同時に、具体的にどのような政策手法をとるかどうかは別にして、一部では社会主義的な政策への志向も見られる。そうしたことも今日、グラスが再評価されていることの背景にあるだろう。

グラスの業績のうち多くを占めるのが公営住宅整備に際した住民調査である。グラスは住宅問題とそれにまつわる都市問題の解決策として公営住宅団地の再活用に大きな期待を寄せていたが、そこでは住宅整備とは単に居住する場をつくるだけでなく、地域コミュニティ形成を通じた住民たちの社会生活の場そのものをつくることだという信念があった。つまり、居住を通じて人々が社会とつながり、それによって社会の安定につながるという考え方である。

今日、都市の中心部で暮らす単身世帯や

図 7-1 『都市の破滅の常套句』（1989年）の表紙

高齢世帯も多い。社会的孤立は個人の問題ではなく社会全体の問題とみなされるようにもなった。こうした中で、かつてはわずらわしいと忌避さえされた近隣関係、地域コミュニティにおける共同性（コモンズ）が見直され、再評価されてもいる。グラスが理想とした、公営住宅整備を通じた地域コミュニティ形成はむしろ現代の地域課題にこそ多くのヒントを与えてくれる。

さらに、時代とともに社会全体での価値観や物事のとらえ方も変わってきた。かつての植民地主義を前提に構築されてきた社会、制度、文化等を批判的に検証し新たに読み替えていくことで、それらに含まれる差別や支配の構造と社会への影響を分析するポスト植民地主義や脱植民地主義の考え方が、今日、人文科学、社会科学、文化芸術をはじめとする広い分野で支持を得るようになっている。英国でも一九五〇年代、一九六〇年代の社会では当然とみなされていたような事柄、とりわけ（旧）植民地およびその出身者たちとの関係性、移民への対応についてそのあり方を問い直す動きも出てきている。

グラスの著作を通じて印象深いことの一つは、特に移民に関する記述や分析に際して、人種・民族的な差別や偏見、思い込みに基づいた表現や解釈がまったくないことだ。グラスは、決して移民たちのコミュニティに深く入り込んで個人的に密なつながりを構築したわけではない。社会調査の一環として移民たちに関する多角的かつ多くの資料を収集し、英国社会で新しくやって来た異質な存在とみなされた移民たちが置かれた制度的・社会経済的な状況を冷静に把握すると同時に、家族や集団の形成、労働、住宅等をめぐる普遍的な志向や行動の延長としてもとらえようとした。そのように「同じ人間」として対象をとらえるという眼差しが可能であったことについては、さまざまな解釈が可能である。自身がナチス・ドイツから逃れて英国に渡った移民であり、ユダヤ人という英国社会の中でのマイノリティであり、女性でもあったグラスがその時代の中で置かれた立場とどのように関連していたのだろうか。現代の観点から見たとき、インターセクショナリティ（交差性）という切り口からもグラスの業績を見直し、その再評価の意義を考えることも大いに有効なはずだ。

4　都市インナーエリアとジェントリフィケーション

ここまで一九三〇年代から一九五〇年代を中心としたグラスの業績を振り返りながら、グラスによる指摘や議論を通じて、ジェントリフィケーションをはじめとする英国およびロンドンの都市の課題や社会変化、そこでの課題について見てきた。

ジェントリフィケーションという語は主としてグラスの没後に広まり、一九九〇年代以降の世界各地での都市再開発、家賃高騰、都市のグローバル化等で見られる問題と関連づけて指摘されてきた。グラスの時代にも見られたような住宅をめぐる問題（住宅整備、家賃高騰）、追い出しを受ける側に対する排除・排斥とバッシングは現代でも変わらずに指摘できる。一方で、居住目的以外の住宅利用（投機、民泊等）、小売店・飲食店等の新規出店・閉店、インターネット普及とIT化、都市でのサービス労働の増大、都市空間の審美化・観光化、監視・管理の強化、貧困の犯罪化等の事象とジェントリフィケーションとの関連についても議論されている。

グラスはロンドン中心部の特定の地域（労働者階級の居住地域）で見られた現象と社会問題を念頭にジ

エントリフィケーションについて考えたが、現代ではジェントリフィケーションは必ずしも都市のインナーエリアだけに特化した事象とはとらえられていない。大規模インフラ開発を含む郊外部の再編やそれに連なる資本の影響もジェントリフィケーションに含む見方もある。一方で、やはり現代でもジェントリフィケーションの進展にともなう影響を最も受けやすく、住民への影響が顕在化しやすい場所は都市のインナーエリアであり、とりわけ低所得地域だとする見方は根強い。多くの都市の低所得地域で家賃高騰にともなう住民の立ち退き・排除、低家賃住宅・小規模店舗の取り壊しが進み、跡地がコンドミニアムや中流層向けの商業施設に置き換えられていくという事例もたびたび報告されている。

今日、都市再開発、中心部の経済活性化、中流層の都心回帰にともなう経済活動や関連施策がインナーエリアに及ぼす影響はより広範囲となり、また規模も大きい。これらの中には都市政策として実施されるものもあれば、私企業の事業もある。また、事業の主体も公的機関、私企業に加えて、非営利組織によるものやそれらが共同で実施するものもある。このように、グラスの時代と比較すると、都市で生じている事象の内容やその担い手はより多様になっている。こうした中でジェントリフィケーションをめぐって何が起きているのかを知る手がかりは、やはり都市のインナーエリア、とりわけ低所得地域とその周辺にあるだろう。続く第二部では、現代のカナダ・バンクーバーと横浜の事例を取り上げ、それぞれの都市で生じている社会変化とそこでの課題をジェントリフィケーションの観点から考えてみたい。

まず、バンクーバーでは、低所得地域でのジェントリフィケーションの状況とそこでの課題、行政による規制、住民らによる対抗の取り組みについて紹介する。賃貸住宅に住む労働者階級・低所得層をめぐる家賃値上げ、追い出しの問題はグラスの時代と同様の事象だが、経済活性化施策、ホームレスの支援施策といった現代の事象がインナーエリアでどのように顕在化しているのか、そこでは何が議論され、論点となっているのかを、第10章、第12章で詳しく見ていこう。

グラスはジェントリフィケーションと移民コミュニティの関連については深くは触れなかったが、第11章ではバンクーバーのインナーエリアに位置するチャイナタウンを中心に、ジェントリフィケーションに対する移民コミュニティの反応やそこでの意見の相違等について探っていく。なお、本書では、バンクーバーのインナーエリアに関して何がジェントリフィケーションなのか、について議論するのではなく、地域の人々や組織・団体の動向に焦点を置いて地域の状況やその変化について描いている。そのため、バンクーバー全体の都市の社会構造やその変容、その数量的な把握について詳しく論じてはいない。

そして、第13章では、日本の三大「寄せ場」の一つに数えられてきた横浜・寿町の社会変化について紹介しながら、ジェントリフィケーションとの関連について考えていく。

（1）Sam Johnson-Schlee, 2019, "What would Ruth Glass do? London: Aspects of Change as a critique of urban epistemologies". *City: Analysis of Urban Trends, Culture, Theory, Policy, Action*. 23:1, 97–106: Routledge.

（2）『都市の破滅の常套句』内の「都市間の対立」"Conflict of Cities" より。この論稿は、もともとは一九六六年に出版された *Conflict in Society: A Ciba Foundation Symposium* に第9章として掲載された。

第II部
現代のジェントリフィケーションを考える

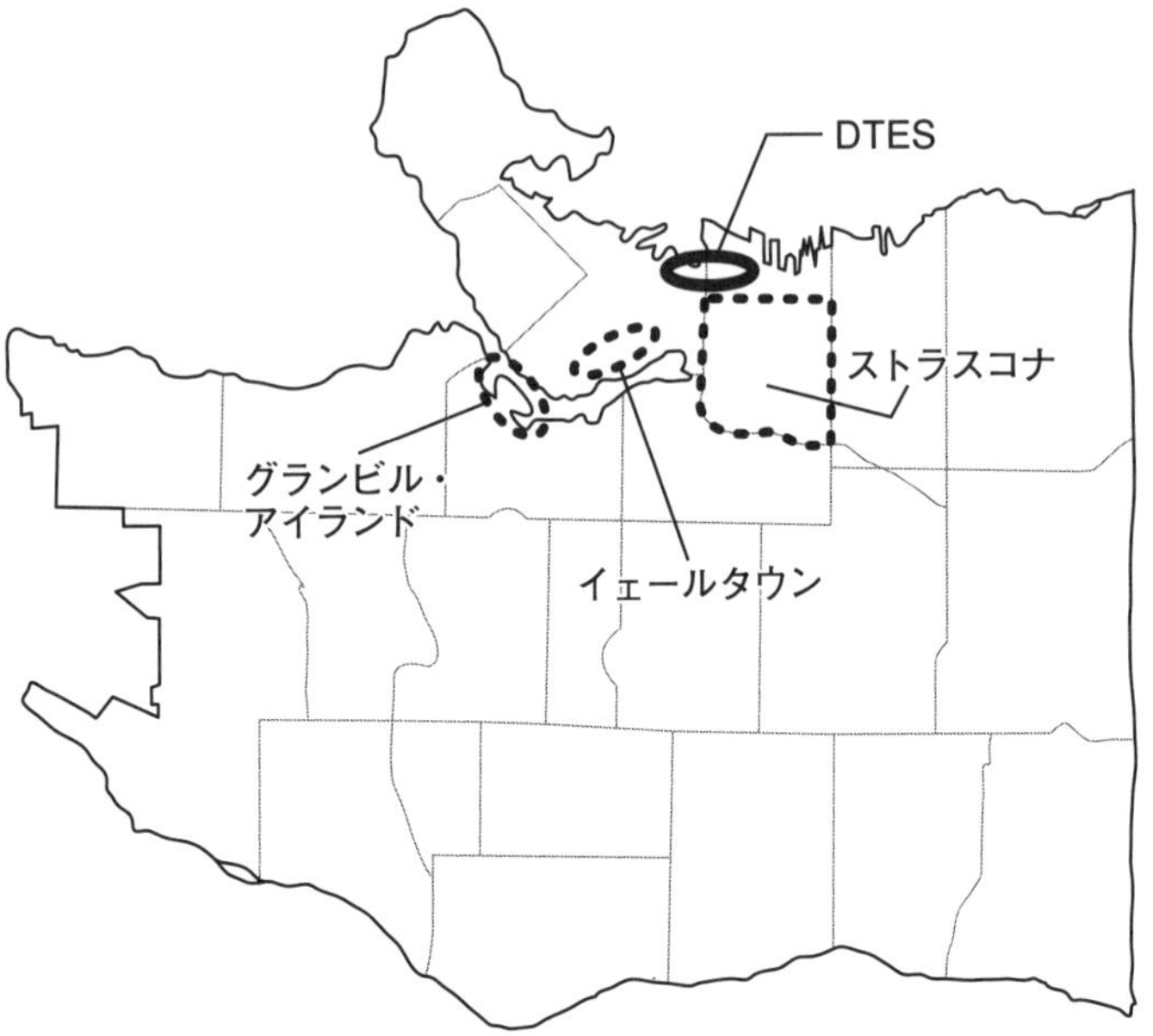

バンクーバー市街地（実線の円で囲んだ地域が DTES）

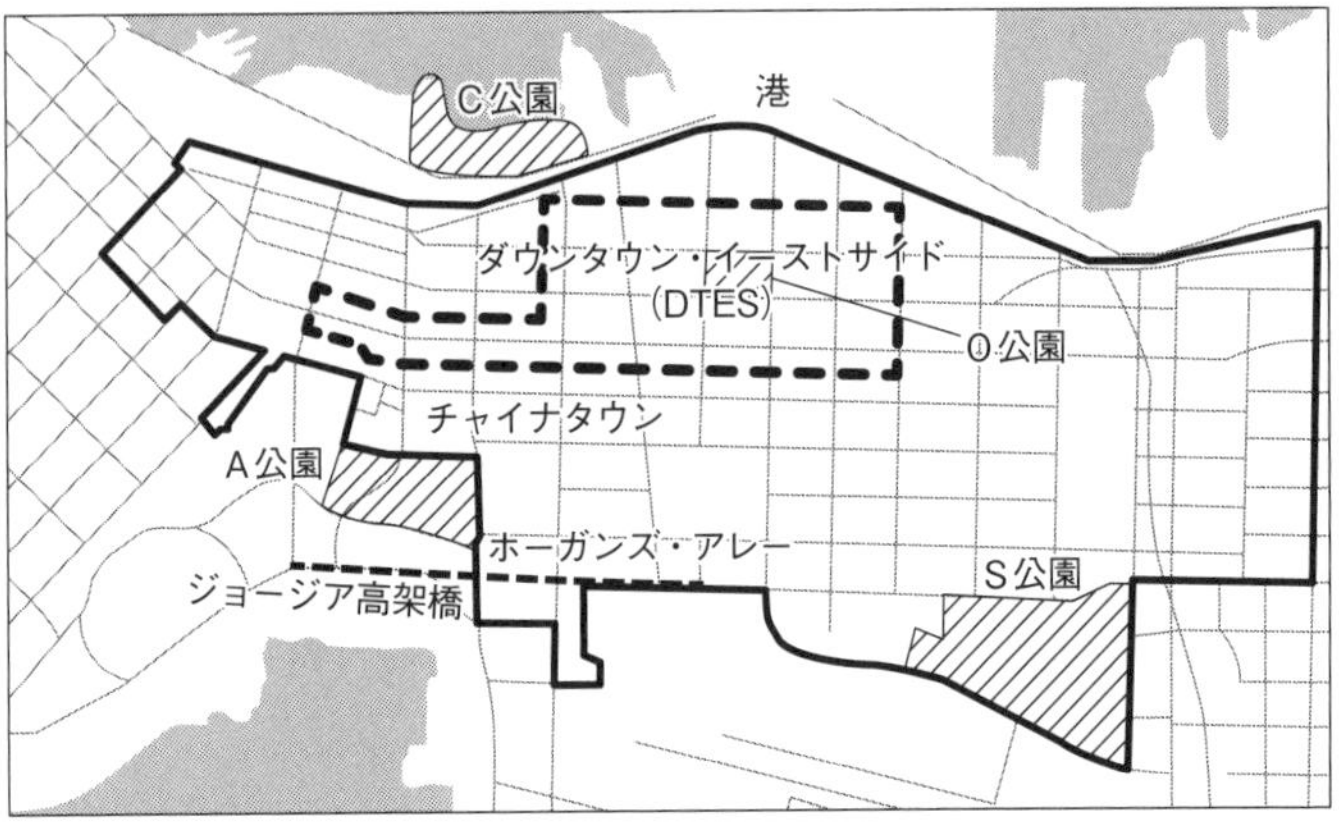

広義の DTES（点線で囲まれている地区が狭義の DTES）

第8章　カナダ・バンクーバーの住宅不足と家賃高騰

1　北米都市で生じたジェントリフィケーション現象

もともとその地区に暮らしていた労働者階級の全員もしくは大半が他所《よそ》へ追いやられ、地区の社会構成のすべてが一変するという現象を指して、ルース・グラスはジェントリフィケーションと呼んだ。彼女が一九五〇年代当時に目撃し、指摘したジェントリフィケーションと、現代社会でジェントリフィケーションと呼ばれる事象を比べたとき、当然ながら、類似点もあれば相違点もある。経済的な情勢変化（地価や家賃の上昇）を背景に特定の区域でより社会的経済的に脆弱な人々が、そうしたいと望んでいるわけではないにもかかわらず、より家賃の安い場所へ移り住まざるを得なくなり、結果としてその区域で暮らす住民に階層的な変化（上昇）が生じる、という点は共通している。当初に想定されたものからジェントリフィケーションのとらえ方が拡大していくなかで、社会問題の指摘とともに早くからかつ頻繁にジェントリフィケーションの現象が注目されてきた地域の一つが北米である。

北米の中でもとりわけニューヨークは、早くからジェントリフィケーションが事象として、また社会問題として指摘されてきた。たとえば、今日では美術ギャラリーや高級ショップが連なる観光エリアとして知られるソーホー地区は、以前は低所得の若い芸術家たちの街であった。製造業が衰退した後に脱工業化を目指して再開発計画がつくられたが、それが途中で頓挫することで生まれた都市の空白地帯が結果的に芸術家の街となった。その後、一九六〇年代末ごろから商業画廊が増加すると同時に、ゾーニング法が改正され、もともと倉庫等として用いられていた建物の最上階または屋根裏の空間（ロフト）が居住用に転用されるようになった。その過程で芸術家のライフスタイルが各種メディアで魅力的に伝えられたことでより所得の高い中流層が移り住み、また不動産投資の対象とされていった。結果的にロフトの家賃は急激に上昇し、低所得の芸術家たちに代わって高所得の専門職が暮らす一帯に変化した。今日、芸術・アートの拠点を整備することで都市を活性化させようという「創造都市」の施策が、広く各国・各地域で行われている。意図的なものではなかったにせよ、ソーホーは芸術家の集積がジェントリフィケーションにつながった例の一つに数えられる。

一九六〇年代、一九七〇年代のニューヨークと一九五〇年代のロンドンでは、対象となる住居の種類に加えて社会全体における階級・階層の位置づけ・認識は同じではない。しかし、ニューヨークで見られた、芸術家のライフスタイルが「おしゃれ」なものとして表象され、それに憧れてロフトに移り住む行動は、グラスがロンドンで注目した競争的な消費行動（誇示的消費）とも類似している。ジェントリフィケーション進展の背景に、社会全体における消費に関わる人々の生活様式の変化、とりわけ誇示的消費（対象には住宅も含む）の浸透があったことも見逃せない。グラスはこれらを明示的に関連づけて語ってはいないが、ロンドン全体での変化を的確に把握した優れた観察眼は、人々の消費行動の変化と都市中心部で生じている問題の双方に向けられていた。グラスはおそらくそれらの関連性に気づいていたのだろう。

時代が二一世紀になると、同じニューヨークのインナーエリアでは、ハイエンド（高級）なコーヒーショップ（カフェ）ができることで中流層が集まり、そのことによって周囲に中流層向けの店舗・飲食店等が徐々に増えていくと多くの人々が感じるようになった。そして、そうした現象は、近く本格的なジェントリフィケーションが起きる前触れともみなされた。二〇一六年に『ニューヨークタイムズ』は、もともと労働者階級が多く暮らすサウス・ブロンクス地区に高級コーヒーショップがオープンしたことを取り上げ、このことがこの地域でのジェントリフィケーションにつながる可能性がある、とする記事を掲載した(1)。ソーホーの事例で見たように、中流層が住民としてまた消費者として都心回帰をはたしていく過程の背景にはゾーニング等の制度変更、周辺地域での再開発等の影響など複数の要素が存在し、決してコーヒーショップ一軒で都市が変わるわけではない。しかし、それまでに存在しなかった、新たな消費行動、生活様式をもたらすものとして、高価格帯のコーヒーショップは象徴的な存在として人々の目に映った。

2　「世界一住みたい街」バンクーバーでの都市再開発と住宅問題

ニューヨークと同様、二〇一〇年代以降、家賃価格の高騰が著しく、ジェントリフィケーションが指摘される都市の一つがカナダ西岸に位置するバンクーバーである。建物の改装（リノベーション）を契機として家賃値上げがなされ、それが入居者の追い出し（エヴィクション）につながっていることを批判して、「リノヴィクション」と呼んだ新語はバンクーバー発祥でもある。

バンクーバーはブリティッシュコロンビア州（以下BC州）の南西岸に位置する、同州最大かつカナダ西部最大の都市である。二〇二一年のバンクーバー市人口は約六六万人、周辺都市を含む広域バンクーバー都市圏(2)の人口は約二六四万人（いずれも国勢調査）であった。これはトロント、モントリオールに次ぐ国内第三の規模の都市圏である。バンクーバー都市圏人口の五四・五％（二〇二一年）がビジブルマイノリティ（先住民を除く非白人）であるなど、移民や外国にルーツを持つ人々が多く暮らす多文化・多民族都市でもある。都市機能が整備されていながら海、山といった自然も豊かなバンクーバーは、「住みやすい都市」「住みたい都市」の世界ランキングで常に上位に入る人気都市だが、そのことは同時に地価高騰と住宅不足にもつながってきた。

ニューヨークやロンドンといった他の欧米大都市と比較すると、バンクーバーでジェントリフィケーションが社会問題として指摘されるようになったのはそれほど古いことではない。他の都市と同様、産業構造の変容にともなって衰退した工業地帯が再開発され、商業施設や創造産業(3)の企業を誘致することで価値を向上させるという政策的取り組みはバンクーバーでも行われてきた。バンクーバーで都市再開発として最初に注目された地域の一つがグランビル・アイランドである。これは、もともと工業用地として造成され、工業地帯として利用されていた出島を一九七〇年代に再開発し、公設市場、レクリエーション施設、文化施設を設置したもので、今日では市民だけでなく観光客も多く訪れるバンクーバーの観光スポットとなっている。また、イエールタウンも同様に、沿岸の工業地帯を再開発した地区である。この地区は一九二〇年代に栄えた倉庫・工業地区であったが、産業構造の変化により衰退傾向にあった。そこを一九八六年のバンクーバー国際交通博覧会時に再開発し、商業施設・集合住宅・文化施設等が建設され、大勢の市民・観光客で賑わう場所となった。また、バンクーバー国際交通博覧会の跡地は香港系企業が購入し、大規模なコンドミニアム群が建設された。中心部の他の地域でも高層のコンドミニアムが建設され、いまや、海や山を背景に林立する湾岸や都市部のコンドミニアム群はバンクーバーを象徴する光景の一つともなっている。

図 8-1　コンドミニアムが立ち並ぶバンクーバー中心部

バンクーバーでは他の欧米都市から少し遅れ、一九七〇年代、一九八〇年代から工業地帯の再開発が進んだ後、二一世紀に入ってから急速に「住みやすい街」としての知名度を増し、高層のコンドミニアム建設が増加した。人口は一貫して増加を続けており、そのことは慢性的な住宅不足、家賃高騰という社会問題にもつながっている。

3　ジェントリフィケーションがあぶり出す「土地への権利」をめぐる争い

一九五〇年代のロンドン中心部ではかつては安価ないしは中程度の価格であった物件の家賃が上昇し、住宅そのものは供給されているものの家賃が高額になり過ぎたために、より社会的に弱い立場にある低所得の人々が家賃を支払うことができなくなり住居を喪失する状況と、それにともなう地域の社会構成の変化が起こった。グラスはそれに着目し、ジェントリフィケーションという新語で呼び表した。当時のロンドンでは、階級間（労働者階級、中流階級）で主に住宅をめぐって生じた事象がジェントリフィケーションとみなされたが、現代の都市、とりわけ多民族多文化の状況が進展しているバンクーバーのような都市では、必ずしも階級だけが「追い出す側（ジェントリファイヤー）」「追い出される側」を区別する指標ではない。所得に加えて、民族、人種、年代、ジェンダー、居住歴等の複数の項目も関わってくる。

同様に、多くの移民や移民にルーツを持つ市民によって構成されるカナダのような社会では、「追い出す側（ジェントリファイヤー）」「追い出される側」の両方に移民が含まれる。また、両者を二項対立的に明確に区分することも難しい。このことはバンクーバーに限らず、他の都市でのジェントリフィケーションについても指摘されてきた。

そうした中、バンクーバーで興味深いことは、いずれの立場にある人々も自らのその土地への関わりを強調し、「土地への権利」を主張することである。同じ土地（場所）に対して異なる立場から「土地への権利」が主張されることもたびたびあり、このことは時に対立も生む。とりわけ、ジェントリフィケーションによって低廉な住宅が高価格のコンドミニアムに置き換わることで相対的に低所得地域の範囲が縮小

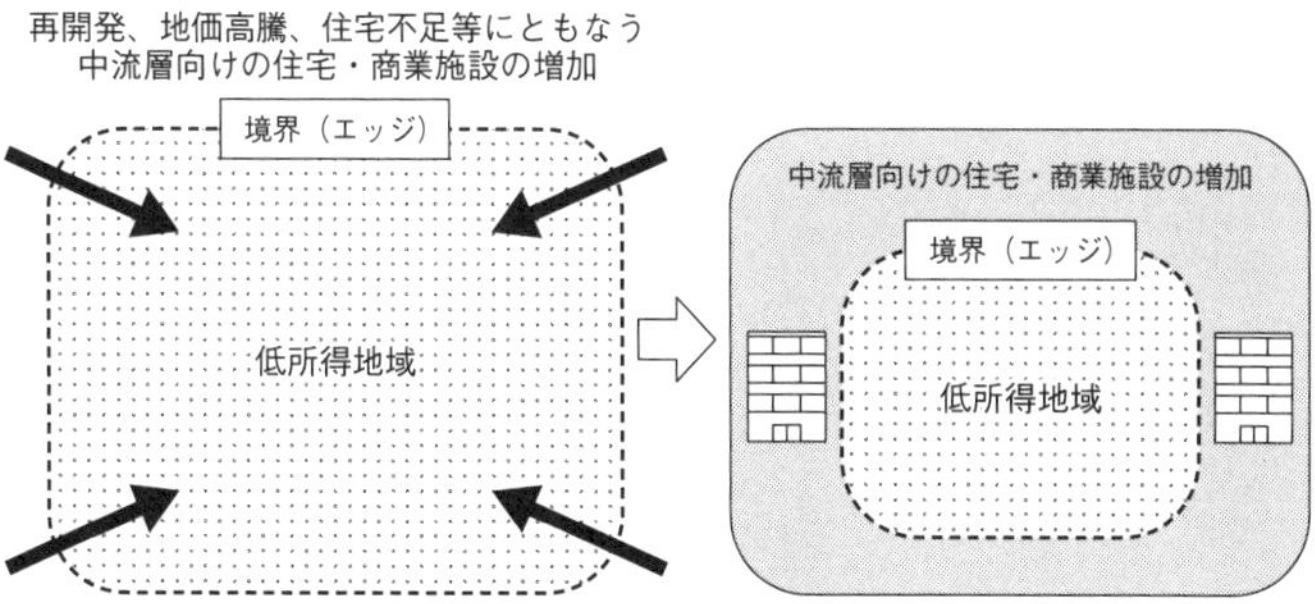

図 8-2　低所得地域の範囲の縮小（著者作成）

しつつある状況では、そうした「全体のパイの縮小」によって「土地への権利」をめぐる争いはより起きやすくなる。同時に、そうした状況を争いではなく連携、連帯に変えようという動きもバンクーバーでは生まれている。

ジェントリフィケーションによって相対的に低所得地域の範囲が縮小するということは、かつては低所得地域であった一帯や通りが中流層が居住し買い物をする場所に変わるなど、地域と地域の境界であるエッジ（端）の位置づけが変化していくことでもある。かつてであればその場所にいても特に注意を向けられなかったホームレス等の低所得者が立ち退かされたり、「その場所にはふさわしくない存在」とみなされるようになる。ジェントリフィケーションの進展によって空間の審美化が進み、商業施設や公共空間等で排除、監視、取り締まり強化が進むとき、それらは特に境界にあたる場所で起きやすくなる。こうした点からも、都市のインナーエリアに位置する低所得地域はジェントリフィケーションの影響を大きく受けやすい。低所得地域やその周辺での状況や変化を見ることは、現代の都市でジェントリフィケーションについて知る上で、とても重要だ。

以上を踏まえて、本章から続く各章では、①住宅不足と家賃高騰（第9章）、②低所得地域ダウンタウン・イーストサイド（DTES）の社会変化とジェントリフィケーションに対する地域社会の反応（第10章）、③DTESに隣接するチャイナタウンでのジェントリフィケーションをめぐる状況や人々の反応の相違（第11章）、④ホームレスに対する取り締まりや排除（第12章）の四つの観点からバンクーバーのインナーエリアにおけるジェントリフィケーションをめぐる状況と、それが地域社会に及ぼした影響について取り上げる。ここで扱うDTESとチャイナタウンは隣接しているが、規制の有無や地域の来歴、人々の関わり方によってどのような違いがあったのか、についてもあわせて見ていこう。

4　カナダにおける住宅政策の変遷

カナダは一〇の州と三つの準州からなる連邦制の国家であり、州の自治権は憲法で保障されている。カナダでも米国と同様、近年は都市部での家賃高騰と住宅不足が大きな問題となっている。では、カナダの住宅政策はどのように進められてきたのだろうか。

一八六七年の建国後、連邦政府は一九三〇年代から住宅供給政策を打ち出してきた。まず、一九三五年の自治領住居法によって国民へ資金を貸し付けて住宅需要拡大を目指した。この自治領住居法の対象範囲をさらに拡大したものが一九三八年に施行された住居法である。一九四五年には中央住宅金融公庫法が成立し、中央住宅金融公庫（現在のカナダ住宅金融公社CMHC）が設立された。

一九七〇年代までは、連邦政府主導で、低所得の家族、高齢者、障がい者向けの低家賃住宅として、ソーシャル・ハウジング（公営住宅）、公共セクターが建設し住民が共同で維持管理するコープ住宅、非営利組織の管理による住宅等が全国で多数建設されてきた。

連邦政府は、一九八〇年代まで低所得層等を対象にした住宅供給に積極的に関与していたが、一九九〇年代半ばまでに新たな公営住宅への資金提供から撤退し、公営住宅への助成は州政府の管轄に代わった。しかし、財源不足の問題もあり、多くの州で新たな公営住宅はつくられてこなかった。バンクーバーが位置するBC州では、公営住宅は低所得の高齢者だけに対象を限定する政策に変わった。

5　人口増加と慢性的な住宅不足

バンクーバーを含む広域バンクーバー都市圏では、広域バンクーバー都市圏住宅公社によって主に低所得層を対象とした集合住宅整備が一九七〇年代から進められてきた。これらの住宅整備プロジェクトでは建設費、用地費等は一九九〇年代までは連邦政府・州政府、近年は州政府・広域バンクーバー都市圏機構等からの支援を受けて実施されている。

バンクーバー市は一九八〇年代から都市中心部のゾーニング変更に従って民間セクターによる住宅供給誘導を行ってきた。商業地エリアでの住宅整備を行う場合、事業主に大幅な容積ボーナス（容積率緩和）を付与することによって中心部での住宅供給戸数を増加させようとするもので、実際に供給戸数は増加した。

一九九三年からは市場価格に合わない低廉賃貸住宅の整備に市が用地提供等して、供給を図ってきた。

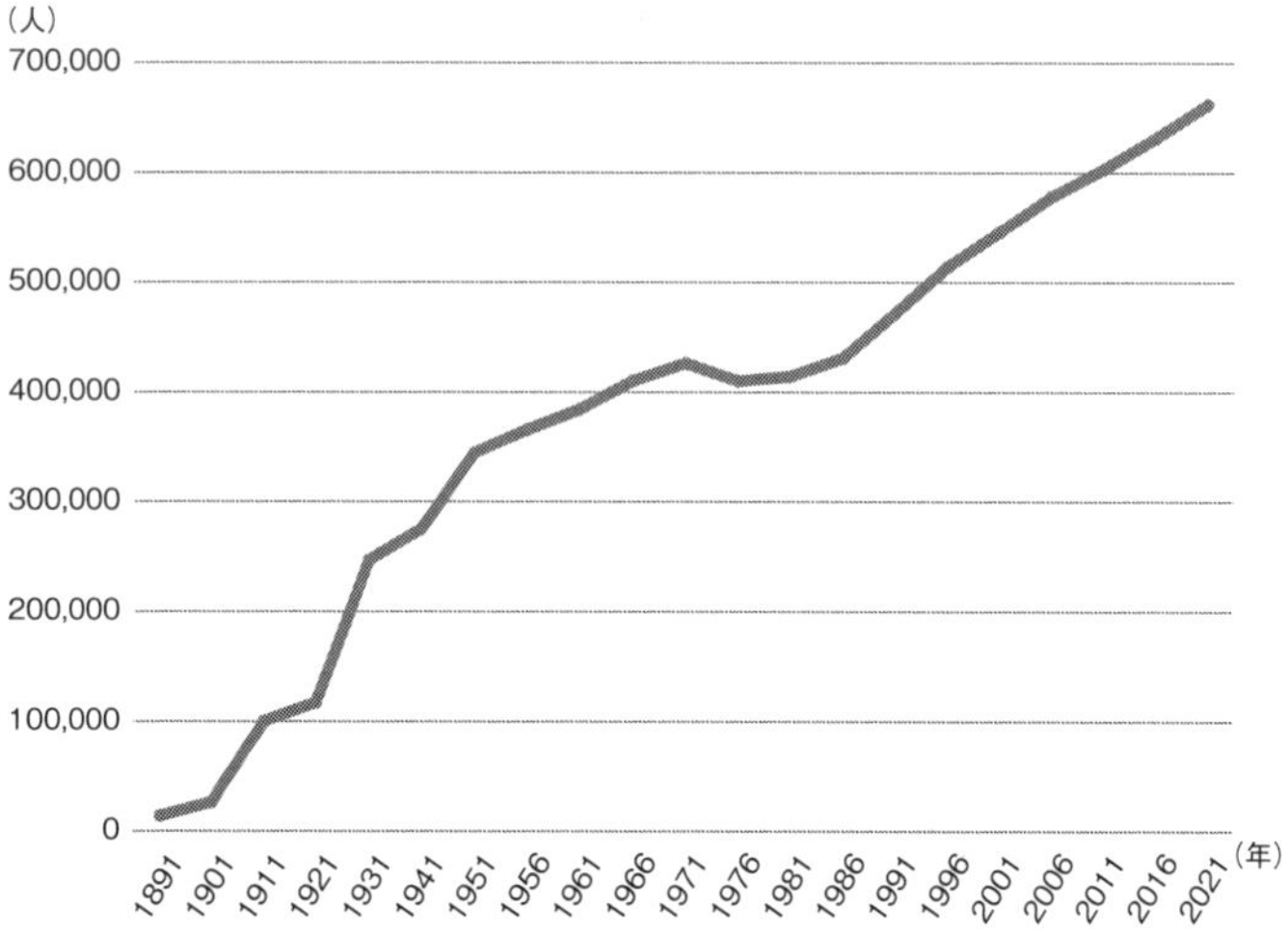

図 8-3　バンクーバー市の人口（1891 年～ 2021 年）

出典：カナダ統計局

ただし、財源の問題から市が住宅供給の主要な主体になることは困難で、住宅整備の主体は民間ディベロッパー、土地所有者が中心となる場合が大半であるため、景気や経済状況、事業主体の思惑等によって状況は大きく左右される。

このようにして住宅供給が図られてきたが、バンクーバーでは住宅、特に賃貸住宅が慢性的に不足している。その大きな理由の一つは継続的な人口増加である。バンクーバー市では一九八〇年代以降現在に至るまで一貫して人口増加が続いている（図8－3）。近年では、二〇一六年から二〇二一年にかけて市人口は四・九ポイント増加した。

では、どのような人々が増えているのだろうか。バンクーバー市の増加人口に関する近年の傾向を見ると、二〇一六年から二〇二一年の間では二五歳～四四歳、および六五歳以上の年代グループで人口が増加している（カナダ統計局）。つまり、働き盛りの

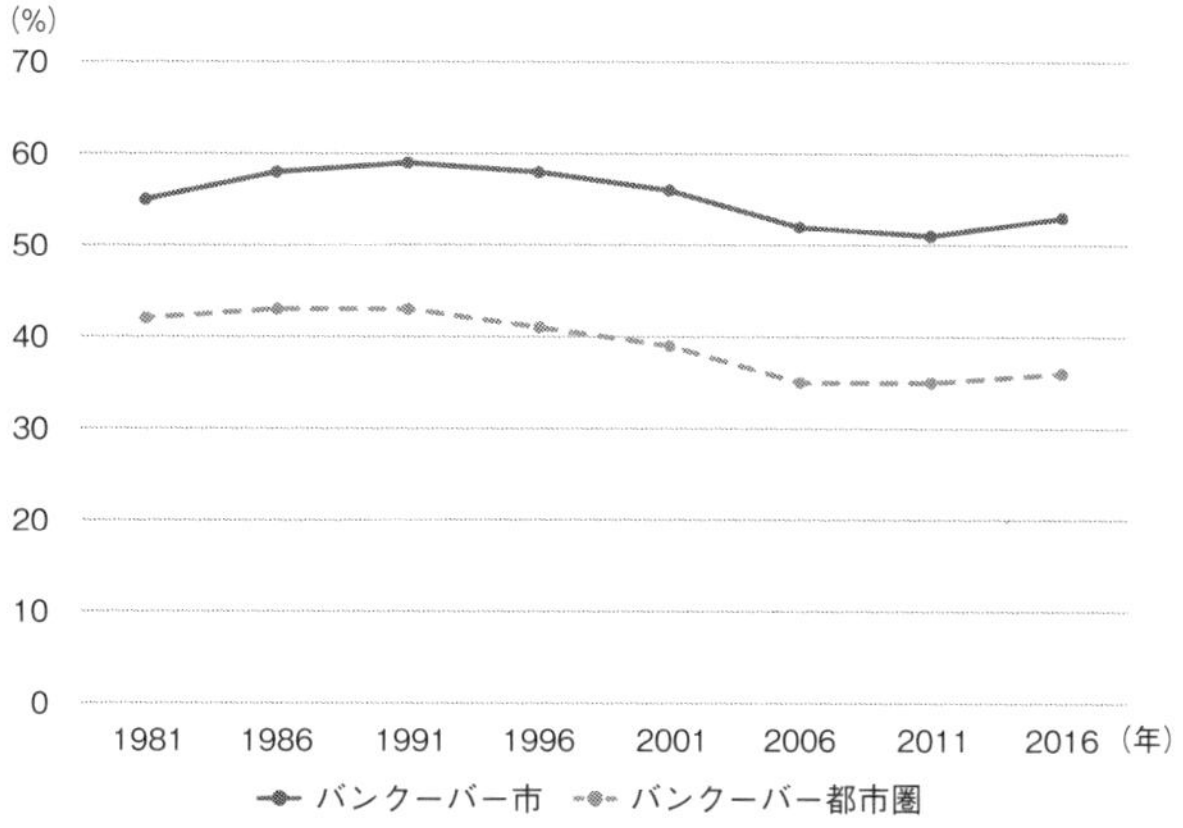

図 8-4　バンクーバー市における賃貸居住者割合の推移（1981 年～ 2016 年）

出典：カナダ統計局

若年〜中年の世代と高齢者層という二つの年代で人口の伸びが見られている。

近年のバンクーバーの住民構成の特徴の一つは、単身世帯の割合が大きいことである。全世帯に占める割合を見ると、二〇二一年では単身世帯（三九％）が最も多く、次いで夫婦のみの世帯（二四％）である。五年前の二〇一六年でも全世帯に占める単身世帯の割合は三八・八％であった（カナダ統計局）。近年のバンクーバーは、単身世帯が全体の四割近くを占める都市となっている。

そして、バンクーバーでは市人口の半数以上が賃貸住宅に居住しており（図8－4）、さらに単身世帯で賃貸者の割合が大きい。バンクーバーの全世帯に占める賃貸住宅居住世帯は二〇二一年時点で五五％であった（カナダ統計局）。ちなみに、東京都の住宅数に占める借家の割合は三五・六％（二〇一八年）で、民営借家に限定すると二八・五％（同年）である。東京都と比較しても、バンクーバーで賃貸住宅が占める割合の大きさがわかる。

さらに、バンクーバーの賃貸住宅居住を世帯別に見ると、「家族以外で構成されるその他の世帯」[4]の八一%、単身世帯の六六%、夫婦のみ世帯の五〇%がそれぞれ賃貸住宅に暮らしている（二〇二一年）。

6 住宅価格・家賃の高騰

人口が一貫して増加傾向にあるバンクーバーでは、二〇〇〇年代後半から住宅価格が上昇し、二〇〇八年のリーマンショックでも影響は限定的であった。バンクーバーでは二〇一〇年に冬季オリンピック・パラリンピックが開催されたが、その前後から海外からの不動産投資や購入が増加し、中心部でのコンドミニアム建設がさらに増加し、これらが地価上昇、家賃上昇にいっそうの拍車をかけたと言われている。さらに、オリンピック・パラリンピック後に国際的な観光地としても注目されるようになったことから、所有物件を民泊として貸し出す住宅オーナーも増えた。これについてはさらなる住宅不足を防ぐために市が規制に乗り出したが、現在も多くの民泊施設が市内に存在する。

次に、バンクーバーの家賃高騰と住宅不足の具体的な状況を数値で見ていこう。バンクーバー都市圏では三〇年間にわたって空室率は三%以下で推移しており[5]、住宅不足は長年の課題ともなってきた。そのため、もともと賃貸住宅として建設された物件ではなく、戸建て住宅等の一部（地下室等）を借りて居住する例が増加したが、このことによって従来よりも居住の安全性や賃貸者としての権利が保障されにくい状況が生まれている。こうしたことから近年は賃貸住宅の建設が政策的に進められているが、その空室率はバンクーバーで一・二%（二〇二一年）[6]と低い。空室率は、新築の賃貸物件に限ると独身者用アパート（バチェラー・アパートメント）で〇・四％、一ベッドルーム（寝室が一つの家）で〇・七％、二ベッドルーム（寝室が二つの家）で三・七％（いずれも二〇二一年）である。[8] 二〇一三年から二〇二〇年までの東京二三区の賃貸住宅空室率はいずれの年も一〇％を超えており、このことからもいかにバンクーバーで賃貸住宅が不足しているかがわかるだろう。

一九七七年から二〇二三年の間のバンクーバー都市圏における住宅価格は一時的な停滞はありながらも、二〇一〇年前後からおおむね上昇を続け、二〇二三年三月時点で、戸建て住宅二億一〇三九万円、アパートメントハウスは七六二八万円（いずれも当時のレート1カナダドル＝九七円で計算）と非常に高額であった。[9]

また、賃貸住宅の家賃高騰も大きな問題となっている。先に空室率を紹介した新築の賃貸物件のうち独身者用アパートの平均賃料が一五万三二九六円／月、一ベッドルームでは一八万四七一二円／月、二ベッドルームでは二六万二二四〇円／月となり、日本の家賃相場と比較すると非常に高額である。[10] なお、二〇二一年のBC州の世帯収入の中央値は八七六万円程度であった。[11] 家賃高騰状況を背景に、バンクーバー市では子が生まれると住宅を求めて郊外に移住する家族も多い。[12] このことは郊外人口の増加にもつながっている。

近年までカナダでは積極的な移民受け入れ政策、とりわけ高学歴、専門職の移民を対象とした受け入れ政策が進められてきており、人口は増加傾向にある（ただし、二〇二四年に連邦政府は住宅不足を理由に今後の移民受け入れ人数を当初計画よりも抑制することを発表した）。こうしたことも家賃高騰、住宅不足の問題に拍車をかけていると言われているが、バンクーバーでも状況は同様である。世界の大都市で見られるこうした状況の背景については、不動産市場のグローバル化、住宅の金融商品化があるとも指摘されている(13)。住宅が不足し、家賃が高騰する中で、人々が新たな住宅、より安価な家賃を求め、期待する場所は、それまで相対的に地価、家賃が安価であった都市インナーエリアとなる。ゆえに、開発業者や家主は都市インナーエリアで新たなコンドミニアムの建設やリノベーションを行うことで、より高所得の居住者を獲得しようとする。しかし、もともとの住民から見ると、これまで住んでいた住宅の取り壊し、改装にともなう家賃の値上げ、追い出しにつながりかねない。こうした現象は、バンクーバーのインナーエリアで顕著に進行している。

そして、低所得地域やその周辺ではコンドミニアムが増加する一方、低廉な賃貸住宅が減少しつつある。では、中流層向けの新たな住宅開発、中流層向けの商業施設の進出は低所得層が多く暮らしてきた地域社会にどのような影響を及ぼし、それに対して人々はどのような反応を見せたのだろうか。

(1) https://www.nytimes.com/2016/06/01/dining/coffee-shops-south-bronx.html　なお、二〇二四年九月現在、コーヒーショップのウェブサイトで確認した限りではサウス・ブロンクスには店舗はすでに存在しない。
(2) Metro Vancouver Regional District。かつてはGreater Vancouver Regional Districtと呼ばれた。
(3) 芸術、映画、デザインなど知的財産権を有した生産物の生産に関わる産業。
(4) 例として、複数名で一軒の家をシェアして暮らす形態など。
(5) CMHC Rental Market Survey (2021).
(6) CMHC Rental Market Survey (2021).
(7) 日本のワンルームにあたる。スタジオ・アパートメントともいう。

（8）CMHC Rental Market Survey (2021).
（9）当時のレート1カナダドル＝八八円で計算。
（10）同右。
（11）同右。

（12）同右。
（13）森千香子、二〇二三、『ブルックリン化する世界—ジェントリフィケーションを問いなおす』東京大学出版会、二九—三一頁。

第9章　バンクーバーの低所得地域ダウンタウン・イーストサイド

1　ダウンタウン・イーストサイド（DTES）の社会状況

「ジェントリフィケーション・ツアー」への参加

グラスはロンドンの労働者階級の居住地域で見られた現象を念頭に、ジェントリフィケーションについて考えた。現代でも都市の低所得地域がジェントリフィケーションの進展にともなう影響を最も受けやすく、地域変化も著しいことに変わりはない。

他の多くの都市と同様、「世界で一番暮らしやすい街」と呼ばれるバンクーバーでも中心部に近接してインナーエリアがあり、その中に低所得地域ダウンタウン・イーストサイド（DTES）がある（後述する狭義のDTES）。バンクーバーで再開発が進み、住宅不足、家賃高騰が進むなかで、DTESでは何が起き、地域で暮らす人々やその生活にはどのような影響があったのだろうか。また、DTESに暮らす人々はジェントリフィケーションをどのようなものとしてとらえ、それに対してどのような行動を取ってきたのだろうか。

最初に、個人的な経験を紹介したい。筆者がDTES（後述する狭義のDTES）を初めて訪れたのは二〇一〇年のことであった。グループでバンクーバー各地を視察したのだが、そのとき、DTESで参加したものが「ジェントリフィケーション・ツアー」であった。市民団体のメンバーは、参加者を連れてDTESの中心の通りを歩き、道路の両脇に新しく建てられた店や商業施設がいかに地域のニーズと合っていないか、取り壊された建物がいかに長く地域で大切にされてきたかを説明し、「この地域でジェントリフィケーションが今まさに起きている」と訴えた。参加者は数十人に及び、白人の中高年層も多かったが、大半がDTESの外から訪れている様子であった。初めて訪れた立場からすると、何が新しく建てられ、何が地域から失われたのか、はよくわからなかったが、地域外の住民も含めた大勢がDTESのジェントリフィケーションに関心を持っていることはよくわかった。ただし、このとき受けた説明では、ジェントリフィケーションは地域の外部から押し寄せるものとして語られ、どちらかと言えば内・外の二項対立的なとらえ方に基づいていたように筆者には感じられた。このときはわからなかったが、何がジェントリフィケーションなのか、という議論がその後、DTESの中で生じていく。ともあれ、筆者はこのときのDTES訪問の経験にとても刺激を受け、二〇一二年から毎年のようにDTESを訪問し、フィールドワークを行うようになった。思い起こせば、最初の出会いからジェントリフィケーションが大きく関わっていた。

DTESの地域的特徴

DTESとはどのような地域なのだろうか。

バンクーバー市は都市計画および統計調査に際して、インナーエリアに位置する観光地（ガスタウン）、チャイナタウン、工業地帯も含む範囲を「広義のDTES」として位置づけている。この広義のDTESの人口は一万九九五〇人[1]（二〇一六年）で、地区内にはSRO（シングルルーム・オキュパンシー）ホテル（簡易宿泊所）、公営住宅、非営利団体等が運営する支援付き住宅、シェルター等が多数立地している。そして、これらの施設がより集中しているのが狭義のDTESである[2]。本書では、特に断りのない限り、「DTES」は狭義のDTESを指す。

広義のDTESの地域的な特徴を見ると、市全体と比較すると若年人口の比率が低く中高年、高齢人口の割合が高い。二〇〇八年には市全体で六六歳以上人口の占める割合は一三％であったが、広義のDTESではそれよりも大きく、二二％であった。逆に、市全体では二〇～四四歳の割合は四三％であったが、広義のDTESではそれを下回る三七％であった。また、家族世帯に占める母子家庭の割合も大きく、市全体と比較すると低所得の有子家庭の占める割合が二・五倍となる。一世帯あたり人口は市全体では二・二人だが、広義のDTESでは一・五人である（二〇一一年）。

住民の平均収入が低いこともこの地域の特徴だ。一九九六年、二〇〇一年、二〇〇八年における世帯平均収入の平均値と中央値について広義のDTESと市全体を比較すると、いずれについても広義のDTE

Sでは市全体を大きく下回っている。これが狭義のDTESではさらに下がる。二〇一六年の市全体の平均収入（年収）は八万二〇〇〇カナダドル（当時のレートで計算して六七二万円程度）であったが、広義のDTESでは三万七〇〇〇カナダドル（同三〇三万円程度）と全体よりも低い値であった。また、広義のDTESでは住民の五四％が「収入が二万カナダドル（同一七六万円程度）未満」であった。バンクーバー市全体に占めるホームレス（シェルター等で暮らす者も含む）の半数以上が広義のDTESに滞在しており(3)（二〇二〇年）、住居を持たず、ホームレス状態で生活する者が多いこともこの地域の特徴だ。

そして、人種的、民族的、文化的にも多様性を持つ地域でもある。自らを先住民だと考えている者の割合はバンクーバー市全体では住民の二％だが、広義のDTESでは一〇％になり、狭義のDTESでは割合はさらに高まる（二〇一六年）。移民の割合も高く、広義のDTESの住民の四割近くがカナダ国外の生まれである。ビジブルマイノリティ（先住民を除く非白人）の割合も高く、広義のDTES全体では四割近い（二〇一六年）。バンクーバーでは全体として人口に占める黒人の割合は小さいが、広義のDTESではその割合は大きくなる。

次に、狭義のDTESについて見ていこう。市内の他地区と比較すると、単身者、男性、高齢者の比率が広義のDTESよりもさらに高く、貧困、ホームレス、薬物依存（薬物使用）等が顕在化していると同時に、ホームレス、薬物依存症者（薬物使用者）、先住民、シングルマザーらのための支援活動や施設が集中する地域でもある。

多くの社会問題が顕在化しているDTESだが、ずっと以前からこのような状況であったわけではない。

歴史を振り返ると、ＤＴＥＳはバンクーバーで最も古くから発展した地域の一つでもある。二〇世紀半ばまでは地区内および近隣に市庁舎、大陸横断鉄道駅、劇場、商業施設等が置かれ、繁華街として賑わった。現在のＤＴＥＳにあたる地域には国内最大規模の日本町もつくられ、また隣接してチャイナタウン、ウクライナ系・ユダヤ系等の移民コミュニティも形成された。しかし、第二次世界大戦中に日系人は強制収容され、また大戦後に行政・商業地区が市内西部へ移動したことでＤＴＥＳは衰退し、林業、建設産業に従事する労働者、低所得層向けのＳＲＯが集中する一帯となった。ＤＴＥＳの典型的なＳＲＯの部屋は一〇平米程度と狭小であり、シャワー、トイレ、台所は共有である。

図 9-1　SRO の部屋

カナダでは一九六〇年代から精神保健医療の脱施設化が進められた。ＢＣ州でも一九七〇年代から州財政の改善を図るために地域を拠点とする医療システムへの転換が図られ、入院患者の多くが退院し地域社会での生活を始めた。しかし、地域での患者受け入れ体制が十分に整備されずに脱施設化が進められたことで、その後のホームレス増加といった新たな地域課題を生み出した。特に一九八〇年代、一九九〇年代には、バンクーバー郊外の大規模精神病院（二〇一二年閉鎖）から退院したが行き場がなかった元入院患者の多くが、ＤＴＥＳに行き着いた。しかし医療的な受け皿がないまま、当時、すでに地域で売買されていた薬物を使用する者が増加し、依存症となる者も多かった。このことを主な背景として、DTESでは、一九八〇年代から一九九〇年代に薬物使用が大幅に増加するとともに注射針の使い回し等にともなうHIV／AIDS問題が深刻化し、北米で最も荒廃した地域の一つに数えられるまでに環境が悪化した。

2 先住民の貧困とその背景

DTESの地域、社会状況について知る際、先住民の存在は重要である。地域内には、先住民を対象としたコミュニティセンター、医療施設等も多く立地している。ホームレスに占める先住民の割合も高い。この背景には、都市に移住した先住民（アーバン・ネイティブ）の貧困問題も大きく関係している。多くの先住民が直面している貧困、精神疾患、依存症等の問題の背景にカナダで長く続いてきた先住民への人種差別や隔離政策の歴史があり、これらはいまだに解決していない。カナダ全域での植民地主義、植民地支配とそれによって生じた問題が都市インナーエリアで極めて顕在化して生じている例の一つがDTESである。

カナダの先住民は、ファースト・ネイションズ、メティ、イヌイットとされ、このうちファースト・ネイションズは六三〇以上の共同体によって構成されており、半数がオンタリオ州もしくはBC州に居住している。現在カナダと呼ばれている国家の国土のすべてはもともと先住民の土地であり、これは現在バンクーバーと呼ばれている一帯についても同様である。バンクーバー市および近隣地域は三部族（マスクエム、スクォミシュ、ツレイワトゥース）の固有の土地であったが、それらは正式な手続きを経て先住民から譲渡されてはいない。このような考え方は現在のカナダではより一般的になりつつあるが、それは決して古くからのことではない。

土地権益をめぐっては二〇世紀後半ごろから先住民による抗議運動や提訴が行われてきた。最高裁判決等を経て、一九九八年に連邦政府は、先住民社会も国家＝ネイションであり、また国家施策が先住民ネイションを破壊してきたことに対する深い後悔の念を表明し、和解声明を発出した。そして、二〇〇八年に首相が公式に謝罪した。連邦政府は「真実と和解委員会」を設置し、過去の先住民への抑圧、差別に関する真実解明と和解（リコンシリエーション）の取り組みが現在も全国で政策的に進められている(4)。

このことによって先住民による組織・団体や先住民に関わる支援活動に対して助成等がなされるようにもなったが、個人や家族の次元で見た場合には、世代を超えて連鎖する貧困やトラウマ、それによって生じる薬物等の使用や依存があり(5)、これは現在もなお解決していない。そして、これらはDTESで見られるさまざまな問題の直接的、間接的な要因ともなっている。

3　薬物依存（使用）に関わる問題と地域での取り組み

DTESでは一九八〇年代から一九九〇年代にかけて薬物依存（使用）者が急増した。このことは地域荒廃の要因ともなったが、同時に「薬物依存（使用）は犯罪ではない」という認識のもと依存症者を排除しない社会運動も一九九〇年代から行われてきた。薬物の使用の是非については地域社会の中でも必ずしも意見が一致しているわけではないが、依存症という見方だけにとどまらず「薬物使用者」という位置づけがされている点もこの地域の特徴だ。これはタバコを定期的に摂取する者に対して、依存症だけに着目して「ニコチン依存症者」とみなすのではなく、その行動だけを取り上げて「喫煙者」とみなすことに類似したとらえ方と言えよう。

地域内には貧困問題を薬物使用の観点からとらえる考え方もある。薬物使用によって貧困や犯罪行為への関与(巻き込まれ)、入居差別、孤立といった問題につながりやすくなる、ということである。これらを人権に関わる問題とみなし、薬物使用者の権利保護、生活改善、居場所づくり等を行う自助組織も一九九〇年代にDTESで結成された。

特定の行動が原因となっている健康被害をそれに関わる行動を変容等することで予防・軽減する目的の施策、プログラム等を総称してハーム・リダクションと呼ぶ。地域団体、薬物問題活動家らの働きかけによってDTES内に安全で衛生上問題のない環境で薬物注射を打つことができる施設(セーフ・インジェクション・サイト)が二〇〇三年に開設したが[6]、これはハーム・リダクションの考え方に則ったものである。

二一世紀に入ってから北米では鎮痛剤等の処方薬、とりわけオピオイド系鎮痛薬の乱用が大きな社会問題(薬物禍)となっている。混ぜ物がされた粗悪でより安価な薬物が闇ルートで流通し、多数の死者が出るという事態となっているが、これはバンクーバーでも同様である。BC州内では毎日平均六人以上がオーバードーズ(薬物の過剰摂取)で亡くなっているが(二〇二一~二〇二二年)、DTESではその割合はさらに大きい。

こうした事態を背景に、DTESでは二〇一五年ごろから自分たちで私設のセーフ・インジェクション・サイトを設置する動きが目立ち始めた。地域団体が主に自団体のメンバーを対象に独自に設置し、安全で清潔な注射針等を用意すると同時に、医療的ケア、精神面のケアも行うことでオーバードーズを防ぐとともに孤立防止、居場所づくりも目指された(7)。このように、薬物をめぐる問題についても特徴的な歴史を持ち、各種の取り組みがなされている地域でもある。

4　アジア系移民のコミュニティ形成と差別の歴史

ＤＴＥＳは移民の歴史とも強いつながりを持つ。そしてそこには人種差別、排斥の歴史も多分に含まれる。一九世紀後半から末ごろにかけて、バンクーバーでチャイナタウン、日本町がつくられたが、一九〇七年に発生したバンクーバー暴動では白人がチャイナタウン・日本町を襲撃し、多くの被害が出た。

ＤＴＥＳに位置するパウエル街とその周辺は、第二次世界大戦前まではカナダで最大の日本町であった。しかし、日米開戦にともない、米国の同盟国であったカナダでは日系人は強制収容され、財産を没収されるとともに、一部は日本への強制帰国を命じられた。戦後は太平洋沿岸部一六〇キロ以内への立ち入り禁止、ロッキー山脈以東への移住等が命じられ、太平洋沿岸部一六〇キロ以内への立ち入り制限が解除されたのは一九四九年になってからであった。一九八〇年代から日系人団体によって損害賠償を請求する運動（リドレス運動）が行われ、一九八八年に首相の謝罪と損害賠償の決定がなされた。戦前から活動してきた日系組織の施設のうち、今もＤＴＥＳに残っているのは日本語学校・日系人会館と仏教寺院のみである。しかし、日系カナダ人の文化・芸術に関するフェスティバルが一九七〇年代以降、毎年、地域内の公園で開催されるなど、今も日系社会と大きなつながりを有している。

また、ＤＴＥＳにはチャイナタウンが隣接している。バンクーバーに移住した中国人たちが白人中心のカナダ社会で相互扶助、自己防衛のために形成した区域がチャイナタウンであり、現在も中国系の食材店、レストラン等がある。観光客、買い物客が多く訪れる場所であると同時に、中国系の文化施設が中国系カナダ人の文化・歴史を伝える拠点ともなっている。また、ＳＲＯも多い。しかし、近年はコンドミニアム、中流層向けの飲食店、小売店も増え、ジェントリフィケーションの様相が顕在化している。

図 9-2　チャイナタウンにある SRO と商店

5　社会活動、地域活動の展開

ＤＴＥＳは長く低所得層、労働者の生活を支援する活動がコミュニティセンター、キリスト教会、その他市民活動家らといった複数の主体にまたがって進められてきた地域であり、バンクーバー都市圏でのホームレスをはじめとする生活困窮者、社会的弱者に対する取り組みの中心的役割を担ってきた。また、医療面でも複数の診療所・薬局、州保健局の関連施設が置かれている。現在に至るまで、複数の慈善団体や宗教団体等が定期的に食事提供、食材や物資の配布を行っており、それらを合わせるとほぼ毎日四食（朝食、昼食、軽食、夕食）を地区内で無料で得ることができる。

一九八〇年代にはDTESの中心で市立コミュニティセンターであるカーネギー・コミュニティセンターが運営を開始した。このコミュニティセンターは、低所得の住民たちが設立を求めて声を挙げ、自治体の支援も受けて開設されたものである。今日に至るまでDTESにおける社会活動、教育活動、文化活動、レクリエーション活動の場となっている。

このほかにも非営利団体等によって複数のコミュニティセンターが運営され、居場所づくりや生活支援を行いながら生活改善につなげていこうとする活動がなされている。また、路上で物品を販売するホームレスに対する警察官の摘発を批判して、市民団体が中心となって合法的に路上販売の可能なフリーマーケットを運営する取り組みも行われてきた。ホームレスの収入確保や就労トレーニングを支援する社会的企業も複数ある。それらの社会的企業は空き瓶等のリサイクル、路上での雑誌販売、清掃等の就労トレーニングを通じてホームレスへの支援を行っている。

DTESでは多くの地域活動団体が、寄付金と公的補助金を財源としている。[8] 二〇一三年にDTES内の計二六〇団体に投入された三億六〇〇〇万カナダドル（二八八億円）の資金のうち七二%にあたる二億六三〇〇万カナダドル（二一〇億円）が公的資金（州政府から二億三一〇〇万カナダドル、市政府から一五〇〇万カナダドル、連邦政府から一七〇〇万カナダドル）であった。[9] この年に限らず、毎年、莫大な額の寄付金、公的補助金がDTESで地域活動に投入されている。

米国とは異なり、カナダでは、公的な補助金が民間による地域活動をプロジェクトベースで支えている。また、寄付文化も社会に広く根づいている。カナダ政府は、一定の条件を満たした団体に税率等の面で優遇される資格（チャリティ・ステイタス）を付与し、慈善活動分野の充実・拡大を図っている。一方で、地域で活動する小規模団体、草の根的な団体はチャリティ・ステイタスを持たないことも多いため、規模が大きく、そうした資格を有している団体の傘下に形式的に入り、そこを通じて補助金を申請することもよく行われている。一定の条件を満たせば課税面での優遇もあるが、小規模団体には資格取得が難しく、DTESでは取得していない団体も多い。プロジェクト・目的ごとに使途が定められた補助金は用途が厳しく決められているため、活動展開に応じた柔軟な使用が難しい、応急処置的な対応しかできない、といった声も現地の小規模団体からはよく聞かれる。

　また、DTESはプロ、セミプロともに多くの芸術家が居住し、また複数のアートギャラリー、若手アーティストの制作アトリエが置かれている地域でもある。二〇〇四年以来、毎年、地域内外の芸術家・音楽家による芸術祭も行われ、また芸術活動を軸とした地域住民への支援（創作活動を通じた自尊心向上等）もコミュニティセンター、支援団体等によって行われている。このようにDTESは、文化活動を含む数多くの社会活動、社会的弱者に対する支援活動が行われる地域として長く続けてきた。

（1）州、市等による定義は厳密には一致していない。

（2）都市計画上の区分はDEOD (Downtown Eastside Oppenheimer District)

（3）2020 Metro Vancouver Homelessness Count.

（4）ただし、先住民グループらからは「十分ではない」との批判も大きい。

（5）辛い被害経験によるトラウマ等に対処するための薬物やアルコールの使用など。

（6）運営実務は非営利団体、運営費は州保健局等による。

（7）大半は州保健局が事後的に許可認定。

（8）人件費や消耗品費等だけではなく、ＳＲＯの買い上げ、借り上げ、維持費等も含む。当時のレート（一カナダドル＝八〇円）で計算。

（9）同右。

第10章　DTESにおけるジェントリフィケーションへの対抗

1　住宅をめぐる社会運動の拠点

荒廃後のDTESは市民から忌避され、住民も「ゲットーの住民」として差別のまなざしを向けられてきた。一方で、居留地から移り住んだ先住民や移民らにとっては同胞、仲間と出会える場でもあると同時に、薬物の問題を抱えた人々（薬物を利用する人々）やホームレスが無料で利用できるコミュニティセンターや施設が複数運営されており、他地域よりも差別を受けにくい場ともみなされてきた。DTESで長年行われてきた、社会的に排除された人々に対する支援活動は社会的包摂の取り組みでもある。

しかし、現在、バンクーバーの住宅価格は高騰し、居住、投資双方を目的としたコンドミニアムの建設ラッシュも起きている。このことはバンクーバーのインナーエリアであるDTESにも大きく影響してきた。一方で、DTESではジェントリフィケーションの進行に一定の抑制が働いてきたことも事実だ。市場原理のみに基づいて不動産の売買が次々に進行し、ジェントリフィケーションがとめどなく広がる、といった状況では必ずしもなかった。その背景には、地域が持つ特徴、とりわけ社会運動の蓄積、行政によるSRO買い上げ、バンクーバー市の地区計画があった。

まず、DTESでの公営住宅建設要求運動の歴史が挙げられる。一九七三年に結成された非営利団体DERA（ダウンタウン・イーストサイド住民組織）は連邦政府、州政府、市政府に対してDTES内での公営住宅建設を求める運動を積極的に行った。DERAの運動の成果の一つとして、一九九二年までに六〇〇以上の新築もしくは改装された部屋を地域住民が新たに利用できるようになった。こうした社会運動は一九七〇年代、一九八〇年代の市政府、市議会とも一定程度協調して進められると同時に、DERAの複数メンバーが自ら市議会議員となって市の住宅政策にも影響を及ぼした。

また、賃貸住宅をめぐる問題に対して賃貸者による社会運動（テナント・ユニオン）が二〇一七年からバンクーバーで行われてきたが、その発端はDTESでの活動であった。これは米国での先例を参考に、DTESの活動家がバンクーバーでの設立の呼びかけをしたもので、二〇歳代～三〇歳代の高学歴の専門職、フリーランス、自由業等に就く人々が多く参加してグループを結成した。メンバーの大半はDTES外に居住しているが、DTESで定期的に会合や集会を行うなどして活動を実施してきた。このグループはバンクーバー市以外にも積極的に活動を広げ、郊外でも支部を結成した。特にリノヴィクション（リノベーションにともなう追い出し）の問題を大きく焦点化し、各地で自治体の条例策定による規制を求める運動が行われ、実際に規制実施に影響を及ぼした例もある。

このようにDTESは一九七〇年代以降、一貫して、バンクーバーの住宅問題、とりわけ低所得層の住宅をめぐる問題（住環境整備、家賃抑制、公営住宅等）に関する中心的な運動拠点となってきた。

2　ホームレス支援策の拠点となったDTES

ジェントリフィケーションを一定程度抑制してきたと考えられるもう一つの要素が行政（州政府等）によるSROの買い上げである。

図10-1　行政が買い上げ、支援付き住宅となったSRO

カナダでは二〇〇〇年代からハウジング・ファースト[1]に基づくホームレス数削減策が全国的に目指されてきた。特にホームレスが集中するDTESでは州住宅公社が二〇〇六年、二〇〇七年にSRO一三軒の買い上げ、借り上げを行った。この背景には、冬季オリンピック・パラリンピック（二〇一〇年）開催によってSROが観光客向けホテルに改装され、低所得者向けの低家賃の賃貸住宅が失われることへの危機感があり、また行政の対応を求める市民団体の運動もあった。

行政によるホームレス支援施策がDTESで重点化された主な理由として、当時、州住宅公社は、①生活技能（スキル）獲得の支援、薬物の使用・依存をはじめとした精神疾患問題への支援が充実していること、②SROが集中しており他地域と比較すると賃料が安価なこと、の二点を挙げている。つまり、地域で長年行われてきた依存症治療や生活改善の取り組みがホームレスの居住支援施策の有用な資源とみなされたのである。

州、市では、DTESでのホームレスの居住支援を、①シェルター（延泊・複数回の利用が可能）での保護、②移行住宅（地域生活への移行のための住宅、最長二年間）で社会生活に馴染むためのトレーニング（自炊、金銭管理、物品管理）、③地区外の一般住宅に移行するか、もしくは地区内および周辺地域の支援付き住宅での生活へ移行する、という枠組みで設定していた。各段階での居住と生活支援は非営利団体や社会的企業への委託に基づいて実施されてきた。

DTESでの住宅の種別は、民間（市場型）のSRO、非市場型のSRO、公営住宅、コミュニティケア施設（シェルターや支援付き住宅等）、その他の賃貸住宅（民間市場型のアパート等）に大別できる。非市場型住宅は、行政、非営利団体、先住民組織、教会、ホームレス支援団体等によって建設されたり、維持管理されているもので公営住宅・非市場型のSRO・支援付き住宅等を指す。もともと公営住宅をはじめ、支援付き住宅、シェルターが一定程度立地していたDTESでは、行政によるSRO買い上げの後も非営利団体によるホームレスへのシェルター提供、生活支援の活動がさらに進められていった。このことはジェントリフィケーションを一定程度抑制する効果も持っていたと言えよう。

バンクーバーの中心部一帯に立地するSROを所有形態別に見ると、二〇二三年には、民間オーナー所有のSRO（民間SRO）は四八％で、五〇％が非市場のSRO（州・市もしくは非営利団体所有）、残り二％は中国系の同郷会組織による所有であった（バンクーバー市）。これに対して、二〇一九年には民間のオーナーが経営するSROの割合（部屋数の割合）は五二%であった（バンクーバー市）。二〇一九年から二〇二三年の間で民間のオーナーが経営するSROの割合は減少した。SROの居住環境の劣悪さは以前から指摘されていた。しかし、行政が所有し、社会的企業をはじめとする非営利団体が運営するSROが増えるなかで、民間SROとの居住環境の格差はより顕著となり、民間SROの居住環境の劣悪さがより指摘されるようになった。

バンクーバーの中心部一帯の中でDTESには非市場型住宅、民間SROの両方が建物数、部屋数ともに集中している。非市場型住宅の方が建物数、部屋数ともに民間SROよりも多く、部屋数では非市場型住宅全体の七五%、民間SRO全体の八五%がDTESに位置している。

中心部一帯では二〇〇〇年代半ばまでは民間SROの部屋の方が多かったが、二〇〇八年頃に非市場型住宅の部屋の数が上回った。両者を合わせた全体の数は長期的に見れば増加しているものの増加幅はさほど大きいものではない。特に二〇一〇年頃から非市場型住宅の部屋数の増加幅、民間SROの部屋数の減少幅はそれぞれ大きくなっている。二〇二三年には非市場型住宅の部屋数が九五六一であったのに対し、民間SROの部屋数は三三〇五と三分の一程度であった。非市場型住宅、民間SROの両方がDTESに集中していることから、これらの部屋数の変化はDTESでのそれらの変化にも大きく反映していると考えられる。つまり、現在のDTESはもはや民間SROよりも非市場型住宅の方が多い地域となっていると言える。では、なぜこのような事態が生じたのだろうか。

3　拡大するホームレスの居住支援策

他の欧米諸国同様、カナダでもホームレス問題は深刻であり、特にホームレスに占める薬物依存、アルコール依存の割合が高いことから精神保健部門での取り組みが必要とされ、単に雇用創出、景気改善だけでは解決できない複合的な問題として位置づけられてきた。二〇〇三年にBC州はバンクーバー都市圏のホームレス施策計画を作成し、これに基づいて二〇〇四年に全州的なホームレス対策が宣言された。バンクーバー市はホームレス問題啓発ウィークを設定すると同時に、地域団体への助成を毎年、実施してきた。バンクーバー市内のホームレス人数の推移は図10－2のとおりである。

バンクーバーでは、二〇二三年時点でホームレスの七割以上がシェルターで生活している。DTESにはシェルターが多く設置され、医療ケアや居場所づくりといった生活支援にアクセスすることができるようになっている。ホームレスの中には、年代を問わず、家族との関係が希薄でほかに行き場のない者、薬物依存（使用）、精神疾患、その他の疾患等を抱え、一人での自立した生活が困難な者も多い。そうした状況にある人々に対して、非営利団体等では住宅提供を通じた生活面のサポート、居場所づくり、医療面でのケア等を実施してきた。こうした支援を受けることで健康や精神的な安定を取り戻す人々も一定数いる。

支援付き住宅は入居年数に制限がないところも多く、大半の入居者が実質的にそこに住み続けており、このことは生活困窮者、社会的弱者の地域への定住につながっている。そして、たとえ他地域に移転してもほぼ毎日のようにDTESに通い、無料で提供される食事を食べたり、コミュニティセンターに通ったりする者も少なくない。

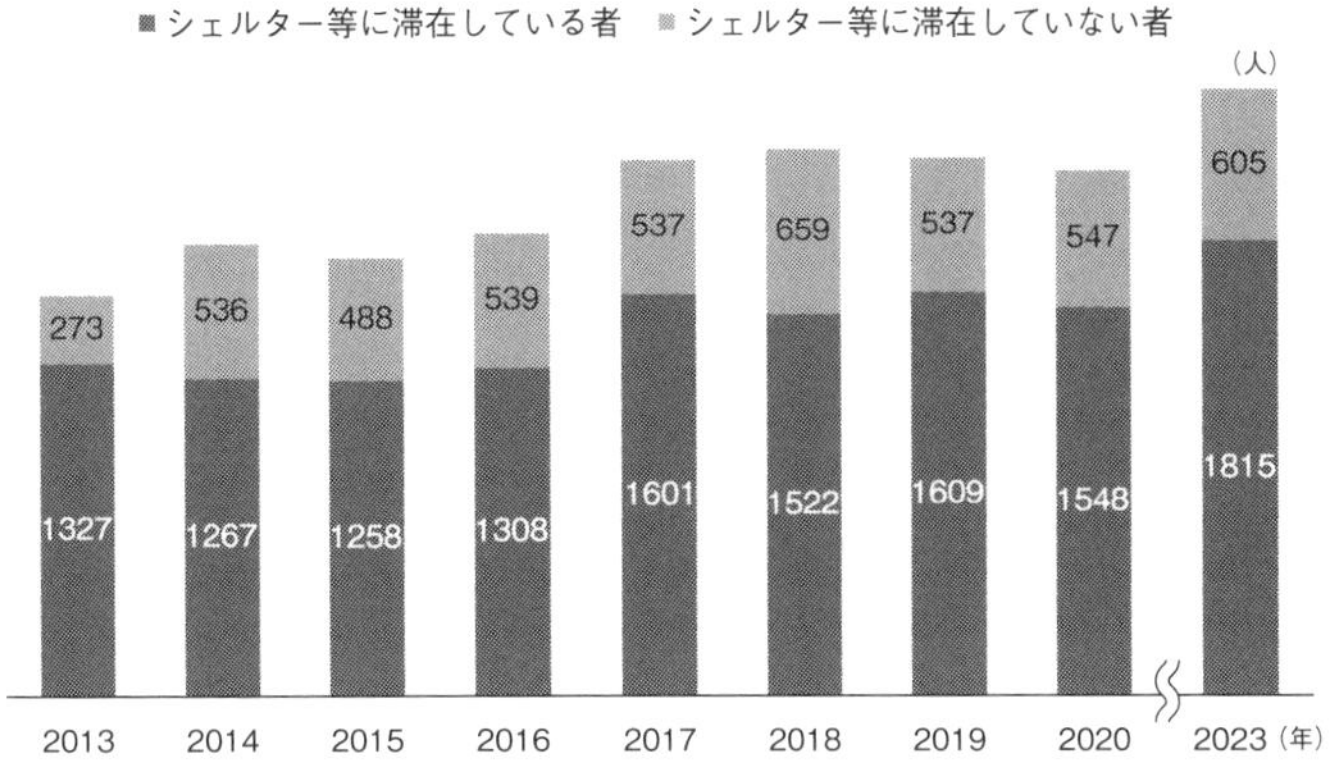

図 10-2　バンクーバー市内のホームレス人数の推移

出典：「2023 Homeless Count: Vancouver」（バンクーバー市）データをもとに作成。
注：2021 年、2022 年はコロナ禍のため調査は実施されなかった。

筆者は二〇一三年三月にキリスト教会がDTES内で運営する施設を訪問した際、そこの食堂で四〇歳代の男性ジョンと出会った。ジョンはある非営利団体が運営する近隣の公営住宅に入居したが、頻繁にDTESに通い、支援団体等が提供する食事や各種プログラムを利用していた。日々の暮らしについて、ジョンは「DTESに来た方が知り合いもいるし、周囲とのつながりを感じられる。しかし、一方で薬物使用の誘惑もある。地区外で生活した方が薬物から距離を持てて健康的でいられるが、でも周囲とのつながりを持つのは難しい」と複雑な心境を語っていた[2]。

別の非営利団体LがDTES内で運営する支援付き住宅を二〇一三年一一月に訪問した際に、アジア系移民の男性リーに対する支援についてスタッフから話を聞いた。リーはカナダに移住後、同胞コミュニティから離れ孤立した状態にあったが、経済的に困窮し、ホームレスとなった。その後、非営利団体LがDTES内で運営する支援付き住宅に入居した後、DTESを離れて近隣地域のアパートへの転居を果たした。リーは慢性的な疾病を抱えており、毎日数回の投薬が必要であったが、自分一人では投薬管理ができず、また同胞コミュニティからの支援も期待できなかった。そのため、投薬管理のためにもともと住んでいたDTES内の支援付き住宅へ通い、そこのスタッフが投薬管理を支援していた(3)。

ジョンやリーのように、いったん近隣地域での生活を始めたものの各種施設利用等のためにDTESへ通う人々は一定数存在する。これらの人々は、住まいをDTES外に移したものの、DTESで築いた社会関係を頼りに、生活に必要な社会資源の多くをDTESで利用する生活を送っていた。その背景には、DTES外では周囲とのつながりや支援者が得にくいという個別の事情もあるが、元ホームレス等が生活を安定させ、地域社会での生活に定着していく際の支えとなる社会関係、社会資源がDTESに集中していることが大きく関係している。

リーの支援を行っていた非営利団体Lは、二〇一三年時点でDTESと市内他地域に四軒のシェルター、六軒の移行住宅（計一六六部屋）、一二軒の支援付き住宅（居住期間の制限なし）（計五八六部屋）を管理・運営していた。二〇一三年当時は、州住宅公社の助成を受け、SROオーナーとの直接契約によってDTES内のSROを借り上げ、もとからの居住者も含めて支援付き住宅として管理・運営していた。各施設では大半の入居者が薬物等の依存症や各種疾病を抱えているため、スタッフが常駐し、投薬管理や金銭管理も行っていた。運営する支援付き住宅のうち、状態が安定している入居者の多い施設では自治会をつくり、入居者の主体性、自主性を尊重した運営がなされていた。入居者の年齢構成は二〇歳代から八〇歳代以上までと幅広く、もともとDTESでの生活が長く地域とのつながりを持つ人々はできるだけDTES内および周辺の支援付き住宅に入居させ、地域とのつながりを断たないような配慮もなされていた。

非営利団体Lは二〇二三年には、DTESと市内他地域に二軒のシェルター、三軒の移行住宅、九軒の支援付き住宅（居住期間の制限なし）を管理・運営していた。一〇年前と比較すると、DTESとその他のバンクーバー市内でのシェルター、支援付き住宅等の軒数は減っているが、州内の他都市での開設は増えており、管理・運営する建物軒数、支援対象者数の総数は増加している。非営利団体LはもともとDTESを拠点に活動してきたが、バンクーバー以外の地域でのニーズの高まりによって徐々に活動や施設設立の対象範囲を拡大している。これはDTESで活動する、一定以上の規模の非営利団体に共通する傾向でもある。

一九九三年に発足し、ホームレス支援活動を行ってきた別の非営利団体Pは一九九九年からDTESでの活動を開始した。その後、社会的企業に移行した非営利団体Pも、州住宅公社が買い上げたSROを公営住宅、支援付き住宅として管理・運営（事業委託）している。DTES内の公立のコミュニティセンターでは、アルコール、薬物を摂取している者の立ち入りが禁止されているため、非営利団体Pはそうした人々も利用可能なコミュニティセンターの開設・運営も行い、居場所づくりを通じた生活改善を図っていた。(4) このように、各団体ではもともと実施していた支援プログラムや施設を活用することで、居住面の支援だけではなく、医療・福祉面でのケア、コミュニケーションの場づくりとそれにともなう自尊心回復支援といった生活や人格全体に関わる支援の取り組みを行っている。

DTESでは、各団体による社会的包摂の取り組みが進められ、また先住民や移民だけでなく、ホームレスや薬物使用者といった社会で排除・差別の対象とされやすい人々の人権問題に取り組む社会運動も積極的に行われてきた。DTESはそうした人々に対して生活支援や各種ケアを提供する場としてだけではなく、「安心して滞在できる場所」ともみなされてきた。だからこそ、そうした支援に乏しい別の地域での生活を望む者は少ない。また、DTESで長く生活支援を受けたり、地域内の諸資源を利用しながら生活してきた者が地域の外で自立した生活を続けていくことは、経済的な面からも生活技能（自炊や金銭管理等のライフスキル）の面からも容易ではない。実際に、一般住宅への移行を果たしてDTESから出て行く例は少なく、またいったん出て行っても住みづらさを感じてまたDTESに戻るケースもある。

バンクーバーのホームレス施策は、DTES内での施設や支援活動を資源として活用することで居住確保や医療・福祉ケアの提供等を図ってきた。全体として見ると、生活改善につながったと評価できるケースも多い。これらの施策・取り組みは社会的に排除された人々をDTES内で包摂するという機能を果たしている。しかし、こうした人々がDTESと同程度に各種の支援・ケアを受けられる地域はほかにはなく、結果的に生活支援や医療・福祉ケアが必要な生活困窮者、社会的弱者のDTESでの増加にもつながってきた。これは、DTESの地域全体でいわゆる福祉ニーズの高い住民が増加し、医療・福祉的なケア、サービスを享受できる施設や機関の集中にもつながってきた。それは、DTESがホームレスをはじめとした生活困窮者、特に医療・福祉ケアが必要な人々に対する居住支援施策の拠点としての役割を強めてきたということでもある。こうした状況は、総じて地域の福祉化と呼ぶことができる。

近年、高齢化や障がい者の増加、依存症問題が集中する低所得地域でそれらに対応する施設・機関が増加し、行政も社会福祉・公衆保健（薬物使用を含めたパブリックヘルス）の拠点と位置づけることでさらにそうした機能が増大している。公的補助金も多く出され、非営利団体がそれらを活用してその地域で積極的に活動する、という状況が欧米をはじめとした都市で起きている。このように社会福祉・公衆保健の拠点となった地域を指してサービスハブと呼ぶ。ＤＴＥＳもサービスハブの一つとみなすことができる。

ＤＴＥＳで居住支援のための関連施設・団体が増加する一方で、支援ニーズは常に需要を上回っており、居住支援を望みながらなかなか入居できない人々は多く、たびたび不満の声が聞かれる。居住支援を受けたが集団生活に適応できなかったり、施設側の管理・ルールに不満を訴える者もいる。また、手続きの煩雑さやそれらの過程の中での管理者の対応への不満を持つ者もいる。そして、これらを理由として路上生活（ホームレス）に戻るケースも少なくない。

4　コンドミニアム建設抑制とその限界

バンクーバー市は二〇〇〇年にバンクーバー協定を定め、その中でＤＴＥＳとチャイナタウンの活性化施策を掲げていた。当時、荒廃した都市インナーエリアの改善のための中心部再開発が目指されており、その後にどのような都市像を掲げ、政策を実施するかが問われていた。二〇一〇年の冬季オリンピック・パラリンピック開催前後から、バンクーバーの中心部では中流層を対象としたコンドミニアムの建設が続いた。都市全体で家賃が高騰し、収入の半分近くを家賃に充てる住民も珍しくない状況は都市生活そのものの負担を増大させ、バンクーバーでの生活を諦め、郊外へ移住する者も増えた。そうした中で、相対的に安い価格のコンドミニアムがＤＴＥＳ周辺に建設され始めた。

特に注目を集めたものが、ウッドワーズ百貨店の改修であった。ウッドワーズ百貨店は一九〇三年にオープンし、市民に人気の百貨店として知られていたが、地域の衰退とともに経営が低迷し、一九九三年に倒産・閉店した。その後、建物は長い間放置されていたが、二〇〇六年に取り壊され、行政機関オフィス、大学キャンパス、商業施設、中流層向けのコンドミニアム、公営住宅が入る複合施設として二〇〇九年に改装された。当時、すでにバンクーバーの住宅価格は高騰しており、他地区と比較すると低価格であったウッドワーズのコンドミニアムは販売開始と同時に売り切れるほどの人気であった。

当時、ウッドワーズのコンドミニアムを購入した住民はどのような人たちだったのだろうか。DTES内の社会的企業で専門スタッフとして働くジュリーはバンクーバーで生まれ育った。DTESに対する関心は若い頃から強く、二〇〇二年にウッドワーズの建物をDTESの活動家をはじめとした市民らが長期にわたって占拠して住宅問題等の改善を求めた際には、ジュリーも占拠に参加した。その後、ウッドワーズが改装された際にはコンドミニアムの販売開始と同時に購入し、以来、ずっとそこに住んでいる。ジュリーはウッドワーズのコンドミニアムの良さを「ソーシャルミックスが実現していること」と言う。一般に、大規模な高層マンションでは近隣関係がつくりにくい、住民同士が親しくなりにくいと言われるが、ウッドワーズでは近隣の店での買い物や共有スペースを利用することでコンドミニアムの住民だけでなく、公営住宅の住民とも知り合い、関係性が築かれている、とジュリーは述べ、生活に満足していると語った。(5)ジュリーの話はあくまでも一人の住民の例にすぎないが、ウッドワーズが改修されてからコンドミニアムの住民をはじめ大学キャンパスや商業施設の利用者と地域社会とのトラブルは特に報告されてはいない。

一方、地価上昇とSROをはじめとした低家賃住宅の減少に危機感を持ったDTESの地域関係者、運動団体は市などに働きかけ、行政施策によるジェントリフィケーション抑制策を求めた。バンクーバー市は、DTESにおける地域まちづくり計画策定のための準備作業を二〇一一年一月に開始した。二〇一二年三月に説明会が開催されるとともに地域の各団体を代表した委員が発表された。その後四月からほぼ毎月、計画策定のためのワークショップや公聴会が行われた。

図 10-3　改装されたウッドワーズ

二〇一二年から二〇一三年にかけて、DTESでは市が中心となったワークショップが頻繁に開催され、チャイナタウン、日系コミュニティ、非営利団体、社会的企業、住民グループ等の地域関係団体が参加した。しかし、そこでは、ビジネス活性化を重視するのか、社会福祉のさらなる拡大を重視するのか、といった異なる立場の意見が対立する結果となった。経済活性を促進するために中流層の新たな住民・消費者を呼び込み、雇用創出を促したい事業者や土地所有者らと、低所得住民向けの公営住宅、ホームレスの居住支援の拡充を求める住民グループらの意見の溝は深く、意見の一致を見ることは困難であった。

ワークショップを経て、市の計画概要が二〇一三年末に発表され、それに対する住民説明会を経て、二〇一四年三月に市議会に計画が提出され、承認された。計画には、目標として二〇四三年までに新たに公営住宅をＤＴＥＳ内に四四〇〇室、地区外に三三五〇室、居住環境が改善されたＳＲＯ居室を二二〇〇室とすること等が盛り込まれた。

そして、公営住宅数の確保のために民間賃貸住宅建設に制限が課され、狭義のＤＴＥＳで新たに建設申請される集合住宅は六割（以上）を公営住宅、四割（以下）をトイレ、浴室、キッチン等が備え付けられた賃貸住宅という複合住宅とすることが取り決められた。ただし、計画承認以前に建設許可を得たコンドミニアム建設にはこの基準は適用されない。

このようにコンドミニアム建設規制が設定されたが、当初は「すべての新規建設を公営住宅に」と求めてきた住民団体のメンバーたちは落胆や失望を隠せなかった。また、毎月、場合によってはそれ以上の頻度で長時間にわたって開催されるワークショップや説明会は多くの人々に負担となった。ワークショップでは多くの住民が活発に意見を述べたが、最終的に作成された計画に具体的にそれが反映されているのか不明であり、結局、行政側が策定した内容のとおりに進んだのではないか、という不満を多くの人々が抱いた。

一方で、同じ地域まちづくり計画に関わる隣接地域（チャイナタウンや周辺商業地域）の代表者、そしてＤＴＥＳ内で商業に携わる人々からは公営住宅が増加することで地域の購買力、経済力が低迷することへの懸念も当初から指摘されていた。しかし、異なる将来像を持つ人々の間での対話はほとんどなかったうえ、またそうした機会も積極的には設けられなかった。

二〇一四年に広義のＤＴＥＳ一帯の地域まちづくり計画が市議会で承認された。しかし、多くの住民グループから見ると、長期にわたって参加してきたワークショップ内容が最終案に十分反映されているようには感じられず、落胆する者も多かった。

落胆の理由はほかにもあった。地域まちづくり計画では、狭義のDTESで新たに建設申請される集合住宅（複合住宅）への規制がジェントリフィケーション抑制に効果を持つと期待されていたが、実際はそうではないと住民団体のメンバーたちは考えていた。この規制はあくまでも新規に建設される集合住宅に対する規制であるため、既存の低所得者向けだった住宅を改装し、家賃を値上げして学生向けアパート等に変えることについては対象外とされた。改装を理由に値上げされた家賃を払えない場合、居住者が住めなくなる事態も起きうる。これはリノベーションにともなう追い出しであるリノヴィクションにつながるという批判もなされた。

5　SROの改善・保全を通じたジェントリフィケーションへの対抗

住環境が劣悪なSROの問題

二〇〇六年、二〇〇七年に行政によるSROの買い上げ・借り上げが行われた後も、行政や社会的企業等の非営利団体によるSRO買い上げ・借り上げと支援付き住宅への転用はさらに進んだ。その結果、現在、DTESや周辺のSROのほぼ半数が行政、社会的企業等によって所有・管理されている。

さらに、SROをはじめとした低家賃住宅の減少も続いている。第9章でも触れたが、DTESには居

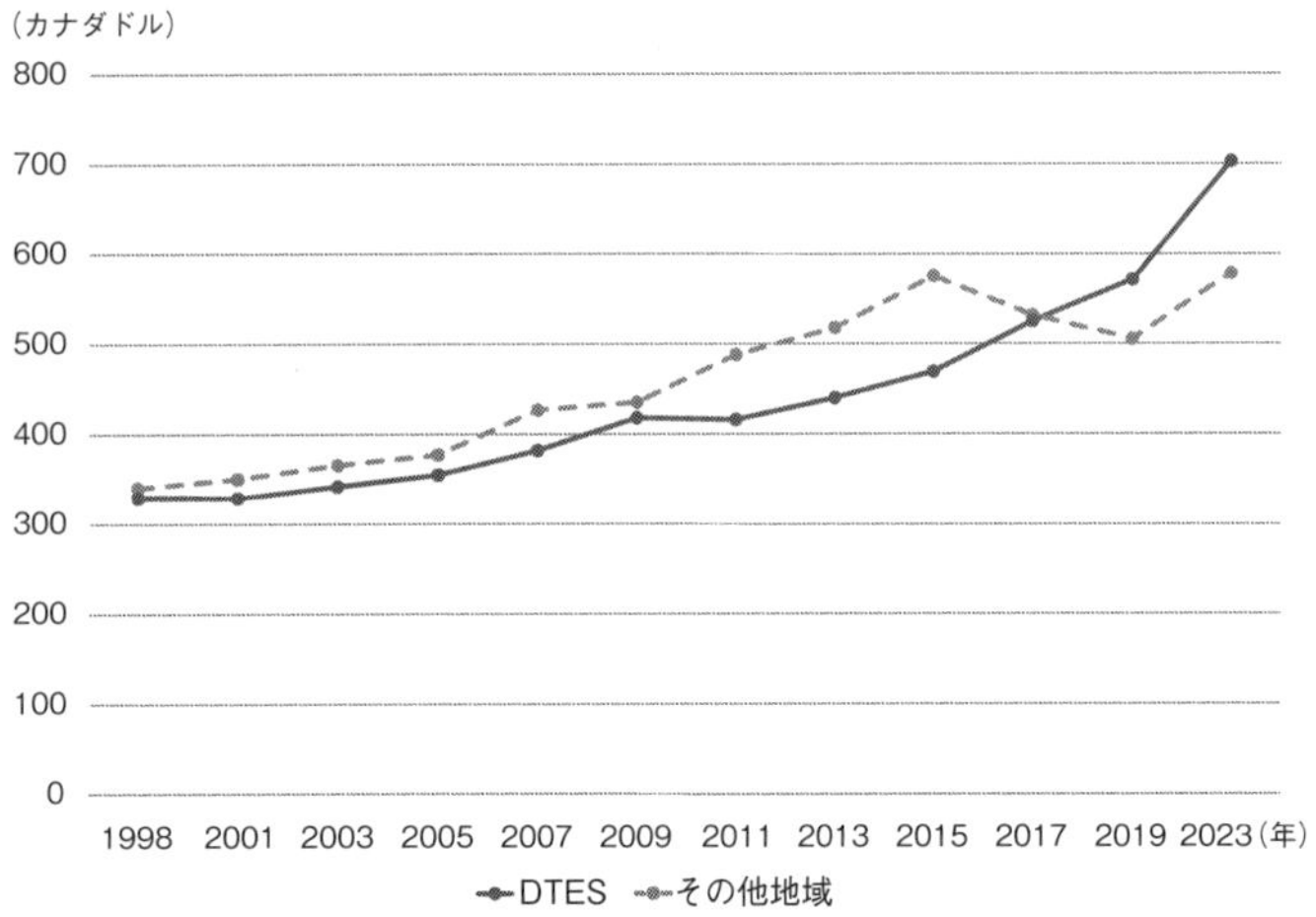

図 10-4　バンクーバーの中心部に立地する民間所有の SRO の家賃（月額）の推移（1998 年～ 2023 年）（2023 年 5 月時点）

出典：2023 Downton Core Low-Income Housing Survey（バンクーバー市）をもとに作成

住支援策を含めた行政からの多額の補助金・助成金等が毎年、投入されており、そうした資金によって新たに建設される支援付き住宅等もある。しかし、多数の住宅（部屋）が、毎年、地域から失われてもいる。その最たるものは民間SROである。

また、民間SROの家賃も上昇している。図10－4は一九九八年～二〇二三年のバンクーバーの中心部に立地する民間SROの家賃（月額）の推移である。DTESでは二〇一九年から二〇二三年までの間でSROの平均家賃は二三％上昇した（五七一カナダドル／月から七〇三カナダドル／月）。こうした家賃上昇は特に新たな所有者に購入されたSROで顕著である。

当然ながら、このような家賃上昇は住民の大きな負担になっている。二〇二〇年に、市内中心部に立地する民間SROの住民の六割が州の所得補

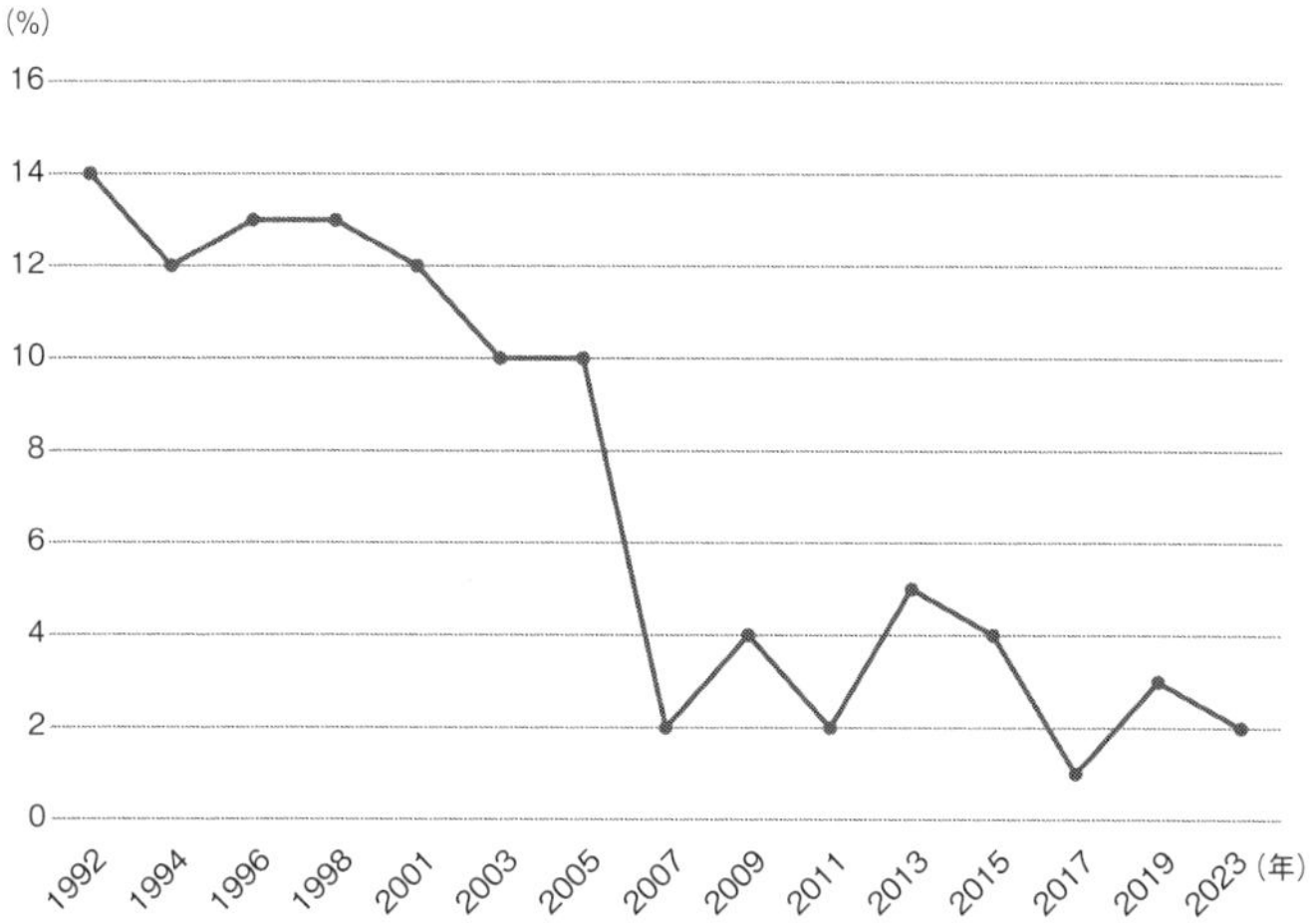

図 10-5　バンクーバーの中心部に立地する民間所有の SRO の空室率の推移（1992 年～ 2023 年）（2023 年 5 月時点）

出典：2023 Downton Core Low-Income Housing Survey（バンクーバー市）をもとに作成

助を受けており、その半数にあたる人々が収入の半分以上を家賃の支払いに充てていた。今日では、DTESのSROの家賃はもはや多くの低所得層にとってまかなうことが困難なほど上昇していることが、この地域の現実となっている。

さらに、SROの空室率も下がっている。図10－5は、バンクーバー中心部に立地する民間所有のSROの空室率の推移を示したものである。これを見ると、それまでは一〇%以上であった空室率が二〇〇七年に大きく下がり、その後はほぼずっと五%以下の低い水準で推移している。これはDTESとその他の中心部に立地する全SROの空室率だが、このうち八五%（部屋数）はDTESに立地しており、DTESでもほぼ同様の傾向にあると推測できる。

そして、SROの居住環境も問題となっている。多くのSRO、とりわけ民間SROでは建物も老

図10-6　家賃が倍近くに上がり、学生向けアパートに変わった元SRO。1階は新規に出店したメキシコ料理店

朽化しており、衛生状態、管理状態がよくないものが多い。この背景には売却等を見越した民間家主による劣悪なSROの放置の問題があり、これに対して市民団体による調査・告発が継続的になされてきた。市民団体が指摘するDTESでの居住問題として、①低家賃のSRO居室の減少、②不衛生（鼠、南京虫等）、老朽化や設備不良、安全性への対応がなされない、③居住者からの罰金取り立てや不当な制限（夜間の出入り制限、来客の制限等）、④SROが改装（リノベーション）されたことによる家賃値上げ等がある。以上は基本的に民間SROに関する指摘である。

①の要因として家賃上昇に加え、SROそのものの取り壊しがある。また、先述したホームレス支援施策に基づいて複数のSROが州政府の所有もしくは借り上げとなり、支援プログラム対象者以外が利用不可となったことも要因の一つとして挙げられる。②③については人権侵害の指摘も多くなされているが、居住者当人が管理人や家主への抗議を行った場合、SRO内の規律に違反した等の理由で追い出しを受けることもある。そうした事態を恐れ、我慢して生活を続ける者も多かった。また、そのことは居住者同士が互いに協力するというよりはむしろ敵対、監視し合う状況にもつながっていた。これらのSROをめぐ

る居住環境改善、追い出しの防止のため、SROの設備改修費を市が負担する条例が二〇一五年に設けられたが、事態は十分には改善したとは言えなかった。

DTESだけではなくバンクーバー全域、とりわけ低所得者居住地でリノヴィクションが頻発していると二〇〇八年ごろから指摘されるようになった。これに関連した事象が④である。一般には、より所得の高い居住者の取り込みを狙って改装が行われるが、DTESでは従来の低所得者に代わり、低家賃を求める大学生、若手アーティストらが新たな居住者となった。DTESでは高い家賃であっても、他地域と比較すると相対的に安いことが学生らを惹きつけたのである。ウッドワーズに大学キャンパスが設置されたことや隣接地域に立地する専門学校等の存在もこれらの背景にあった。

住民による集団訴訟と市民運動

DTESのSROの居住環境の問題については、冬季に暖房が使えない、設備の故障が修理されない、修理を求めると追い出しを受ける、管理会社スタッフによる居住者へのハラスメントや暴力、依存症の居住者にドラッグを売りつけることによる力関係の固定化といった人権問題の指摘や告発がなされてきた。地元市民団体の求めによって国連特別査察官による視察・報告がなされたこともある。

特に問題になった二軒のSRO（ホテルX、ホテルY）のオーナー（南アジアにルーツを持つ一族）は同一で、オーナーは一九七〇年代に二軒を購入したが、三〇～四〇年間にわたって十分なメンテナンスをしてこなかった。この背景には、地価上昇を見越し、高値での売却を想定していたという思惑があり、そのためいじめや暴力も用いて居住者に自ら退出させ、払い戻しにも応じなかった。本来の居住者数は二軒合計で三〇〇人程度だが、一部屋に友人・知人が仮住まいしたり、廊下等の居住スペース以外にも人を泊らせており、すべてを含めると実際には約一〇〇〇人がこれら二軒のSROに暮らしていた。

このような問題に対して、米国・サンフランシスコの先例を参考に、二〇一五年に、DTESの活動家が中心となってSROの居住環境改善および居住者の権利擁護のために市民団体SROコラボラティブ（SROC）を立ち上げた。SROCは居住環境に問題のある地域内のSROを戸別訪問し、問題状況の把握に努めるとともに、居住者に声をかけて組織化を図った。そして、先に触れた二軒のSROのうちの一軒であるホテルYの一部居住者がオーナーを相手に設備の修理と補償を求めて二〇一六年に集団訴訟を起こした。しかし二〇一七年に市議会は倒壊の恐れがあるとしてホテルYの閉鎖を決定し、居住者は立ち退かされてしまった。このため、二〇一八年に同様の理由で市議会がもう一つのSROであるホテルXにも閉鎖を命令した際には、支援者たちは居住者たちに長く定住できる住まいと補償金が用意されない限り、立ち退きを拒否すると訴えて、一四日間の座り込みを行った。その結果、市は条件を飲み、ホテルXの居住者たちは定住できる住まいと補償金を得ることができた。

ホテルXの元居住者であり、集団訴訟の原告となった先住民のトム（五〇歳代）に二〇一八年に話を聞いた。トムはかつてホームレス生活も経験したことがあった。生活保護受給のためにSROを探し、ホテルXのひどい状態は知っているつもりだったが、疲れ切っていたために早く住まいを決めたかったので、ホテルXで暮らすことにした。しかし、ヒーターがつかない、お湯が出ない、虫、ゴキブリ、ネズミが出るなど生活環境は最悪で、修理もされなかった。しかし、当時は居住者としての権利を知らず、ただ我慢を続けていた。SROCが訪問してきた際も最初は協力を断ったが、それは少しでも文句を言えば追い出されると恐れたからだ。しかし、他の居住者たちが依存症であることを利用されて抵抗できない状態に置かれていることを見て、自分が立ち上がろうと決意したという(6)。

SROCはSRO居住者の間での依存症問題に対応するために、とりわけオーバードーズによる死亡を防ぐことに焦点をおいた活動を二〇一七年に始めた。これはオーバードーズを防止するためのSRO居住者たちの自助グループづくりを目指すもので、互いに関係が希薄だった居住者同士が知り合い、信頼関係を築き、オーバードーズ等の問題が起きたときに対応できる関係性を構築することが目的であった。その後、SRO居住者の中で活動の担い手を育成し、活動助成金を得ることでそれらの人々に謝礼金を支払い、それぞれが居住するSROの取りまとめ役やその他の業務を依頼する体制が構築されていった。

民間SROに居住する住民には中国系移民も多かったことから、SROCは英語だけでなく、中国語（広東語、普通語）での居住者の自助グループづくりも行った。筆者が二〇二三年三月に中国系居住者たちによる自助グループの集まりに同席した際、どのようにして居住者たちの意見・要望をまとめ、オーナーと交渉し、要望を実現することができたか、といった経験が具体的に語られた(7)。DTES内のあるSROでは、居住者たちが協力して洗濯機・乾燥機をもう一台ずつ増やして欲しいと要求して、それを実現することができた。その際に、居住者たちが注意したことは、強い言い方や態度で要求をするのではなく、ていねいな文章で要求書をまとめ、そこで論理的に現状を説明することと、どのくらいの価格の洗濯機・乾燥機が必要で一カ月にかかる経費はどのくらいか、と文書で説明することであった。居住者たちは、こうした交渉方法もSROCで学んだという。

この集まりに参加した居住者ワンは、住んでいるSROに洗濯機・乾燥機が設置されていないため、バスでコインランドリーまで日々通っていた。また別のSROの居住者ジャンは洗濯機・乾燥機が設置されているが一回の利用料が高いため、手で洗濯をしていると語った。当然ながらこれらはワンやジャンの生活上の大きな負担となっていた。一方で、別の居住者ウーは、一度SROから追い出されそうになったが、居住者としての権利に関する知識があったため、それを説明し主張したところ、管理人はそうした知識に乏しく、追い出されることはなかった、と語り、権利について知っておくことの重要性を強調していた。

劣悪な住環境が長く放置され、居住者が孤立した状態に置かれていたSROでは、SROC等による働きかけをきっかけとして、中長期的に安定的に暮らす場としての生活環境づくりが徐々に目指されるようになった。むろん、DTESのすべてのSROで同じように活発な取り組みがなされたわけではなく、全体で見るとSROは減少し、また家賃も上昇している。しかし、居住者たちが横のつながりを構築し、オーナーに対して居住者としての権利を求め、主張する状況が一部のSROで生まれたことは、追い出しや一方的な家賃値上げ、売却を抑制する効果につながると期待できる。その意味で、これらの取り組みもジェントリフィケーションを抑制するための一定の役割を果たしてきたと言えよう。

そして、ホテルXやホテルYのように管理が不十分なSROが行政から処分を受け、閉鎖となったことに加えて、二〇一〇年代末ごろから火災によってSROが居住不可能となるケースも増えている。二〇一九年から二〇二二年の間に、DTESの九軒のSRO（計三六二室）が火災もしくは安全上の問題によって居住不可能となり、うち二軒は取り壊された。その他の要因も含めると、二〇一九年以降、一二〇〇室以上（一二軒）が取り壊されている。

SROの賃料の上昇を抑制するために、バンクーバー市議会は二〇二一年一一月にSROの家賃上昇を抑制する条例を成立させた。これによってSROの賃料の上昇（特に前の居住者が退去した後の値上げ）を抑制することが可能になった。これに対して、二人のSROオーナーが市を相手取って裁判を起こし、SROの家賃については既存の条例で取り決められており、新たな規制は無効と主張した。二〇二二年八月に州高裁は二〇二一年一一月の条例を無効と判断し、最終的に二〇二四年二月にその判断が確定した。その後、DTESのSROの中には家賃を大幅に値上げするところも出てきて、低所得層にとってSROがよりいっそう生活しにくい場所となっていくことが懸念された。

その後、BC州はバンクーバー市からの要請を受けて、二〇二四年五月に地方自治体の権限の有効化を保障する法律を導入し、市の条例に基づいたDTESでのSROの家賃上昇に対する抑制は継続している（二〇二四年九月現在）。ただし、今後、どのような情勢の変化があるか、予断を許さない状況は続いている。

6 地域経済の活性化をめぐる期待と混乱

ウッドワーズの建て替え・再オープン（二〇〇九年）が、低家賃住宅の減少、コンドミニアム増加をはじめとする地域の居住環境への影響だけでなく、中流層の消費者を対象とした店舗、ビジネスの増加につながり、それによって地域商業・住民生活にも影響が及ぶのではないか、とジェントリフィケーションに反対するＤＴＥＳの市民団体らは懸念した。それゆえにウッドワーズ周辺での新規出店を強く警戒していた。

ウッドワーズ再オープンの前年にあたる二〇〇八年、ウッドワーズに近接して立地していた、一九五七年創業の精肉店が閉店した。この店の閉店とウッドワーズの建て替えには直接の関連はなかったが、長く地域で親しまれてきた店であったこと、閉店とウッドワーズ改装の時期が重なったこともあり、ジェントリフィケーションによる被害のシンボルのように地域では見られがちであった。

そして、その精肉店をある若手事業家が買い取ったことで新たな状況が生まれた。事業家は精肉店の店名やシンボルマークをそのまま使用し、新しい食堂（ダイナー）兼精肉店を二〇一一年に開店し、地域住民の雇用も行うつもりだと述べた。このことを地域商業の存続として歓迎する人々もいたが、批判的、懐疑的な人々も少なくなかった。批判的な立場の人々の間では、新しい食堂は高価格でそもそも地域住民を対象としていない、中流層の客の往来が増えることで低所得層が排除されやすくなる恐れがある、それはジェントリフィケーションだ、という意見が根強くあった。

新規出店によってどの程度、地域の様子が変化し、低所得層の排除につながったのかを具体的に測ることは難しい。しかし、抗議活動に参加していた、ある先住民の地域住民による「これまでこの地域でヤッピー（都市に暮らす若年世代のエリート）[8]を見かけることはなかったが、最近はそうした連中が大勢やってきているように感じる」という発言は、地域変化に対する住民の実感を素直に表している。また、中流層の住民・消費者らの増加にともない、それらの人々の安全を守るために警察官が増加し、取り締まりが厳しくなる、と住民たちは懸念した。

バンクーバーで発行されているストリート・ペーパー[9]は、二〇一二年に「バンクーバーは誰のものか？DTESにおけるジェントリフィケーション」という特集を組み、特集冒頭には以下の文章が掲載された。

ジェントリフィケーション。DTESは大きな変容の最中《さなか》にある。過去一〇年の間に中流層、上流層の階級の住民たちがこの低所得地域に移り住むようになった。新たな住民たちがコミュニテイ再生の手助けをする一方で、そのことは周縁化された住民たちを追い出すことでもある[10]。

ここで注目したいことは、コミュニティ再生の手助けと追い出しという、新たな住民がもたらす二つの異なる側面について述べられていることだ。特集記事では、二一世紀に入ってからDTESや周辺で生じた社会変化のうち、コンドミニアムが新たに建設され、中流層の住民たちが増え、経済活動が活発になっていることが紹介された。それに加えて、中流層向けの新たな店舗の出店がもともと地域で暮らしていた低所得の住民たちを居心地悪くさせているという地元活動家の意見も掲載された。全体の論調としては、地域で起きている現象に対して立場による評価の違いがあることや一概に良し悪しを決められないといった指摘にとどまる、どちらかといえば中立的な内容の特集であった[11]。当時のDTESでも、ジェントリフィケーションが具体的に何を指すのか、地域の中で明確な定義や共通認識が形成されていたわけではなかった。そのため、多くの人々は、ジェントリフィケーションということばを否定的な意味合いで受け取るものの、今自分の目の前で起きていること、これから起きるだろうと予想されることのどこからどこまでがジェントリフィケーションに当たるのか、それをどのように評価すべきか、については判断がつきかねる状況だった。

当時の編集長マイケルはジェントリフィケーションに関する考えを以下のように語っている。

ジェントリフィケーションはDTESだけの問題ではなく、他の北米都市やバンクーバーの他地域でもすでに起きている。そのため、バンクーバーの中での市民の関心も高い。市民からは、「ついにDTESにも来た」と見える。

生活が豊かではない若手の芸術家たちがDTESや周辺に移り住むこと自体はいいことだと思う。そうしたことがジェントリフィケーションにつながっていく可能性は否定しないが、若手芸術家が地域に入って来ること、すでに入っていることは地域にとって良いことだと思う。ウェブデザインといった「創造階級」、「創造産業」は地域経済の活性化になりうるし、それによって新しい価値観の社会が生まれるだろう。

郊外育ちの若い世代がヒップホップ等を聴いて育つと、労働者階級の文化への憧れを持つようになるが、あくまでも憧れというだけで実際の貧困を知っているわけではない。そうした価値観からDTESの近くに住む、店を開く、そうした店に行くことを「クール」(格好よい)ととらえる若い世代もいる。

しかし、それは他の人たちがまだやっていないことへの格好よさという程度の認識であって、DTESの住民や生活環境への理解をともなっているわけではない。(12)

マイケルは、地域経済が活性化されることで新しい価値観の社会が生まれること、経済的に豊かではない若い芸術家や創造産業従事者が地域に増えることへの期待を語った。一方で、低所得地域の実情や貧困について浅い知識しか持たず、地域社会についてよく理解していない者の参入に対しては否定的にとらえてもいた。低所得地域やそこでの住民の生活に親和性や馴染みがあるかどうか、表面的ではない真の理解がされているかどうか、が重視されていたと言えよう。

ストリート・ペーパーの特集では、DTESにおける薬物依存や精神疾患を抱えたホームレスの増加、安定した住居を確保できずに困難な生活を送る人々の状況を改善しなくてはいけない、という論点も強調されていた。このことを地域経済の活性化を通じて解決を目指すのか、あるいは行政の介入による社会福祉策のさらなる拡充や公営住宅整備によって解決を目指すのか、については特集記事でも立場によって意見が分かれた。そして、このことは、DTESで長く議論されてきた主要な地域課題でもあった。

7　ジェントリフィケーション反対運動と地域社会の反応

都市インナーエリアでのジェントリフィケーションに対する批判として、ジェントリフィケーションの進行によって、安定した住居、安定した生活圏（買い物空間等）、総体としての地域社会や近隣関係が脅かされ、時に奪われる（喪失する）といった問題への指摘がある。バンクーバーではＤＴＥＳ以外の地域でも、コンドミニアム建設の反対運動、悪質な家主の規制・取り締まりや公営住宅建設の要求、スクウォッティング（占拠）等のジェントリフィケーション反対運動が行われた。一方で、社会福祉施設を拡充することで地域経済が不活性化することを懸念する意見もあった。新規出店に対する反対運動の一方で、就労や収入獲得の機会として新規出店に期待する住民もおり、意見の対立も生じていた。

ウッドワーズの大規模改装とコンドミニアム建設の後、ＤＴＥＳの周辺地域でのコンドミニアム建設、中流層向けのレストラン等の新規出店が続いた。こうした状況に対し、「低所得層を地域から閉め出すジェントリフィケーションだ」として反対運動を行ったグループもいた。しかし、そうした反対運動は必ずしも成功には至らなかった。

ＤＴＥＳでの飲食店の新規出店への抗議活動は二〇一三年ごろがピークであった。二〇一二年に、あるＳＲＯがコンドミニアムに建て替えられ、一階にフランス料理店がオープンした。この店の名が、住民たちが親しんできたＤＴＥＳ内の小規模公園の名称に類似していたことが地域住民の反発を買い、ジェントリフィケーション反対運動の標的とされた(13)。二〇一三年になると、連日、店舗の前での反対デモ、レストラン利用者への声かけが活動家らによって行われた。これらは地元マスコミにも大きく取り上げられるようになり、バンクーバーにおけるジェントリフィケーションとその反対運動の象徴的な出来事として紹介された。店側は低所得の住民の雇用、地域住民へのスープの炊き出しを提案したが、活動家側はそれらを拒否し、話し合いには至らなかった。

しかし、一部の活動家らの行為がエスカレートし、店舗の所有物を壊したり無断で持ち去るなどしたため、抗議活動ではなく営業妨害や単なるいやがらせだとする反対意見が地域内外で多く出る事態となり、特に地域外の市民からの賛同は得られにくかった。さらに、同じくDTES内に新規出店したメキシコ料理店（図10－6）に対しても同様の抗議活動がなされ、その抗議活動への反対も地域内で起こった。

二〇一三年七月、活動家らの抗議活動に反対の立場をとる一五の地域団体が集まり、記者発表を行った。地域団体らは「必ずしもDTESを代表しているわけではない少人数グループによってこの地域でいじめが起きている。多くの思慮深い地域リーダーたちと地域で商売に携わる人々はこれまでの状況を憂慮してきた」と述べ、抗議活動の中止を求めた。その後、抗議活動は沈静化していった。

こうした地域内からの批判の背景には、抗議活動によって地域経済活性化が滞ることへの懸念もあった。一部の先住民グループからは、新規出店の飲食店等での雇用確保を通じた先住民の経済的自立も期待されていた。また、抗議活動の中心的担い手たちが市民団体の有給メンバーであり、彼ら自身が地域経済衰退の影響を直接受ける立場ではないことも抗議活動への反発を強めた。

地域社会の異なる反応の背景には、地域経済活性化がDTESの地域課題の一つになっていたことが挙げられる。DTESでは二〇一一年にBIA（ビジネス改善区域）[14]が設立されたが、その範囲にはウッドワーズとその周辺一帯も含まれる。二〇一三年時点で対象店舗が約三〇〇あり、そのうち一〇〇が加盟していた。BIAの主な活動は、商業関係者同士のつながりをつくり情報交換できる場の設定、地域商業のイメージ改善、新規出店を検討しているオーナーへの情報提供等であり、新規出店者には地元雇用を行うよう助言もしていた。

当時のＢＩＡ事務局長サムは、活動家らの抗議運動に対する地域団体の記者会見が行われた直後の二〇一三年七月に以下のように語っている。なお、この記者会見にはサム自身も同席している。


　ＢＩＡ設立の当時、地域では多くの反対意見があり、今も反対意見や敵意を持つ人たちもいる。新しいビジネスがＤＴＥＳで開始されることに対してもさまざまな意見や議論がある。新しいレストランの出店を「ジェントリフィケーションだ」として反対運動を行う人たちもいるが、レストランは単に個人のビジネスで行われているにすぎない。

　ＤＴＥＳの内部で争うのではなく、地区の外からの経済的な侵入に対抗できるようにしなくてはいけない。たとえば、海外から資本が入り、土地が買い取られ、荒地のようになっている例もある。ＤＴＥＳがそのようなことにならないようにしたい。

　現在のバンクーバーでは若い人々が収入に見合った家賃の住宅を見つけることは難しい。現在は、低所得層の多くがＤＴＥＳに集中している状況だが、公営住宅や適正価格の住宅を他地域にも分散してつくることで住宅問題は解決できるのではないか。活動家たちはここが低所得者の拠点なのだからＤＴＥＳに公営住宅を多くつくるべきだと主張している。しかし、それではビジネス発展に結びつかないとＢＩＡの中でも反対意見がある。(15)

ここでは、DTESの中で地域に根ざした、地域社会に理解のあるビジネスを発展させることで、「土地を買い取って荒地にする」ような外部資本の侵入を阻止し、そのことがひいてはジェントリフィケーションの抑制に役立つ、という考えがうかがえる。

DTESでは二〇一三年前後に新規出店が続いたが、そこからさらに二〜三年が経過すると、経済的恩恵よりも悪影響の方が多いのではないか、実害があるのではないか、と感じる住民が増えてきた。特に、中流層の来街者、消費者が増えたことによって警察の取り締まりが強化されたこと、それにともなう居心地の悪さ、警察官らによる住民への対応とそこでの偏見や差別を指摘する住民も多かった。

バンクーバーでは、ホームレス・低所得者による主な都市雑業として空き瓶等の収集があり、またDTESでは路上での物品販売もよく行われている。しかし、そうした販売は警察官による取り締まりや罰金の対象になる。すでに冬季オリンピック・パラリンピックの前から警察の取り締まりが強化されたと感じていた住民も多く、ジェントリフィケーションの進展がそれに拍車をかけているのではないか、と懸念する声は地域内で頻繁に聞かれた。

8　雇用創出を通じたジェントリフィケーションへの対抗

バンクーバー市は、二〇一四年に策定された地域まちづくり計画に基づき、二〇一六年三月にDTESの地域経済活性化戦略の策定計画を打ち出し、同年秋に市議会に提出して承認された。二〇一六年二月に実施された事前説明会では、結論ありきの早急なスケジュールだという批判や実際の効果や意義に懐疑的な意見が出た。その一方で、小規模ビジネスに携わる人々（特に若年層）からは期待も聞かれた。その後、市議会議員が経済活性化施策を担う民間組織の設立を提唱し、地域経済発展戦略実施会議（CEDSAC）が立ち上げられた。市、BIA等は、地価高騰にともなって中心市街地での活動が困難な若手事業者や社会的企業等を対象に、市内中心部の中ではまだ家賃が安いDTESで店舗・事務所等のスペース確保を図り、起業拠点をつくることを後押しし、そのことによって小売店をはじめとする小規模ビジネス支援にもつながることを期待していた。

ジェントリフィケーションの定義や範囲は依然として曖昧ではあったが、どのような立場であれ、DTESに関わっている人々の中でジェントリフィケーションに諸手《もろて》を挙げて賛成する者はいなかった。しかし、どのようにしてジェントリフィケーションを抑制するか、阻止するか、という点については意見が分かれていた。

個別の店をターゲットにした直接的な反対運動が行われた一方で、市やBIAは地域に理解のある企業を呼び込み、地域経済活性化、地元での雇用創出を通じてジェントリフィケーション抑制を図ろうとした。そして、民間企業だけでなく社会的企業もそこでの経済活動の主体となった。

BIAの事務局長サムは、二〇一四年、二〇一五年にもそれぞれ以下のように語っている。

高級店の出店が地域の活性化につながるかどうかについて、BIAの他のメンバーとともに議論している。DTESの経済再生をどう行っていくか、いろいろな議論、意見がある。ただし、経済再生によって低所得者を追い出す結果となることは望ましくない。一方で、市は市有地の地価が下がることを望んではいない。

出店者の中には事前にBIAに連絡してくる人もいる。そういう場合は、地元の人材を雇用するようにアドバイスはするが、実際に雇用しているかどうかはわからない。もともとバンクーバーはカナダ全土から人が移り住んでくる街だ。市内の他の場所にすでに店舗を持っていて、DTESを二店舗目の出店先と位置づけている例が多いように思う。逆に、小規模なレストランはDTESを最初の出店先とするケースも多い。(16)

二〇代、三〇代の若い起業家がビジネスを始めることを支援したいと考えている。チェーン店ではなく、地元のコミュニティに根ざしたビジネスの支援をしたい。

最近、市内の別の商店街からDTESに移ってきた店舗がある。詳しくは知らないが、近頃DTES周辺でコンドミニアムが増えており、今後さらに住民層が変わると予測される。(そうした店舗は)新しい顧客を獲得できると期待して移動してきたのではないだろうか。

最近DTESに店舗を構えたオーナーの共通点は、あえて言えば、いずれも若い世代で小規模の自営であり、かつ地域住民を対象にした商売をしている人々と言える。それほど資金が潤沢でないオーナーたちはここの地価だから開店できたのだろう。若手経営者にとっては手頃な地価だからだ。(17)

二〇一五年に、活動五年を振り返った報告書でBIAは「健全なビジネスのない非常に貧しい地域にわざわざ買い物に来るような人はいない、と設立前に周囲から言われた」とした上で、「当時は地域が大きく変化していた時期だった。ウッドワーズが再オープンした直後で、（先述の）食堂兼精肉店も再開が決まっていた。また、食堂兼精肉店のすぐ近くで二軒のカフェが開店したばかりだった。歴史的建築物の保存が決まり、新たなビジネス、住民、来訪者は必ず来ると思っていた。そして、そのとおりになった」と述べている。(19)

民間の事業主に加え、DTESでは社会的企業による飲食店等の経営とそこでの地元住民の雇用、就業訓練も行われてきた。社会的企業PはDTESで複数の事業を展開してきたが、その一つとして、二〇〇八年から薬物依存や精神疾患を抱える女性たちに公営住宅（SROであった建物を改装し、州政府が所有）を提供し、そこで治療やセラピーのプログラムを実施してきた。行政の補助終了にともない、社会的企業Pは女性たちの雇用の場づくりを進めた。具体的には、経営する飲食店やクリーニング店での雇用である。社会的企業Pが管理する建物はウッドワーズからも近く、大通りに面しているため、二〇一三年に一階部分にチョコレート店、クリーニング店兼清掃サービス店をオープンした。チョコレート店では菓子職人が中心となって行う作業工程の多くを支援対象の女性たちもともに担っている。一階の残り部分では民間事業者がカフェを運営し、開店当初から中流層とおぼしき客がよく訪れている。

筆者はこのチョコレート店を開業直前の時期から現地調査のたびに訪問しているが、二〇二四年三月に訪問した際もそれまでと変わらない様子で運営がなされていた。この店の周辺では二〇一三年前後から中流層や観光客を対象としたカフェやレストランが増えた。チョコレート店の内装や雰囲気も中流層や観光客らを対象とした他の店舗となんら変わらず、通りがかりの通行人には社会的企業経営のチョコレート店とはまったくわからないだろう。

DTESやその周辺では、先に紹介したストリート・ペーパーをはじめとした、低所得層への雇用機会創出を図る社会的企業が多数活動している。また、地域内での雇用マッチング、就労訓練に取り組む社会的企業も活動している。雇用確保を通じた住民の生活の安定化は長年の地域の課題でもある。地域での雇用創出について、二〇一五年に着任したBIAの新事務局長ロバートは以下のように語っている。

社会的に不利な状況にある人々に対する雇用促進として、地域の古くからのビジネス経営者たちに地元の人を雇用するよう依頼している。そこで想定しているのは、地域の慈善団体、社会的企業で支援を受けていた人たちだ。

最初からフルタイムでは働けないにしても、週に一、二回程度から始めて、可能ならばフルタイムへ移行していけるといい。仕事の内容としては、ビルメンテナンス、清掃、キッチンの皿洗い、ケータリング等だ。地域の雇用に関して、需要と供給のマッチングをして、サービス業やビルメンテナンスといった仕事を地域で生み出す総合的な流れを考えている。(20)

市やBIAは新規店舗を呼び込むことで地域経済を活性化させると同時に、新規に進出した店舗に働きかけ、地元での雇用創出を促そうとしている。しかし、障がい、依存症を含む精神疾患により民間の店舗、企業等で就労することが難しい人々も少なくない。「この地域で暮らし続けていけるための仕事づくりが必要だ」と多くの住民、地域関係者は口にする。しかし、社会福祉への依存の度合いを高め、生活支援を受けて暮らす住民、障がいや依存症を抱えた住民が多いDTESでは地域に新たな店舗や企業が増えたからといって、それがすなわち住民の雇用確保にはつながらない。住民の生活を安定的に維持し、地域社会を持続させていくための雇用確保をどのような形態で実施することが望ましいか、地域の中では模索が続いていた。

市は二〇一七年にCEDSACの組織再編を行い、名称もエクスチェンジ・インナーシティ（EIC）と改めた。EICの主な目的は、DTES地域で活動する、主に非営利の事業者や組織・団体の活性化支援とそれを通じた雇用確保、地域住民の生活の安定化であった。CEDSAC、EICはいずれもDTESでの市の取り組み施策を実現化するために立ち上げられており、市の施策に沿った運営がなされてきた。その後、主要スタッフの交代を経て、二〇二二年に市から独立して、地域団体によって構成される非営利団体となった。市と一定の距離感を保ちながらも、当初市が設定したCEDSACの目標（生計手段確保を通じた地域住民の生活基盤強化、地域経済活性化に関する意識の啓発と向上、DTES地域内の連携）を具体的に推し進めることを現在の活動方針としている。

二〇二〇年に着任した事務局長エミリーは、二〇二二年、二〇二三年のインタビューで方針と課題について以下のように語った。

もともとＥＩＣはＤＴＥＳに焦点を置いて設けられ、三五の組織・団体だけを対象としていた。このことは市の計画に沿ったものだったが、現在は市から独立した組織になり、市の計画を超えていくことが活動の中心的な位置づけとなった。

自分の前任者たちが取り組んでいた社会的調達（材料や労働力をＤＴＥＳの非営利組織を通じて確保すること）は実際にはそれほど機能していなかった。ＤＴＥＳでは多くの組織・団体が活動しており、いずれも草の根で現場に根ざしているが規模が小さいものが大半だ。[21]

現在、ＤＴＥＳの空き店舗に入居する非営利団体と家主のマッチングを支援するプロジェクトに取り組んでいる。成功した非営利団体には、電気設備の改善やコンサルタントの雇用など、スペースの改善を支援する資金が提供される。（建物の）改装に必要な費用の半分を市が拠出し、団体はその場所を三年間借りることができ、そのあとさらに三年間の延長も可能だ。しかし、借りることができる団体を探すことが困難だ。このような計画に乗るためには組織として体制が確立され、安定している必要がある。また、市場価格の家賃を払えること、改装費用も半分支出できることが条件になる。そうなると、対応できる団体は限られてくるし、そこまでできる団体はＤＴＥＳにはほとんどない。団体の数は多いが、小規模で安定しないところが多い。

ジェントリフィケーションは地域のビジネスや社会的企業の活動にとってもマイナス作用を及ぼす。

こうした団体が手の届く賃料で事務所を借りることができないことは活動に悪影響となる。(22)

市はDTESで活動する非営利団体を財政面で支援することで、地域経済の活性化、地域住民の雇用拡大につなげようという狙いがあった。そこでは既存の団体を支援し、活動基盤を強化することが地域経済の活性化につながり、ひいてはジェントリフィケーション抑制となると考えられていた。しかし、実際にはそうした支援プログラムに応募できるほどの財政基盤を持った団体は多くはなかった。DTES内で活動する非営利団体は、州・市から委託契約を受けてシェルター・支援付き住宅等を運営する一定以上の規模の団体と小規模の草の根団体に大きく分けられ、圧倒的に後者の方が数が多い。これらの草の根団体は、地域の実情、住民の状況をよく把握しているが、財政基盤は脆弱で、スタッフ数も少ない。こうしたことが、市が当初計画したとおりに進まなかったことの背景の一つであった。

9　「われわれの場所」の獲得によるジェントリフィケーションへの対抗

ストリートマーケットの成功と変遷

行政施策に基づく雇用創出に対して、地区内で住民らが主体となって開始されたのがストリートマーケット（蚤の市、以下「マーケット」）である。これは、冬季オリンピック・パラリンピック前にDTESの路上での物品販売に対して警察の取り締まり、摘発が強化されたことと、そこで特にホームレスに対して行われる人権侵害（追い出し、私物の撤去等）への対抗として、新たに団体を結成し、二〇一〇年から開始されたものだ。この時期はウッドワーズ周辺で中流層や若者を対象にした新しい店舗が進出する時期ともちょうど重なっていた。

マーケット開始にあたっては、メンバーの中に販売者（ベンダー）が多い二つの地域団体が協力して道路許可等の申請を行い、おおむね一五〇人から二〇〇人の登録した販売者がそれぞれに割り当てられたスペースで物品を販売した。販売されているものはCDやDVD、衣料品やアクセサリー、缶詰等の食品、家電製品およびその部品・パーツ、工具など多種多様である。毎週日曜日に開催することで徐々にDTES外からの客も増え、二〇一五年時点では毎回一万カナダドル（当時のレートで計算して九五万円）程度の売り上げを獲得していた。

二〇一五年に入り、小規模自営のビジネス創出にともなう地域活性化を目的とし、行政主導によってマーケットは制度化されていった。市、BIAとの協力によって、それまでの場所に加えて、七月から地区内の別の区画（一六〇人程度の販売者が利用可能）を専用の販売用地とし、さらに一一月から別の区画（三〇人程度の販売者が利用可能）での平日を含めた販売が開始された。

マーケットの中心的運営者の一人であったケビンは二〇一五年に以下のように語っている。

マーケット成功の要因は、同じ立場の者同士（ピア）で助け合っているからだと思う。無料でものをあげる（施す）ことに自分は賛成ではない。自分で何か買うことができれば、何を買うか選択することができる。そうできるようになることに意味がある。

ジェントリフィケーションが、外から人をこの地域に呼び込むということであれば賛成だ。人々が物やサービスを売って、自活できるようになる。しかし、ジェントリフィケーションが「住民たちを追い出す」という意味であれば、反対だ。[23]

この発言からは、ジェントリフィケーションの両義性と同時に、地域に来街者が増えることは販売機会確保につながるという期待もうかがえる。

二〇一六年一〇月、マーケットは長年実施していた場所（小規模公園と周辺の道路）から、同年七月に開設した専用販売用地へ完全に移動した。この移動に際しては、マーケットで販売するための盗みが増加するのではないか、と懸念した周辺商業者がマーケットの移動と拡大に反対する署名活動を行った。一方で、指定された区画以外での路上販売が全面的に禁止されたことに対して「追い出し」だとする抗議もなされた。マーケットは、単に低所得者が物品を安価で販売する場というだけではなく、中流層の住民、来街者、消費者が増えつつある中で、（本人たちの意識や意図とは別に）ＤＴＥＳや低所得者の権利や扱われ方に関する一つの象徴とみなされ、周辺地域も含めて相反する意見が飛び交った。

そして、運営をめぐる市との方針の違いから、ケビンを含むマーケットの中心的運営者二人が二〇一六年一月に脱退した。その後、地域内の社会的企業Ｐがマーケット運営を請け負い、売り上げ管理や市・ＢＩＡ等とのやりとりを担ったが、マーケットの現場に関わる実際の管理・運営はマーケット運営団体に残ったメンバーたちが行っていた。(24) 当初は住民らが主体となって開設してきたマーケット運営だが、行政が関与して制度化されていく中で路上での販売は厳格に規制され、マーケット開催は決められた区域でのみ可能となった。同時に、マーケットのグループには属さずに、路上で物売りを行う人々も大勢いたが、これらは警察等による取り締まり、罰金の対象とされていた。

マーケットをめぐる一連の変化、特に開催場所の移動について、DTES内では、行政による「中流層の消費者や来街者から低所得者層を遠ざける措置」「追い出し」という批判もなされた。しかし、販売者の多くにとっては「以前の場所よりも自分たちが守られていると感じる。自分たちの場所（スペース）を確保できた」という反応の方が多かった。(25)

筆者は、二〇一七年二月に新しいマーケット開催場所を複数回訪れたが、以前の開催場所が地域住民だけでなく、外部からの訪問者、観光客等でとても賑わっていたことと比べると、目に見えて来訪者の減少を見て取ることができた。また、訪れている人々も観光客や中流層らしき人々よりは、販売者と同じ低所得者が中心であった。新たな開催場所は、中流層を対象とした店舗が増えた一帯からは離れ、周囲がフェンスで囲まれており、入り口が一カ所しかなく、スタッフが人の出入りをチェックすることで外部から見ると閉鎖性や入りにくさも感じさせた。一方で、このことは固定された販売者や常連客にとっては安心して販売、買い物ができる場として受け止められた。

販売者のメンバーシップはさらに厳格となり、販売者やスタッフはネームタグや揃いのユニフォームを着用するようになった。当初、市やBIAが想定していた「地域の低所得者が簡単に始められる小規模自営」ではなく、地域の団体につながりを持つ、固定されたメンバーシップに基づく運営に変化した。このことは団体内部の関係者の安心感にはつながったが、外部からの不特定多数の訪問者、客が減少したことは、期待されていた地域経済の活性化につながる状況とは言えなかった。

「われわれの場所」の獲得

DTESでは、限られた者だけに機会や空間利用を認めることで参加者に安心感や帰属意識を与えようとする取り組みの重要性が市民団体ら（とりわけ先住民、女性、低所得者等の当事者団体）によってたびたび指摘されてきた。こうした指摘の背景として、この地域の住民が被ってきた差別、抑圧、犯罪被害等とそれらに関わる三つのタイプの恐れがある。一つ目は、不特定多数の人々による犯罪や暴力に対する恐れ、二つ目は警察官等による取り締まりと嫌がらせ（ハラスメント）、不当な扱いへの恐れ、三つ目は増加しつつある中流層等による差別や嫌がらせへの恐れ、である。このうち、二つ目と三つ目の恐れをジェントリフィケーション拡大と関連づけている住民は多い。

中流層の住民や消費者が増えることで警察による路上等での取り締まりが増えるとともに、低所得層と接触し、不快感を覚えたり、何らかのトラブルに発展した中流層らによる通報が増加することはポリシング・ジェントリフィケーションとも呼ばれる。マーケットの中心的運営者であったケビンが語っていたように、地域外からの往来が増え、中流層の消費者が増えることはマーケットの売り上げにはプラスになりうる。しかし、取り締まりやハラスメントの増加にもつながりかねない、という不安や恐れを地域住民である販売者たちは同時に抱いていたのである。

新たなマーケットは、外部に対して閉鎖的で、当初、行政等が想定していた小規模ビジネス活性化とその拡大には必ずしも結びつかないようにも見えた。しかし、これまで偏見や差別を被ってきた低所得の先住民、移民を中心とした販売者たちからは「安全と感じられる、自分たちの場所」と評価されていた点は重要だ。販売者たちは、行政によるマーケット再編によって供与された開催場所を外部（とりわけ、中流層との接点やそれにともなう警察の関与）に対してむしろ積極的に閉じることによって安心感が得られやすくなるとした。しかし、この区域でのマーケット開催は長くは続かなかった。市による土地使用期限を理由にマーケットの場所は何度か変わり、いずれも当初より狭い区画が割り当てられた。安全や盗難品売買防止等を理由として、入口は一つに限定され、固定されたメンバーシップに基づく運営は維持された。市、BIAは、マーケットがあくまでも「低所得者のための収入確保の場」であり、行政の支援対象とすることで小規模（極小）ビジネス支援を通じた地域活性化につながるとしていたが、その範囲はあくまでも限定的で、地域全体での経済活性化に結びつくものにはなりにくかった。

その後、マーケット運営については、地域内のさらにまた別の非営利団体への委託を経て、以前から低所得層の雇用創出事業を実施してきた社会的企業が市と契約を取り結び、二〇二二年一一月に運営を開始した。二〇二三年に、DTES内のかつてカフェであった屋内店舗にマーケットは移った。筆者は二〇二四年三月に現地を訪問したが、店内は静かで落ち着いた雰囲気であり、DVDや衣類、アクセサリー等が販売されていた。安心して買い物ができる環境であったが、店舗数は一〇にも満たなかった(26)。

「命を守るための場所」の獲得

二〇一〇年代半ばからオピオイド系鎮痛薬の乱用を中心とした薬物禍はカナダを含む北米で大きな社会問題となっており、DTESでも多くの人々がオーバードーズで命を落とすという深刻な状況があった。「薬物を打つのであれば、人のいるところで打とう（そうすれば倒れても助けてもらえる）」を合言葉に、DTESとその周辺ではオーバードーズを防ぎ、安全で衛生上問題のない環境で薬物注射を打つことができるセーフ・インジェクション・サイトを自分たちでつくる動きが複数生まれた。そのうちの一つはマーケットの運営団体によるものであった。

マーケットの運営団体は二〇一六年に、主に自分たちのグループの販売者を対象にそうした施設を整備し、運営を開始した。二〇一六年九月に現地を訪問した際には、マーケットの運営団体はマーケットが開催されている敷地の裏に薬物注射のための簡易施設を設置し、自分たちで運営していた。[27] その後、二〇一六年一二月に州保健局から薬物注射のための施設としての認可が下りている。

このときのマーケットの運営者メアリーは以下のように語り、市の小規模ビジネス活性化策を批判すると同時に、当時、地域内の一部からストリートマーケットに向けられていた批判（「中流層を対象とした販売はジェントリフィケーションの促進につながる」）に対する不満を述べた。

バンクーバー市は本当に地域の小規模ビジネスを活性化しようとしているのか、疑問だ。この地域の低所得者の実態をどのくらい市は知っているのか。まず実態を知るべきだ。
もともとは路上販売を取り締まる警察への対抗としてストリートマーケットを始めた。たいしたものを販売しているわけではない。それくらいしかできない人たちの集まりなのだ。生活手段が限られている自分たちが行っていることに対して、上からわかったような顔で指摘されるのは面白いことではない[28]。

図 10-7　SRO と隣り合う中流層向けカフェ（右側）

経済活動を行うマーケットの運営団体が薬物注射のための簡易施設を独自に開設・運営することは、一見すると、奇妙な現象のようにも見える。が、これらはまさに自分たちと仲間の命を守るための場所の獲得であった。しかし、そのことによって行政の介入の度合いを高め、さらにメンバーシップの固定化や場所の限定が進むことで、当初の目的であった地域全体での小規模ビジネス活性化にはほど遠い状況をもたらした。

DTESの変化はめまぐるしい。周辺に新しいコンドミニアムが建ち、SROは改装され、以前あった店はなくなり、新しい店が繁盛している。この変化を「チャンス」「活性化」ととらえる人々と、物理的、心理的な排除や追い出しの不安や恐れを感じる人々の両方がともにDTESに関わっている。異なる利害、背景、特性を持った住民が暮らすこの地域では似たような指向を持つ人々だけではなく、より困難な立場にある人々もともに地域の課題や展望を模索できる場づくりが必要とされているが、それを実現する場は十分確立されてこなかった。その局面が変わったのが、二〇二〇年である。

10 コロナ禍で生まれたつながりと協力

コロナ禍のなかのDTES

ジェントリフィケーションによる地域環境の変化に対して、どのような地域の将来像を描き、実現していくか、DTESの中で意見の一致は見られず、また数多い地域団体が互いにつながり合う機会も乏しかった。CEDSACやEICによる経済活性化や雇用促進を軸にした集まりはあったが、参加はあくまでも一部の組織・団体に限られていた。

そうした状況が大きく変わった局面が、二〇二〇年からの新型コロナウィルス感染症（COVID－19）拡大（コロナ禍）での緊急対応である。DTESでは、コロナ禍の緊急生活支援をきっかけとして地域内の横のつながりと情報交換のための場がつくられた。

二〇二〇年三月半ばにカナダでは連邦政府によって国境が封鎖され、BC州では州政府による緊急事態宣言が出された。BC州ではほぼすべての活動が停止となり、人々に自宅にとどまるよう求めるロックダウンが実施された。同時に、連邦政府から生活支援、企業支援等の緊急経済対応政策パッケージが出され、州政府による経済支援策も実施された。

コロナ禍の中、BC州では薬物のオーバードーズとそれによる死亡が増加したが、この大きな背景の一つに孤立、孤独感の高まりが指摘された。ロックダウン期には、DTESでも大半の団体が活動を停止したが、ホームレスへのシェルター提供やアウトリーチ（現場での支援活動）等は継続された。このとき、社会的企業等が運営するSROでは感染症防止の観点から居住者以外の立ち入りを禁止し、このことが孤立とオーバードーズの増加につながったと言われている。

DTESでは幸い、大規模感染はなく、感染による死亡者数も限定的であったが、食料、とりわけすぐに食べられる食べ物への大きなニーズがあった。この背景には、SROでは自炊が困難であること、生育環境等から自炊等の生活スキルが十分身についていない住民が多いことがあった。このような状況から、複数の団体関係者は、DTESに特化した緊急支援が必要だと即座に判断し、行動に移した。

緊急対応からコミュニティ・ランドトラスト構想へ

DTESでは地域内のほぼすべての組織・団体がコロナ禍に対応した活動を行ったが、以下ではその中でも活動規模が大きく、その後地域内の組織・団体間の横の連携につながった例を紹介する。

地域内の複数団体、特に草の根的な小規模団体が連携し、ネットワークを立ち上げた。主要メンバーはロックダウン直後にプレスリリースを出して、寄付金を募るホームページを立ち上げて五〇〇万カナダドル（当時のレートで計算して三億八〇〇〇万円）以上を集めた。そして、地域内の小規模団体に食料・食事・

衛生用品・携帯電話等を配布する活動を行った。特に、日常的に現場で支援活動を実施してきたが、自前で緊急補助金申請ができない草の根団体を中心に配布し、一日に二〇〇〇食以上、月に三万トンの食料を提供・配布した。本章5で紹介した中国系のSRO居住者たちはコロナ禍に食料配布を受け取るために定期的にSROの玄関で顔を合わせるようになったことで知り合い、その後、各自が抱えている問題を話し合うグループに発展した。特にSROでは、それまでバラバラに生活していた居住者たちの距離がコロナ禍で縮まり、協力関係が生まれたという事例がほかにもあった。

このネットワークはさらに雇用創出も実施した。SROの住民をピア・ワーカーとして雇用し、SRO内での清掃等の作業に対して謝礼金を支払うことで住民の現金収入確保を保障した。また、Zoomを利用して弁護士による法律相談も行った。届いた大量の物資は地域内の施設に保管し、また作業場としても複数団体が利用できるようにした。

このネットワークは、もともと地域内での生活支援、人権問題等の活動を通じて緩やかにつながり合っていた人々がCOVID－19拡大直後に連携して結成された。中心メンバーは、先住民団体のメンバー、SROのメンバー、日系団体のメンバー、ラテンアメリカ系労働者の支援団体のメンバー等であった。コロナ禍前から財団、関係者、資金集めの専門家、地域団体の関係者が公的補助金の申請を通じて連携していたことも、コロナ禍直後に寄付金集めと分配が実施できたことにつながった。

このネットワークはあくまでも緊急対応が目的であったため、コロナ禍の収束とともに活動も終えた。しかし、特筆すべきは、ここで形成された連携がコミュニティ・ランドトラストの構想へと発展したことである。主要メンバーたちは、コロナ禍での活動を通じて、住宅や生活費、食料を住民が福祉的援助として一方的に与えられる状態では住民の主体性、人としての尊厳、地域の持続性が欠如していると考えた。そして、特にSROを中心に、住民が自ら主体的に選び取ることができるような主権の回復・獲得を実現するために、土地・住居の共同所有をDTESで実現するための検討を開始した。DTESでは大半の社会問題解決・住民支援の活動が補助金獲得を前提にして構成されているが、コロナ禍の前からそうした補助金頼みの支援活動の限界は指摘されていた。コロナ禍での経験を経て、そうした限界を変えていこうという試みがDTESでは出始めており、コミュニティ・ランドトラスト構想はその一例と言えよう。そして、自分たちで住居を共同所有・管理するというこの構想は、共同性（コモンズ）の考え方とも近接性を持つとともに、たとえジェントリフィケーションがさらに進展しても住まいを失うことがない、というジェントリフィケーションへの対抗の側面も持っている。

地域横断的な連携の場の形成

コロナ禍においてCCRN（コーディネイテッド・コミュニティ・レスポンス・ネットワーク）は、DTESで活動する社会的企業、NPO等のうちより基盤が安定した団体が中心のネットワークとして発足した。CCRNの立ち上げの際に中心的な役割を担ったのは、CEDSACやEICといった地域経済活性化、雇用創出に携わってきた団体のほかに、生活困窮者の雇用創出を行う社会的企業をはじめとする五団体であった。ネットワークに参加する各団体・組織はそれぞれ食事提供やピア・ワークによる雇用創出を行うとともに、週に二、三回程度のオンライン（Ｚｏｏｍ）の会議を通じて、積極的な情報交換を行った。当初は、特に行政からの補助金や支援金に関する情報提供、情報交換が多かった。先述した緊急対応ネットワークに参加する草の根団体もこうした場に参加し、補助金・支援金に関する情報を得ることができた。その後、ＣＣＲＮは有給スタッフを雇用し、地域内各団体の要望をまとめて市に提出するなど、地域活動と行政をつなぐ役割も果たした。最大時で五〇団体程度が参加し、二〇二四年時点でも常時三〇前後の団体が参加している。

二〇二一年以降は、ＣＣＲＮは緊急支援から地域団体間の通常の情報交換の場へ変化し、週一回のオンライン会議でＤＴＥＳでのホームレス支援、雇用創出、行政施策の展開に関する情報収集等を行っている。そうした中で、行政機関等に対して地域の要望を取りまとめるネットワーク組織としての役割を果たすようにもなった。ＤＴＥＳでは、それまで複数分野にわたる包括的なネットワーク団体はなかったが、コロナ禍の緊急対応をきっかけとして、長く地域で活動をしながらもつながっていなかった組織・団体が互いに連携・協力して活動する場が生まれたのである。

（1）ホームレスの支援策の一つで、特にアルコール・薬物の依存症問題を抱えるホームレスに対してまず居住を優先的に確保して治療を行い、生活の安定、社会復帰を目指す。カナダでは連邦政府によってAt Home/Chez Soi 施策として実施された。ただし、住宅問題に取り組む活動家からは、ホームレスの居住支援策として十分に機能してこなかったという批判もなされている。

（2）二〇二三年三月一九日、参与観察調査より。

（3）二〇二三年一一月六日、支援付き住宅スタッフへのインタビュー。

（4）助成金カットにより二〇一七年に閉鎖された。

（5）二〇二二年九月二九日、参与観察調査より。

（6）二〇一八年八月二五日・一一月二二日インタビュー。

（7）二〇二三年三月九日、参与観察調査より。

（8）https://nationalpost.com/news/canada/tired-of-vandalism-done-in-their-name-vancouverites-band-together-to-drive-out-anti-gentrification-yuppies

（9）このストリート・ペーパーは社会的企業が運営し、路上でホームレスをはじめとする低所得者が販売し、収益の一部は彼らの収入となる。

（10）"Megaphone" (issue 110, p. 5).

（11）"Megaphone" (issue 110, pp. 14–17).

（12）二〇一二年八月二一日インタビュー。（　）内は筆者による補足（以下同）。

（13）フランス料理店は、道路を挟んで公園に面して立地していた。

（14）BIAは一九七〇年にカナダ・トロント市で初めて設定され、その後北米の各地で都市の中心市街地活性化を担う、独立した地域組織として活動してきた。

（15）二〇一三年七月三〇日インタビュー。

（16）二〇一四年七月二五日インタビュー。

（17）二〇一五年七月二八日インタビュー。

（18）原文では店舗名が記載されている。

（19）Hasting Crossing BIA, 2015, 'Hastings Crossing BIA 5 Year Renewal Report'.

（20）二〇一七年八月一日インタビュー。

（21）二〇二二年九月二一日インタビュー。

（22）二〇二三年二月二八日インタビュー。

（23）二〇一五年七月二五日インタビュー。

（24）二〇一六年九月二四日・二五日・二七日、参与観察調査より。

（25）二〇一六年九月、二〇一七年二月に実施した参与観察調査より。

（26）二〇二四年三月八日、参与観察調査より。

（27）二〇一六年九月二四日・二五日・二七日、参与観察調査より。

（28）二〇一六年九月二七日インタビュー。

第11章　チャイナタウンでのジェントリフィケーションと移民の「歴史」

1　チャイナタウンに関わる人々の多様性

ＤＴＥＳとチャイナタウンは隣接しており多くの住民が両方を生活圏としている。しかし、ジェントリフィケーションが進展する中で両地区で生じた状況はまったく同じではなかった。まず、ＤＴＥＳでは新規のコンドミニアム建設に対して一定の規制が設けられたが、規制の対象外であるチャイナタウンでは次々にコンドミニアム建設が進んだ。それによって低家賃の賃貸住宅で一人暮らしをしていた中国系高齢者の中には住居を喪失し、生活拠点としていたチャイナタウンを離れざるを得ず、同胞、仲間とのつながりを失った人々もいた。また、ＤＴＥＳでは、成功の程度はさておき、さまざまな形態でジェントリフィケーションへの対抗の活動が見られた。チャイナタウンでもジェントリフィケーション反対運動は起きたが、ＤＴＥＳとはまた異なる経緯をたどった。

米国の中国人排斥法制定（一八八二年）の後、カナダでは一八八五年から中国人の入国に人頭税を課し、一九二三年に中国人排斥法が制定された。外交官、商人、留学生等を除き、中国人の入国を禁止するとともに、カナダにすでに在住している中国人の就労に対して白人労働者との競争が生じないよう産業・職種に沿った制限が行われた。同時に、市民権も制約され、選挙権が認められなかった。このような人種差別的な制度、排斥、とりわけ人頭税をめぐる差別的な取り扱いに対する補償要求運動（リドレス運動）が二〇世紀後半に実施され、二〇〇六年には首相が中国系カナダ人に謝罪した。

バンクーバーの中国系カナダ人は、現在の中国・広東省のある一地域にルーツを持つ者が多く、広東語の方言が世代を超えて話されてきた。しかし、一九七〇年代以降の香港からの移民の増加、二一世紀以降の中国本土からの移民の増加、その他東南アジア華僑のカナダ移住もあり、「中国系らしさ」はよりいっそう多様となっている。さらに、二〇一〇年代以降は従来からチャイナタウンに多くあ

図 11-1　若者向けのアパレル店（2015 年 8 月）。現在は同じ場所に別の店舗（いずれも中流層向けのバッグ販売店、家具店）が入居している

図 11-2　新たに建設されたコンドミニアム

った小規模ビジネス（中国系の飲食店、食材店等）の閉店も続き、必ずしも中国系とは関連しない新たな店舗やビジネス（若者向けのアパレル店、カフェ、高級生活用品の専門店等）も増えてきている。たとえば、ヴィーガン食品やストリート・ファッションを扱う店、オイスターバー、ジム等がある。また、中国系の住民・経営者ともに全体として高齢化が進行していることもチャイナタウンが抱える危機感の一つであった。

一言で「中国系」といっても、チャイナタウンを構成する各グループの背景や目的は多様であり、これまで一つにまとまったことはなかった。主要な五集団は各同郷会の組織、BIA、中華文化センター、軍人会（第一次・第二次世界大戦等でカナダ軍に従軍した中国系カナダ人退役軍人の組織）、民間福祉慈善団体(1)であるが、これに加えて台湾系グループ、中国領事館もチャイナタウンに関わる。

さらに、バンクーバー出身の中国系の若者たち（三世以降の世代）、香港出身の若者らが連携して新たな活動も生まれてきた。この若者たちは、移民としてカナダに移住した高齢者（主として中国本土出身）の生活支援を行うなかで、二〇一〇年代後半からグループを形成し、非営利団体として活動している。そして、活動を通じて中国系（中国本土出身者を含む）のＬＧＢＴＱ（性的マイノリティ）の若者グループとの連携も図られた。このように、一言で中国系といっても来歴、年代を含む属性は一様ではなく、多様な経験、価値観を持った人々がチャイナタウンに関わっていた。

こうしたチャイナタウンの状況に対して、郊外ではまた別の形で大規模な中国系コミュニティの形成が進んだ。バンクーバー市の南に隣接し、住民の半数が中国語話者であるリッチモンド市等を中心に中国本土出身者が増加し、郊外ショッピングモールに店舗集積型の新しいチャイナタウンが形成された。このように新たな移民コミュニティが郊外に形成され、若い世代が都市インナーエリアを離れる傾向も見られる。こうした中で、バンクーバーのチャイナタウンではもともとあった中国系住民のための生活の場・就労の場・社会関係構築の場という役割はより後背に退き、それぞれの同郷組織を中心に形成される社会関係や家族の歴史に連なる場所、郊外から買い物や集いのために訪れて懐かしむ場所としての側面がより強まってきた。

自身も中国系であるバンクーバー市の職員エリックは、「バンクーバーのチャイナタウンの建物の所有者は、生き残るために中国系以外の小売店や企業に貸し出さなければならないことを受け入れている。また、郊外の多くの地域でミニ・チャイナタウンが形成され、中国系の消費者をターゲットにしたビジネスが次々に生まれている。そのため、チャイナタウンはニッチを見つけ、よりユニークな個性を打ち出す必要に迫られている」と述べている(2)。対外的にバンクーバーのチャイナタウンの魅力や特徴を伝えるキーワードとして、有形の遺産、文化等のキーワードがたびたび用いられてきたが、その範囲や定義については曖昧な部分が残されていた。

DTESと同様、チャイナタウンにもSROは多く、特に同郷会が所有するものが複数立地している。DTESでは長年にわたり住宅問題に関する社会運動が行われてきたが、チャイナタウンではなかなかまとまった規模の運動の展開は見られなかった。しかし、DTESの住宅や人権擁護といった問題に取り組む地域活動団体に中国系のスタッフが加わったことから、二〇一〇年代前半ごろからDTESで行われる住宅問題をめぐる社会運動の対象にチャイナタウンの住宅問題も含まれるようになった。二〇一五年当時に活動団体のスタッフであった中国系（香港出身）のヘンリーはチャイナタウンを取り巻く状況と課題について以下のように語っている。

現在のチャイナタウンは賃料が高くなり、それまでになかったタイプのレストランやカフェが増えている。これらはチャイナタウンの人々を対象にしていない店だ。白人を対象にした店が増えてきている。チャイナタウンは、単に商売の観点だけではなく、中国系の文化的な側面も持っている地域だ。外から見ると「文化が残っていてまるで博物館のようだ」「保存が必要」と思うかもしれないが、実際に人が住んでいる場所だ。

チャイナタウンで商売をしている人たちの中には、地域経済を支えるために外から多くの人が移り住むのはいいと考える人たちもいるが、それは住宅価格の上昇につながり、住民たちにとって住みやすい環境ではなくなる。(3)

ヘンリーの発言では、チャイナタウンの経済活性化にともなう地価・家賃の上昇に対する懸念とそうした状況に対するチャイナタウンの中での意見の相違が指摘されている。また、チャイナタウンに対して歴史文化保存という別の観点からの期待が寄せられていることについて、チャイナタウンは低所得の住民が暮らすSROが立地する地域でもあることを忘れてはならない、という問題意識を見ることもできる。

2 コンドミニアム建設反対運動と歴史遺産をめぐる動き

二〇一七年、チャイナタウンの中心部で民間ディベロッパーによるコンドミニアム建設計画が起こった。このとき、異なる背景を持ったグループが連携して建設反対運動を積極的に実施し、結果的に建設計画が取り下げられるという出来事が生じた。申請手続きそのものには問題なく、その意味でも世間から注目されたが、このとき、建設反対の理由として挙げられたことの一つが、建設予定土地が中国系カナダ人兵士像と中華文化センターの前に位置していたことである。両者はいずれもチャイナタウンの文化的、歴史的なシンボルとされてきた。

図 11-3 中国系カナダ人兵士像が置かれたチャイナタウンの記念広場。左の大きな建物が中華文化センター。その向かいがコンドミニアム建設予定地。

中国系カナダ人は、人頭税をはじめとして、長期にわたり社会的かつ制度的な差別をカナダ社会で経験してきた。そのような中でカナダも参戦した第一次世界大戦に従軍することはカナダ市民としての中国系の存在を社会的にも政治的にも認知させるものであった。その意味でも、兵士像は単なる像ではなく、カナダ社会における中国系の存在や尊厳を表すシンボルでもあった。また、不動産会社の経営者（白人）が中国系カナダ人やチャイナタウンに対して配慮を欠いた発言を繰り返したことも反感を買い、チャイナ

図11-4　Youth Collaborative for Chinatown（青心在唐人街）によって広場で開催された屋外麻雀のイベント

タウンの主要な団体が建設計画反対に回った。そして、DTESの住民グループ、活動団体も参加した大規模な建設反対運動が展開され、そこでは中国系の歴史や文化、伝統を守ることの正当性が主張された。市による建設差し止めを受けて、業者は建設計画を中止した。一時的であったにせよ、いわば集合的な民族アイデンティティが活性化され、多くの人々、とりわけ多くの中国系が反対運動に参加した。

二〇一七年、市議会はチャイナタウンのユネスコ世界遺産登録申請に際しての推薦を決定した。そして、二〇一八年に市とBC州はチャイナタウンのユネスコ世界遺産登録に向けて協働していく旨の覚書に署名した。一方で、そうした建造物だけでなく、チャイナタウンには存在してはいるが、具体的な形を持たないものもチャイナタウンを構成する重要な要素だ、という見方もある。チャイナタウンで定期的に多世代交流型の文化イベントを主催してきた中国系のリッキーは、「自分たちが行ってきた活動はチャイナタウンに興味のない人たちの関心を引き出したり、認識を変えるというよりも、もともとチャイナタウンに何らかの縁があったが最近は足が遠のいている人々がまた訪れてみようと思えるような場づくりを意識している」と語っている(4)。

郊外で生まれ育った中国系の中にも、子どもの頃には食事や買い物のために家族とバンクーバーのチャイナタウンに通ったことなど、ライフヒストリーのそれぞれの時期でチャイナタウンとの何かしらの関わりを持ち、それを懐かしく覚えている人は多い。かつて食事をした店は現実にはもうチャイナタウンには残ってはいないが、人々がそれらを懐かしく思い、何かのきっかけでチャイナタウンを再訪し、たとえ街の様子は変わっていたとしても、そこでまた出会いや会話、集まりが生じるということこそが「目に見えないチャイナタウンの遺産」として後世に引き継がれていくだろう、という見方である。

有形の遺産を残し、景観やビジネスの観点からもチャイナタウンを維持していこうとする考え方に沿って世界遺産登録申請の活動がなされる一方で、人々がその場に集《つど》うことに重点を置き、チャイナタウンの内外での交流を促進することに重点を置く考え方もある。同じチャイナタウンであっても、今後のチャイナタウンをどのように展望するか、そこで何を重視するか、といったことに関して人々の間の相違は深く存在していた。そして、このことはどのようにチャイナタウンを維持していくか、そのために何に対抗すべきか、ということに対する人々の意見の相違にも現れていた。

3　地域分裂と反対運動の頓挫

二〇一七年の建設阻止の後、反対運動で協力し合った集団・人々は再び分裂してしまう。その主たるきっかけは、市の都市計画におけるチャイナタウン再開発（ゾーニング規制）をめぐる議論（二〇一八年六月）であった。

チャイナタウンに関わる関係者と一口にいっても、土地所有者・ビジネス経営者（店舗等の経営者）には中国系だけでなく非中国系もいる。また、営まれているビジネスも、中華レストラン、中国食材店といった中国系ビジネスだけでなく、中国系とは関連のないビジネスもある。また、チャイナタウン内のSROには低所得の中国系高齢者も多く暮らしていた。成人後にカナダに移住し、チャイナタウンの中でほぼ中国語のみで生活・就労してきたために英語が不得意なまま高齢となった者も少なくない。そうした中国系高齢者に対して言語や生活面の支援を行う香港や中国本土出身の若者たちは、チャイナタウンでジェントリフィケーションが進展することで高齢者たちの住まいが失われ、生活への悪影響が出ることを懸念していた。また、低所得の高齢者を含む多世代をつなぐため、公共空間でイベント開催を行うような人々も出てきた（先述のリッキー等）。

何を「チャイナタウンらしさ」と考えるのか、チャイナタウンの経済的かつ文化的な維持・発展のために望ましいビジネス像とはどのようなものかといった、いわばチャイナタウンのあるべき姿、未来像についてチャイナタウンには統一的な答えは存在していなかった。こうしたことが具体的なゾーニング規制に関する議論を前にしたとき、意見の相違として顕在化したのである。

二〇一八年一一月、州政府がチャイナタウン内に中国系カナダ人歴史博物館の建設を提案し、そのことはチャイナタウンにとって大きなニュースとなった（二〇二三年にオープン）。同時に、バンクーバーのチャイナタウンがBC州の、ひいてはカナダの中国系カナダ人の歴史の中心となる場所とみなされたといった誇りを多くの関係者が抱いた。

そして、バンクーバーの地域政治にも変化が生じた。二〇二二年に行われた市長選挙で現職が敗れ、初めて中国系カナダ人の新市長が誕生した。同じときに実施された市議選でも新市長の政党から多数の候補者が選出され、市政治において市長の政党が多数派与党となった。前市長と比較すると、新市長の政党の政策は企業の積極的な誘致を重視することで地域経済の活性化と持続的な都市発展を目指すことに主眼を置き、中流層によりアピールしようとするものであった。

二〇一七年に反対運動によって頓挫したコンドミニアム建設計画だったが、不動産会社はその後も複数回、建築申請を行い、それらはいずれも却下された。そこで、不動産会社はその結果を不服として州裁判所に申し立てを行い、二〇二二年に不動産会社側の主張が裁判所で認められたことでコンドミニアム建設計画は現実のものとなった。

市職員の立場から長年チャイナタウンに関わってきた前述のエリックは「州裁判所の判断には驚かなかった」と述べ、さらに以下のように語った。

そもそも建築計画上は問題のないコンドミニアム建築申請を却下することは、市の条例や制度の面から見ても無理があった。二〇一七年に申請を却下した際の理由はチャイナタウンの特性を損なうという曖昧なものだった。そこで言われていた、チャイナタウンの特性、伝統、文化といったことの中身は曖昧で、何を具体的に指すかはっきりしない。そうした状態では業者側の主張が通っても何ら驚きではない。(5)

図 11-5　建設予定地のフェンスに貼られた建設反対のメッセージ

二〇一七年の時点では建設反対の立場をとっていたチャイナタウンの主要団体は、二〇二三年には、同じコンドミニアム建設に賛成の意向を示した。これに対して、チャイナタウンで活動する先述の若者グループや低所得の高齢者、DTESの市民団体は二〇一七年と同様に反対運動を繰り広げたが、市はコンドミニアム建築許可の決定を下した。

チャイナタウン全体を見ると立場によってニーズや重要視する事項が異なっていることがわかる。チャイナタウンで中流層や観光客向けの事業を営んでいる人々の大半は、チャイナタウンのイメージを向上させたいという観点からも低所得者向けの住宅が増えることを望ましいとは考えていなかった。

二〇一七年の反対運動では、背景の異なる利害関係者が混在するなかで、短期的に一つの論点に集約された反対運動が成立したが、中長期的に合意形成を図ることは困難であり、結果として二〇二三年には土地所有者や商工会関係者、同郷会といった地域の有力者は経済発展を選び取った。

チャイナタウンの歴史やその由来を考えた場合、現在の区域にチャイナタウンが形成されたこと自体が白人中心のカナダ社会による中国移民への差別を背景にしており、そこには支配・被支配の構図があった。

もともと限られたパイしか与えられていなかったチャイナタウンにとって、ジェントリフィケーションの進展はそのパイの面積を減らすことにつながっている。そうした中で、残されたパイを前にしてチャイナタウンに関わる中国系たちが競い合うような構図にもなっている。一見すると、チャイナタウンの関係者が互いに利害対立しているようだが、そのような構図がつくられることで得をするのは果たして誰なのだろうか。

4 黒人グループによる「歴史」再発見と主張

実は、歴史的に見ても、バンクーバーのチャイナタウンは決して中国系だけが暮らしていた地域ではなかった。しかし、相対的に非中国系の人数の割合は少なく、「チャイナタウンは中国系の街」というイメージは広く一般に共有されていた。

チャイナタウンと隣接するストラスコナ地区にまたがる一帯には一九一〇年ごろから黒人が集まって暮らすようになっていった。住民の多くは、差別を逃れてカナダに渡った米国からの移住者（アフリカ系米国人）とカナダ東部からの移住者によって構成されており、後者はもともとアフリカにルーツを持つカリブ海地域出身者が多かった。「ホーガンズ・アレー」と名づけられたこの一帯には小規模飲食店がつくられ、音楽演奏も活発に行われ、一九五〇年代、六〇年代には米国の黒人有名ミュージシャンらも訪れるような場所になっていた。

一九七〇年代前半、市はフリーウェイ・システム導入を念頭にチャイナタウンの南端にあったジョージア高架橋の再整備計画を立てた。この再整備計画が実現すると、DTES、チャイナタウンおよび隣接するストラスコナ地区の広い一帯に建設範囲が及ぶことから住民による大規模な反対運動が起こった。ストラスコナ地区には中国系住民も多く、反対運動でも中心的な役割を担った。多くの市民による反対の声に押されて計画は大幅に縮減され、フリーウェイ建設は実現しなかったが、高架橋の再整備は行われた。このとき黒人居住地区（土地所有者は中国系）のみが撤去され、多くが賃貸者であった黒人住民の大半は他地域へ移住した。チャイナタウンの中国系住民から見れば、中国系以外の賃貸者による一時的な居住にすぎないとも映る歴史の一場面だが、この意味づけはその後の時代の中で大きく変わっていった。

二〇〇八年、カナダ全国で二月を「黒人歴史月間」とする法案が国会で可決された。バンクーバーは、東部の州と比較すると黒人住民の割合は低いが、国内外からの移住者、移民の多い都市であることから市全体の人口増加にともなって幅広い背景、ルーツを持つ黒人住民が徐々に増加してきた。そして、新たな黒人住民たちを中心としてこれまでほぼ忘れられていたホーガンズ・アレーの歴史が改めて注目されるようになっていった。そこに集まった人々の多くは芸術家、都市計画家、都市プランナーなど高学歴で専門職種に就く者が中心で、バンクーバーやBC州で生まれ育った者はほとんどおらず、カナダの他都市や米国からの移住者やアフリカ出身者（移民一世）が大半であった。

二〇一五年に市議会がジョージア高架橋撤去を決定し、市は高架橋の南に広がる一帯の再開発計画案の策定に入った。これは「バンクーバー最後の大規模都市再開発」とも呼ばれるほど大規模なものであり、計画案の対象にはチャイナタウンの一部、かつてのホーガンズ・アレーも含まれた。そして、この再開発計画案策定に際して黒人たちとチャイナタウン（中国系）の間に対立が生じていくことになる。

移住者を中心に新たに結成された黒人グループは、再開発地区の利用について検討する一般公開のワークショップや集会を複数回開催し、バンクーバーの黒人居住地域の歴史とそれが高架橋の再整備によって消失させられた経緯について広く市民に伝えた。こうした活動によって「忘れられていた黒人の歴史」に一般の注目も集まるようになった。この背景には二〇一三年ごろから米国でブラック・ライブス・マター（BLM）運動が広がり、その影響がカナダにも伝わっていた社会状況も関係している。ただし、それゆえに、かつて存在していた黒人居住地域に関する事柄と、現在のバンクーバーで黒人が置かれている状況や直面する課題（差別・偏見等）が混同して語られることもあった。

最終的に再開発計画では黒人グループの意見をより取り入れた案が採用され、二〇一八年に市議会で承認された。黒人グループは「黒人の歴史を市が理解してくれた」と喜びを語ったが、チャイナタウンからは「自分たちは途中から策定プロセスから外された」「自分たちが関与しないところで最終案が決定された」という不満の声も聞かれた。しかし、「黒人差別」「人種差別」と受け止められかねないことを懸念して、表立った反対や抗議は控えられた。

その後、黒人グループは、バンクーバーで黒人住民が相対的に少ないがゆえにかえって目立ってしまうこととその弊害（警察の取り締まり対象にされやすい等）を問題提起し、かつての黒人居住地域の近くに建設予定であった支援付き仮設住宅（ホームレスの居住支援策の一環）に黒人ホームレスを優先的に入居させるよう市に要望した。

この黒人グループからの要望はチャイナタウンではどのように受け止められたのだろうか。チャイナタウンでは特にビジネス関係者からの反対の声が根強かった。これに対して中国系の若者グループ（香港出身者等）は、差別反対や人権擁護の観点から黒人グループに共感し、支持するとともに、彼らに反対するチャイナタウンの事業者らを人種差別的だと批判した。チャイナタウンの事業者らは、黒人住民が居住していた当時も黒人居住地域の土地の所有者は中国系であり、区画範囲から見て「黒人居住地域とされる一帯」はあくまでもチャイナタウンの一部にすぎないのだから、黒人グループの主張は正確な歴史的事実に基づいていない、ゆえに根拠に乏しい、といった批判もなされた。黒人グループからはチャイナタウンの事業者らの態度・言動は人種差別的だという批判もあり、両者の間の見解、意見の相違は容易には埋められなかった。

ホーガンズ・アレーに関わる黒人グループには、かつての居住者に家族的なルーツを持つ者は含まれていなかった。別の見方をすれば、このグループは、新規移住者たちによる集団として、現在の市民として現在の市政やその政策に対して要望を投げかけていた。そこで、自分たちがその地域に対して主張する権利を持つことの根拠として挙げられたのが「黒人の歴史」であった。必ずしも差別や迫害の直接的な当事者ではないが、一定の共通性を持った人々（ルーツを同じくする新たな移民）が、過去の被害の代弁を通じて都市空間における自分たちの集団の権利を主張するという構図がそこにはあった。

5　縮みゆく低所得地域とチャイナタウンの未来

ジェントリフィケーションを背景にして、バンクーバーでは低所得地域の範囲が相対的に減少しつつあり、そのために境界であるエッジ（端）での紛争や競争が起きやすくなっている。チャイナタウンについて言えば、中流層向けの新規ビジネス、コンドミニアム建設は確実に低所得層の生活範囲を縮小させている。

今日、中国系カナダ人は高学歴、専門職層も増え、中流層として郊外に居住する者も多い。そうした人々にとってチャイナタウンは、居住や生活、相互扶助の場というよりは、歴史、記憶や思い出といった文化的、情緒的な側面が期待される場に変わりつつある。一方で、チャイナタウンはもともと白人社会で差別・迫害を受け、生計手段も限定されていた中国系移民たちが集まって暮らす場であったし、地理的にも低所得地域の中に位置づけられてきた。また、そうした見方を内面化している中国系もいる。

中国系カナダ人のアレックスは、チャイナタウンに拠点を持つ同郷会組織のメンバーであり、民間企業で会社員として働きながら、ボランティアでチャイナタウンでの活動にも参加している。アレックス自身は郊外で生まれ育ったが、祖父母がチャイナタウンに住んでいたこともあり、子どものころから頻繁にチャイナタウンを訪れていた(6)。結婚し、自宅を購入しようと考えていたときに、ちょうどチャイナタウンでコンドミニアムが建設されたことを知って、購入を検討していると母親に伝えたところ、猛反対され、「やっと抜け出せたのになぜわざわざ戻るのか」と怒られたという(7)。一定の年代以上の中国系の中には、チャイナタウンで中国料理を食べたり買い物をする一方で、カナダ社会（白人社会）でのチャイナタウンに対する否定的なイメージ（貧困、スラム等）を内面化し、チャイナタウンの状況に変化が生じてもなかなかかつての見方が変わらない人もいる。

同時に、子どもの頃からチャイナタウンに親しんできたアレックスがチャイナタウンに新しく建てられたコンドミニアムの購入を検討した（実際には購入しなかったが）ことにも注目したい。チャイナタウンではそれまであった低価格の食堂や食品店が閉店し、取り壊されて跡地にコンドミニアムが建設されることはたびたび批判の対象とされてきた。しかし、実際にコンドミニアムを購入し住民となっている人々には中国系も多い。アレックスが購入を検討した大きな理由は、他と比べて相対的に安い価格だったためで、そこには自らがジェントリフィケーションに加担する、ジェントリファイヤーになる、といった認識はまったくなかった。

そして、ＤＴＥＳ、低所得住民に対するチャイナタウンの見方や距離にも変化が生じている。土地所有者やビジネス経営者はチャイナタウンの経済活性化を望んでおり、その立場から見ればＤＴＥＳが隣接していることで生じる治安の悪化、薬物問題（薬物使用者の増加等）はチャイナタウンの発展にマイナスに映る。ゆえに、警備強化の必要性を訴え、市に対しても警察による取り締まり強化を要求してきた。二〇二二年に当選した新市長は選挙キャンペーンでも治安問題を主要テーマに掲げ、治安確保のために警察官や精神科専門の看護師をチャイナタウンに新たに配置することを公約に掲げたが、これはチャイナタウンの有力者やビジネス関係者の要望を反映したものでもあった。

一方で、生活支援等を通じて低所得の高齢者らに関わる中国系の若者たちは「チャイナタウンもかつてはスラムで、低所得の同胞の拠《よ》り所だった」と、過去の歴史や地域のルーツを見つめ直し、その延長上に現状を見ようとする。そこでは、白人中心のカナダ社会での差別的処遇の歴史を改めて振り返り、カナダ社会で長く人種差別を受けてきたチャイナタウン、中国系が黒人やホームレス等に対する新たな差別者となってはいけない、という主張もたびたびされる。しかし、これらの異なる意見の相違を埋めることは容易ではない。

新たな移民が増えることで中国系カナダ人はより多様な社会集団となってきている。そうした中で「歴史」「中国系としてのアイデンティティ」の定義や範囲を一致させることは困難だ。むしろ「カナダ人」としての共通アイデンティティを内面化していくことで移民たちはカナダ社会に適応し、統合されてきた。同時に、差別的処遇（人頭税等）への申し立て、抗議、補償要求等を通じて中国系が被ってきた差別、迫害の経験や歴史は後の世代にも伝えられてきた。

近年のカナダ社会では、従来の施策の大半が白人の文化、価値観優先で形成されてきたという批判が活発になされている。この背景には白人中心で構成された国家カナダによる先住民に対する長期にわたる迫害とその根底にある植民地主義への批判がある。近年では、カナダの中国系移民の歴史の中で労働や婚姻を通じて先住民社会とのつながりがあったことも知られてきており、そうした観点からも中国系カナダ人の歴史、チャイナタウンの歴史やアイデンティティをとらえ直していこうという動きもある。

現在のチャイナタウンでは、都市インナーエリアに存在するチャイナタウンをどのような場所として残し、活かしていくのか、ということについて必ずしも意見は一致していない。物理的空間や諸施設、ビジネス等に関わる人々にとってはそうした有形の資源を守り続けていくことや経済の活性化、観光客誘致が最優先とみなされ、そのことによって周辺地域の他のグループや社会集団との連携にどうしても消極的になったり、低所得高齢者の存在も見逃しがちとなる。このことがDTESで行われている活動との間の距離につながるとともに、黒人グループとの軋轢の背景ともなっていた。

一方で、低所得の高齢移民の生活支援に関わるグループからは、英語が苦手な高齢者たちに対する言語面でのサポートといった現実的な課題を公的な社会サービスの中で解決するよう求める声も出ている。たとえば、コロナ禍でのワクチン接種では、当初、中国語の言語サポートはなかった。また、集団接種会場もチャイナタウンの中には設置されず、公共交通機関を用いて行く必要があった。このため、支援グループは市にかけ合い、チャイナタウン内の施設を集団接種会場とすることと中国語が話せる看護師の配置を実現させた。

一般的に、新たな移民が往来するたびに移民コミュニティは新陳代謝されていくが、そのこと自体はごく自然な姿だ。新たな移民が絶えずやってくるバンクーバーで、長い歴史を持つチャイナタウンが単一のアイデンティティを保持し続けることは困難で、歴史的建造物や中国にルーツを持つ伝統行事や食文化といったものが一般にチャイナタウンらしさとされてきた。

近年のカナダ社会ではそれまで所与のものとされてきた白人中心の価値観、歴史観への批判・指摘が続いている。これは、先住民、移民といった社会的マイノリティが自分たちと上の世代が被ってきた迫害の経験から歴史とそれに連なる現在の社会制度をとらえ返すものであり、その中で何らかの現実的な空間・

資源に対する権利や正当性が主張されることもある。この一例が、黒人グループによるホーガンズ・アレーに関する主張であろう。しかし、現実的には「一つのわれわれ」として合意形成を図り、外部に対して特定の主張や異議申し立てをしていくことはチャイナタウンのような多様な人々が関わる地域では困難となる。このことは、ジェントリフィケーションに対してどのように向き合うか、どのように対処するか、という地域での統一的な意思決定を阻む結果にもつながってきた。

(1) もともと中国系住民の支援を目的に発足したが、現在は難民をはじめとした非中国系への支援も活発に行われている。
(2) 二〇一四年七月二九日インタビュー。
(3) 二〇一五年七月三〇日インタビュー。
(4) 二〇二四年三月五日インタビュー。
(5) 二〇二三年九月一五日インタビュー。
(6) 二〇二三年三月八日インタビュー。
(7) ドキュメンタリー映画「Big Fight in Little Chinatown」(二〇二三年) での発言より。

第12章　縮減する低所得地域とホームレスの排除

1　中流層住民の増加がもたらしたもの

バンクーバーのＤＴＥＳとその周辺では、ジェントリフィケーションの進展によって低所得層が暮らすことのできる住宅や空間はより減っている。同時に、このことは中流層と低所得層が同じ空間を共有する場面の増加にもつながっている。また第10章で見たように、ジェントリフィケーションの進展によって中流層からの通報や警察の取り締まりがさらに増すと言われている（ポリシング・ジェントリフィケーション）。そして、そのことは、以前から行われていたレイシャルプロファイリング（警察による非白人等を特に対象にした取り締まり）が強化されるという指摘もある。低所得層から見れば、ジェントリフィケーションの進展は、それまでいた地域でますます居場所が少なくなる上に、排除されることが続き、暮らしにくくなる状況をもたらす。

ＤＴＥＳとその周辺地域で中流層を対象とするコンドミニアム建設や新規ビジネスが進出するに従って、

低所得の住民、とりわけホームレスや薬物使用者の排除や処罰化を求める、中流層の住民・消費者も増えている。DTESに隣接する一帯でのコンドミニアム増加、住民増加にともなって、DTESに近接し、かつチャイナタウンに隣接する場所に二〇一七年に小学校が新設された。この小学校は市立のA公園に隣接しているが、この公園はもともと薬物使用者らを含む地域住民、ホームレスらが使用してきた場所でもあった。しかし、開校直後から保護者や近隣住民らから治安や安全面での懸念の声が寄せられるようになり、二〇一八年に保護者、近隣住民、市警関係者、州保健局関係者らを集めた公開集会が開催され、筆者も参加した。

集会では、大半がコンドミニアムに居住する保護者らから、薬物使用者の処罰化やホームレス対策、精神疾患を抱えた人々への行政による対応を求める声が多く寄せられた。学校の近隣で数年前に店を開業したと自己紹介する保護者も数人いたが、そこにはDTES周辺で増加していた中流層向けの店舗・ビジネスの担い手もいた可能性もある。(1)

この日語られた保護者らの不満や要望をまとめると、①薬物使用の問題（公園を含む学校周辺で薬物を使用する人がおり、警察に通報しても十分に対応してくれない、②ゴミの問題（公園を含む学校周辺で使用済みの注射針を含むゴミが大量に捨てられているが、公園の管理担当に言っても十分に対応してくれない）、③精神障がい者への不安（精神疾患を抱えた人やホームレスから怒鳴られるなどたびたび怖い目に合うが、通報しても問題が解決されない）、に分けられる。①については、バンクーバー市では二〇〇六年に市警がハーム・リダクション・ポリシー（第10章参照）を策定し、それに基づき、バンクーバー市内では薬物使用・所持だけでは逮捕されないことになっているが、新規住民である保護者の多くはそれを知らず、愕然とする者もいた。「DTESは第三世界だ」「公共の場で薬物を使用する者はみんな逮捕してしまえ」と息巻く保護者もおり、これらの発言には拍手が寄せられていた。②③については、市をはじめとした行政の関連部局が現在の取り組みを説明したが、保護者たちの理解や納得を十分得られた様子ではなかった。

この日の集会は、保護者、住民らが意見を述べ、行政機関に要望を伝えるだけの場であったため、DTESの地域活動団体や住民は参加していなかった。保護者らからはホームレスや薬物使用に関する不安や懸念について再三語られたが、具体的な解決策や関係者らによる今後の対話の可能性等についてこの集会で言及されることはなかった。

これまでも、公共の場である公園を占有しているなどホームレスに対して向けられる非難や薬物使用に関する偏見は存在してきた。薬物使用をめぐっては、第9章でも触れたように、トラウマや生育環境との関連と同時に、その背景にある差別や虐待の問題への指摘がたびたびなされている。そうした低所得層が置かれてきた境遇や背景、ライフスタイルを知らないまま、その言動の一端のみを取り上げて排除の根拠を見つけようとする者もいるが、中流層の住民や消費者が増えることでそうしたことはさらに増えるかもしれない。ジェントリフィケーションとの関連でいえば、今回の集会で見られた保護者らの反応は、低所得層の生活領域であった場所に中流層が日常的に増加することで生じる軋轢の一端を示していたといえよう。

2　ホームレスの居住支援と排除

二〇〇〇年代以降のDTESには福祉的支援施設が増加し、社会福祉的拠点としての役割を一定程度果たしてきた。一方、中流層対象のマンション、商業施設が増加したことは低所得地域の範囲の相対的縮小を招き、家賃上昇、小規模商店や低価格の飲食店の閉店・撤退は低所得層の住民の生活に大きな圧迫をもたらした。

DTESでジェントリフィケーションとともに進展してきたのが住宅の不足であり、ホームレスの増加である。特に、テントで生活するホームレスの集住地である「テントシティ」（テント村）の形成とその長期化が目立つ。そして、それらに対する排除もより顕在化している。

第10章で見たように、バンクーバーではホームレスが増加傾向にある。これはバンクーバー市だけの現象ではなく、周辺自治体を含む都市圏全体でも同様である。郊外の自治体の中にはホームレスに対して十分な保護を与えず、交通費を渡してバンクーバーをはじめとしたより規模が大きく、支援策が取られている自治体への移動を暗に促すところもある。結果的に、無料の食事提供、シェルター等の社会資源が集中するDTESに大勢のホームレスが集まってくる構図となっている。

バンクーバー市では、市・州の予算を財源として、二〇一七年から市有地等に支援付き仮設住宅を建設してきた。二年間の入居が原則可能で、全室個室、共有スペースがあり、食事が毎日提供され、自炊も可能だ。しかし、支援付き仮設住宅の管理や権利保護のための法律が未整備なまま長期居住が行われるようになったことによる問題も指摘された。たとえば、門限が求められたり、来客が制限されるなどすること

図12-1　支援付き仮設住宅

から、とても自分の家とは呼べない、といった不満が市民団体に寄せられたこともある。バンクーバー市内では二〇二三年までに一三軒（合計八一四部屋）の支援付き仮設住宅が建設された。しかし、その後、財政的な理由から閉鎖が続いており、新たな問題となっている。

住宅支援施策拡充の一方で、公園等で生活するホームレスも増加している。ホームレスの中には荷物のサイズが大きいため居室に持ち込みにくい、ペットとの同居ができないといった理由からシェルター等への入居を望まない者も少なくない。このような理由で居住を安定させたい意向はあっても、野宿生活を脱することができない人々もいる。また、シェルターは独立した個室ではなく相部屋となるため、集団生活に適応できなかったり、居心地の悪さを感じる人々もいる。また、いったんはシェルター施設に入ったものの、そこでの管理やスタッフの対応に不満を持ち、屋外でのテント生活の方を再び選ぶ者も少なくない。

さらに、支援を受けて郊外で暮らすより、居住が不安定であっても生活基盤、社会関係のあるＤＴＥＳで生活を続けたいと願う人々もいる。その中には行政や非営利団体に不信感を抱いていたり、福祉支援制度の中で管理されながら暮らすことを望まない人々もいる。しかし、路上でのテント設置や物売りはバンクーバーでは認められていないため、そうした行為は常に警察等による取り締まりや撤去の対象ともされる。ジェントリフィケーションの進展とともにこうした取り締まりや撤去がより強化され、警察官や清掃スタッフに私物を捨てられたり、ハラスメントを受けるといった被害の苦情がホームレスから支援団体には多く寄せられてもいる。

3 テントシティの形成と撤去

二〇一四年六月、DTES内の市立O公園にテントシティが形成された。SROやシェルターの居住環境に不満を持っていた人々がキャンプ用のテントを張り、集団生活を始めたのである。参加者たちは「シェルターといってもマットが置いてあるだけ」「不衛生で、冷暖房設備が貧弱な民間SROは生活できる環境ではない」「アルコール、薬物とその依存症者（使用者）から離れた環境で暮らしたい」等と訴え、公営住宅への入居を行政に要求し、人数規模は最大時で二〇〇人程度まで及んだ。前年の二〇一三年からバンクーバー都市圏の各地でテントシティがつくられたが、テントシティの住民たちは、自分たちがテントで暮らしているのは適正な家賃で健全な居住環境が確保できないためであり、また地域住民や警察によるホームレス追い出しが原因でもある、と主張した。

O公園のテントシティの中心メンバーたちは先住民で、自分たちの行動は占拠ではなく「本来の自分たちの土地を取り戻した行為」と主張した。そのことを強調するように、先住民の伝統的なテントの使用、伝統儀式の実施、部族のシンボルや旗の掲示等によって視覚的にも「先住民の土地」であることが示された。市立の公園であることから、テントを張った宿泊や占拠は認められないと市は当初から退去を求めた。

しかし、テントシティ住民らによる行動に対して、ＤＴＥＳの住民たち、地域団体らはおおむね共感的であった。

同年八月に公園を使用するイベントが複数予定されていたが、主催者たちは別の場所での開催に切り替えることでテントシティを尊重する姿勢を示した。そのうちの一つは日系団体、もう一つはホームレス支援団体だった。両団体とも「迫害や排除を経験してきた自分たち（もしくは支援対象の人々）が他者を排除する側には立ちたくないし、自分たちを理由とした排除が行われることも望まない」と述べた。これはテントシティの主張と行動を支持するものであった。その後、テントシティは同年一〇月に市によって撤去され、住民の一部は代替となる公営住宅等に入居した。

その後、毎年のようにO公園でテントシティがつくられ、市によって撤去されるといったことが繰り返し行われてきた。二〇一八年一〇月ごろにまたO公園にいくつかのテントが建てられ、その後、二〇一九年にテントシティと呼べる規模まで発展し、同年夏ごろにはテントの数は二〇〇近くとなった。これほど長期化した背景の一つとして、行政手続きの点では市議会・市の公園管理委員会が警察によるテントシティ撤去に反対決議を行ったことが大きく影響している。同時に、ＤＴＥＳの地域社会（住民、市民団体等）によるテントシティ支援があったことも見逃せない。ＤＴＥＳで長年、居住環境の改善や住宅不足問題解決を目指す社会運動に関わってきた複数の市民グループはテントシティ住民に対して食事提供や生活相談等の実際的な支援を行い、またO公園で定期的にイベント開催を行ってきた複数の団体・組織もホームレス追い出しに対する反対の声明を出した。そうした中で、日系の三世、四世にあたる若い世代が中心のグループも反対声明を出した。そこでは、自分たち日系カナダ人は第二次世界大戦中に迫害を受けたが、同時に先住民の土地に許可なく移住した立場でもあり、被害者であることだけにとどまらず、抑圧を受けた他のグループ・人々と連帯が必要だ、と述べた。

二〇二〇年三月にカナダではCOVID‐19感染拡大防止のため、全土で緊急事態宣言が出され、BC州でも厳しい行動制限が課された。そして、感染拡大防止を理由として、州政府は二〇二〇年四月に緊急プログラム法に基づいてO公園とビクトリア市（州都）内のテントシティの住民をバンクーバー市とビクトリア市の合計一〇〇〇室のSRO等の個室に移動させることを決め、五月にテントシティは撤去された。しかし、移動に同意しない者も多く、それらの人々はDTESに隣接する別のS公園に移り、テントシティを形成した。テントシティは二〇二〇年一〇月時点で二〇〇人規模となった。これに対し、市は二〇二一年四月末までにテントシティ住民に退去を求め、ほぼ大半の一八〇人以上がそれに従った。

その後、テントシティの住民たちは、二〇二一年五月にDTESに隣接するまた別のC公園に移って、新たなテントシティを形成した。この新しいテントシティに対して市は条例に基づき、公園で夜を明かす者は毎朝、「一時的な構造物」（テントや小屋等）を片付けなくてはいけないとし、実質的な退去を求めた。これに対し、住民らは、DTESの団体・グループをはじめ弁護士等の専門家の支援も受けて、州高裁に市の命令の取り消しを求めた。二〇二二年一月に州高裁はバンクーバー市内に十分な数のシェルターがないことを理由に、適切な住宅が見つかるまでの間、公園内の一定区画に関して、市はテント等を撤去することで住民たちが日中に公園を避難場所とすることを妨げてはならない、との決定を下した。

図 12-2　C公園に形成されたテントシティ（2022年9月）

その後、市が斡旋したシェルター等に移ったテントシティ住民もいたが、それはあくまでも一部であり、大半はテントシティに残り続けた。二〇二三年一一月に、市は州高裁の同年一月の決定で指定された区画以外に建てられていたテントや小屋等を撤去し、これに対して同年一二月に住民・支援者らは、生きていくために必要な最低限のサービスも提供されないまま排除されることは差別である、として州の人権裁判所に審判を申し立てた。

二〇二二年一月の州高裁決定の後、二〇二二年から二〇二三年にかけて、市公園局による清掃（ゴミ収集）、トイレ設置といったテントシティ住民の公園利用に際したインフラの整備が行われるようになった。テントシティ住民・支援者と市公園局は毎週、話し合いの場を持っていたが、「区域」の範囲やそこでできることと、できないことの解釈をめぐって常に緊張関係が生じてもいた。また、市公園局やその清掃活動に警察が同行したり、警察による住民の取り締まりがなされることもあった。つまり、住民らは常に監視や排除される可能性のある存在とみなされていたのである。

一方で、コロナ禍での食料支援から発展し、DTES内の地域団体による持ち回りで毎日、テントシティに食事が提供されたり、近隣の団体施設での洗濯やシャワーが利用できるようにもなった。住民を対象としたワークショップ等を提供する地域団体もあり、DTESの中でテントシティを支える活動が継続的に続けられてきた。[2] 最大時で住民数は一〇〇人を超えた。

しかし、二〇二四年三月末に市による「清掃」が行われ、住民たちが設置した小屋をはじめとしたすべての物が撤去された。[3] 「清掃」の間、テントがあった区域はフェンスで区切られ、立ち入りが厳しく制限された。四月上旬の「清掃」終了後、もとの区画への立ち入りは可能となったが、一面に砂利が敷かれ、テント設置は一定の場所に制限された。さらに、私物のテントではなく市から提供された市販のテントを用いることが求められるなど、全体として以前よりも明らかに生活がしにくい環境に変わった。[4] また、毎朝、公園局職員が警察官とともに見回りに来て、住民がその場にいない場合には警告書を出したり、住民の所有物を撤去することも住民には精神的な圧迫となった。このような状況から、C公園を去り、他所に移る者が徐々に増えていった。「清掃」前に住んでいた者以外による新たなテント設置は認められていないことからテントシティの住民数は減少し、八月には一〇人程度にまで減った。[5] これはほぼ一年前（二〇二三年九月）の十分の一の規模である。

4　福祉化された地域での管理と排除

テントシティとは別に、DTESの中心部では二〇二二年ごろからホームレスが増加し、路上を埋め尽くすようにテントが張られるようになった。これに対して、二〇二二年八月と二〇二三年四月に警察による大規模な一斉排除が行われた。このとき、シェルター等の移転代替先の確保がないままの強制排除、私有物撤去、警察官らによる暴力的な言動があったことに対して、地域で活動する各団体、住民からの大きな抗議、反発があった。一方で、治安等の観点から市の早期対応を求める声も上がった。

ホームレス増加とそれに対する行政による取り締まりのそれぞれに対して、DTESと周辺の地域では相反する反応が見られた。主なものとして、人権や居住正義（ハウジング・ジャスティス）[6]の観点から取り締まりに反対する意見、隣接する商業地域の経営者の立場から安全と経済活性化への影響を懸念する意見、不特定多数の人々の流入による住民へのハラスメント・薬物のオーバードーズ・犯罪等への懸念があった。

バンクーバー市では二〇二二年一一月に新市長・新市議会に変わり、より中流層誘致、企業誘致の政策が打ち出されている。ジェントリフィケーションの進展によって新規店舗の進出が増え、中流層の住民・消費者の行動圏が拡大し、低所得地域の範囲や境界はより曖昧になっている。以前なら低所得地域とみなされ、ホームレスが座っていても不自然に思われなかった場所が、今では中流層が多く利用する商業区域になっている。ホームレスや外見で低所得者とみなされる人々がいることが経済活性化の妨げになるとして周辺地域の店舗経営者や商業・住民団体がさらなる治安管理を市に求めることも増えている。これは、低所得地域の相対的な縮減によって、中流層向けの住宅・商業地区との境界であるエッジでの紛争や競争がより誘発されやすくなっていると同時に、そうした場での軋轢を通じてもともとそこで暮らしていた低所得層がより追い出されやすくなっていることを意味する。

現在、DTESで生じていることは、ジェントリフィケーションと同時に、社会福祉や公衆保健、医療の関連施設の増加でもある。これは低所得地域の福祉化でもあると同時に、医療化とも呼ぶことができる。

バンクーバーでは薬物やアルコールへの依存、精神疾患それ自体は取り締まりの対象ではなく、治療の対象とみなされるようになっている。こうした傾向それ自体は、治療や健康状態の改善を望む多くの人々が必要な医療を受けられるようになるという意味では望ましいことだ。しかし、低所得地域の側から見たとき、福祉化や医療化にはまた別の側面もある。

近年のカナダを含む北米では、依存症や精神疾患等に関する財政支出は増大し、低所得地域の課題に関する医療分野の発言力も増している。住居提供や生活支援を受ける代わりに治療への参加を求められることも多い。このことは、治療への参加が住居確保、生活支援受給とセットになっていることを意味する。往々にして、治療プログラムに参加することは医療機関の中で患者として規定されたルールに沿って、圧倒的な権力関係に従って行動することを求められることにつながり、そのことは人々の尊厳を大きく損なう場合も多い。同時に、治療プログラムの対象とならない人々（疾病や障がいを持たないとされる、もしくは望まない人々）への支援は相対的に縮小し、結果的に支援から排除されるといった事態も生じている。[7]

行政によるSRO買い上げ・借り上げ、社会福祉サービスや住宅支援等を行う非営利団体への助成金を含め、DTESには毎年、巨額の予算が投入されている。このことについてDTESでは少なくない人数の住民が「ホームレス支援に多額の行政予算が費やされ、非営利組織等による支援付き住宅が増えても、そのことは自分たちを管理する結果しかもたらさない」と批判する。

行政による住宅支援施策として毎年のように住宅（支援付き住宅等）は増えているが、それを上回るペースで民間SROをはじめとする低家賃の賃貸住宅は減っている。行政の助成金による住宅の大半は非営利団体が運営するため、一般の賃貸住宅と異なり、門限等の規則に従うことが求められ、また疾病治療の場合にはそこでもまた医療専門家らからの指示に従うことが求められる。こうした「管理」に忌避感を持ったり、運営スタッフとの間での関係悪化から支援付き住宅を出てしまうといった例もある。テントシティでの暮らしを選択するホームレス（テントシティ住民）の多くが非営利団体の運営するシェルター等を利用した経験を持つ。その多くは不信感や忌避感から行政や非営利団体の支援を望まず、それゆえにホームレス生活を送っている。しかし、結果として、公共空間である公園や路上でのホームレス生活は取り締まりや撤去の対象とされやすく、安定した生活を営むことが困難となっている。

5　ジェントリフィケーションに立ち向かう対抗の力

現在のDTESでは、このような困難な状況が長期的に続く一方で、自分たちの街、居場所を取り戻し、恒久的に安心して住み続けられるような住まいを仲間とともにつくろうというコミュニティ・ランドトラストの取り組みが一部で始まっている（第10章）。この取り組みに参加する人々の大半は、SRO居住者としてこれまで社会的経済的に不利な立場に置かれたり、尊厳を傷つけられてきた経験を持つ。ジェントリフィケーションがさらに進展しようとも地域から追い出される不安を抱くことなく、安心して暮らし続けていくことができるような仕組みづくりをこのグループは目指している。

DTESに近接する商業地区ではコロナ禍後の新規出店が活発である。近年は、毎年のようにDTESに隣接して新しい高級レストランや飲食店がオープンしている。低所得地域としてのDTESの範囲はよりいっそう縮みつつある。二〇二七年にはＤＴＥＳ隣接地に大規模病院の移転・開業が控えており、これによってジェントリフィケーションがさらに進むとも言われている。

ＤＴＥＳでは地域の福祉化が進み、医療・社会福祉のサービスが拡充し、関連施設も増加したが、相対的に低所得地域は縮小し、限られたパイをめぐる軋轢も増している。それは特に中流層向けの住宅・商業地区との境界にあたるエッジで顕著だ。ＤＴＥＳは労働者や低所得者による長年の社会運動、地域活動の蓄積を持つと同時に、先住民、移民らによる歴史や文化も内在した、質的な豊かさを持った地域でもある。その中で、ジェントリフィケーションに立ち向かおうとする対抗の力は形を変えて何度も生まれてきた。それらは現在も続いており、また今後もきっと続いていくだろう。

（1）二〇一八年九月一一日、参与観察調査より。
（2）二〇二三年九月二一日・二六日、二〇二四年三月七日、参与観察調査より。
（3）指定された期日までに所有物を撤去するよう市から事前通告はなされていた。
（4）住民らは雨風雪等をしのげるように自分たちで工夫して頑丈な小屋をつくるなどしていたが、それらが撤去されて市販のテントしか使えなくなったことで長期的な生活はいっそうしにくくなった。
（5）二〇二四年八月二二日・二九日、参与観察調査より。
（6）誰もが安定した居住を確保できる権利のこと。主に低所得者が置かれている居住問題を対象に、居住の不安定や不均衡の是正を訴える際に主張される。
（7）マシュー・マール、二〇二〇、「第14章　強度のネオリベラル化とワークフェア政策の功罪」山口恵子・青木秀男編『グローバル化のなかの都市貧困―大都市におけるホームレスの国際比較』ミネルヴァ書房、二五九―二七〇頁。

第*13*章　福祉化する横浜・寿町の現在

1　寿町の変化と福祉化

福祉化する「寄せ場」

日本の都市では欧米ほど積極的にジェントリフィケーションに関する指摘、議論がされてきたわけではないが、実際にはジェントリフィケーションと呼びうる状況は各地で起きている。欧米に比べればそれほど顕在化しているとは言えないが、賃貸住宅の家賃上昇や賃貸者の立ち退きもある（周囲の環境変化から自分も立ち退かざるを得ないと感じたり、高級店や高所得の人々が増えることで圧力を感じたりすることによる立ち退きも含む）。

では、日本の低所得地域ではどのような変化が生じているのだろうか。そこでは、ジェントリフィケーションと呼べるような事象はあるのだろうか。以下では、「寄せ場」として知られてきた横浜・寿町の状況を見ることで、これらの疑問について考えてみたい。なお、狭義の寄せ場は、日雇い労働者が集まり、その日の仕事を探す自由市場のことを指し、広義の寄せ場は日雇い労働者が暮らす簡易宿泊所街を指し、多くの場合、狭義の寄せ場もその中に含まれる。本書では、特に断りのない限り、広義の意味で寄せ場という語を使用している。

今日、日本の低所得地域は産業構造や雇用システムの変化の中で様変わりし、高齢化や生活保護受給者増加等といった福祉ニーズ増大の課題に直面しているところも多い。とりわけ、大阪・釜ヶ崎、東京・山谷、横浜・寿町では顕著にそうした現象が見られる。

序章でも見たように、日本の寄せ場の中では釜ヶ崎に関してジェントリフィケーションがこれまで何度か指摘されてきた。釜ヶ崎では、大阪市の西成特区構想事業(1)、近接地域での大型再開発等が続き、これらをジェントリフィケーションとして批判する見方もあれば、その見方に対する懐疑もある。筆者は、釜ヶ崎で進行している状況について評価するほどの十分な知識や理解を持ち合わせてはいない。しかし、同じ風景を見ながらそれをジェントリフィケーションと呼ぶことが妥当か否か、という議論があること自体、本書でもこれまで見てきた、ジェントリフィケーションという語をめぐる混乱の一例と言えるのではないだろうか。

その大阪・釜ヶ崎や東京・山谷と比べたとき、横浜・寿町では生活保護受給者比率が最も高く、簡易宿泊所宿泊者（居住者）の九割を占める（図13‐1）。現在の寿町は「福祉の街」「福祉ニーズの高い地域」と呼ばれ、二〇〇〇年代以降は、高齢者や障がい者の増加、生活保護受給率の上昇にともなって介護事業

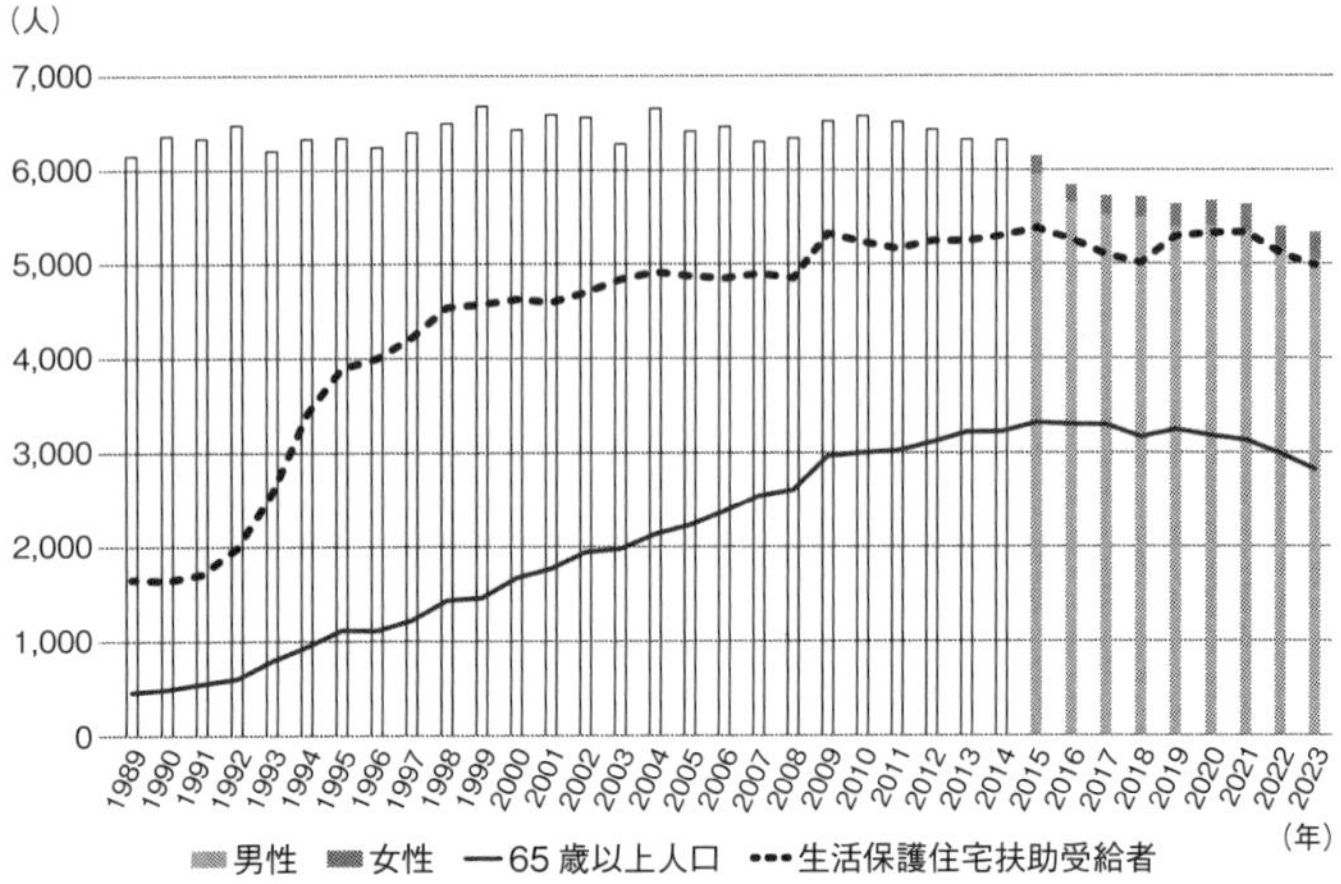

図 13-1　横浜・寿町の簡易宿泊所宿泊者数推移（横浜市データ）

所、作業所等の開設も続いている。バンクーバーのDTESと同じように、日本の都市インナーエリアの低所得地域でも福祉化と呼びうる状況が進行しているのである。

寄せ場・寿町の形成と地域活動の展開

寿町は一九五〇年代に形成された寄せ場、日雇い労働者の街である。地理的には、横浜市中区の北西側に位置し、JR根岸線石川町駅、市営地下鉄伊勢佐木長者町駅の双方からともに徒歩五分程度の距離である。一一〇軒以上の簡易宿泊所が集中する一帯が寄せ場、日雇い労働者の街としての寿町と一般に呼ばれる。横浜市など行政は「寿地区」と呼ぶ。北には横浜公園と横浜スタジアム、北東には中華街と元町商店街、北西には大通公園と伊勢佐木町商店街（イセザキモール）が位置し、いずれも徒歩圏内と近接している。

横浜・寿町は、第二次世界大戦後の米軍による長期の接収を経て、一九五六年に日雇い労働者を対象とした職

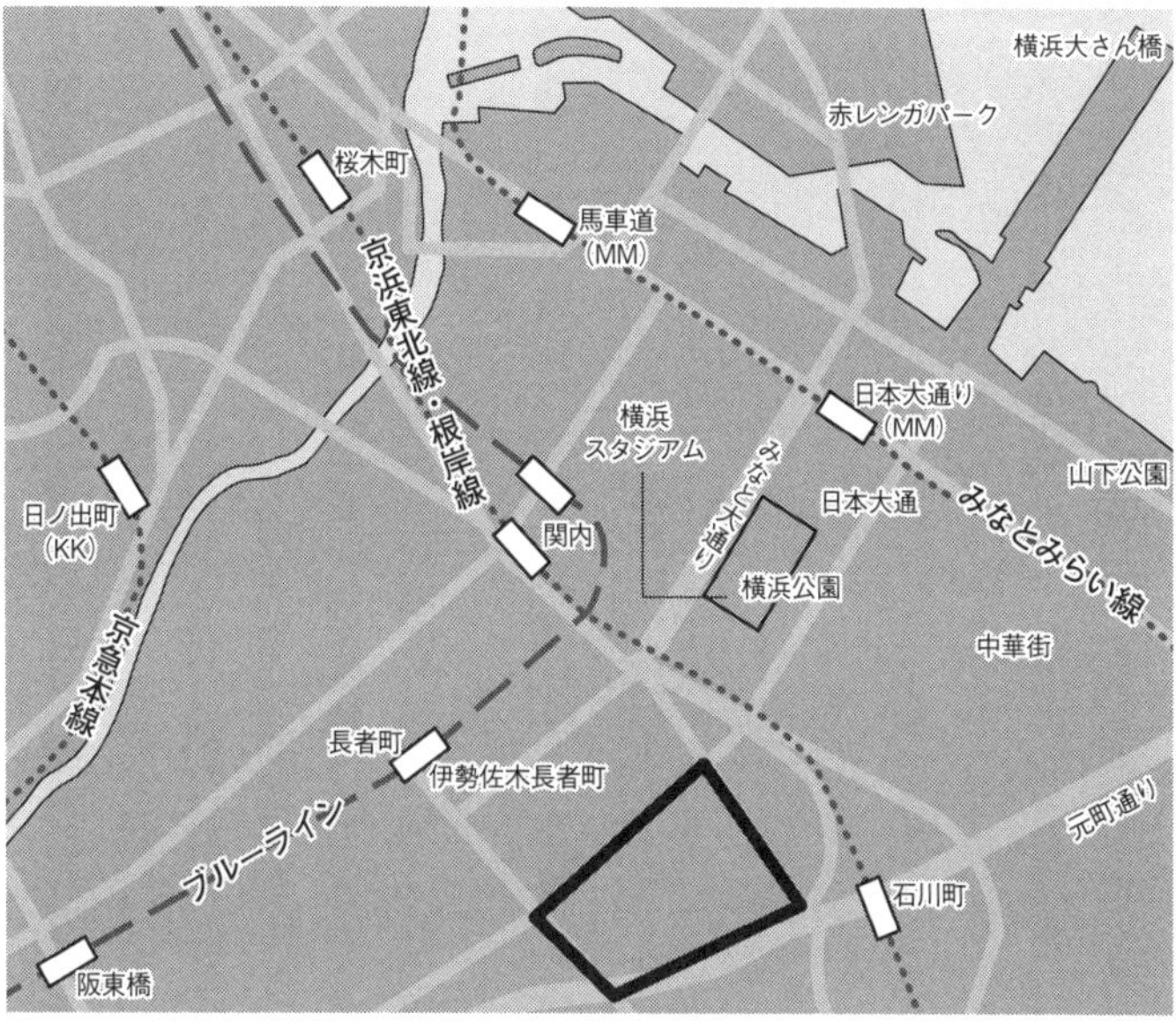

図 13-2　寿町（太線内）と周辺地域

業安定所が移転し、寄せ場、簡易宿泊所街として形成された地域である。山谷や釜ヶ崎で暴動があったことも影響し、寿町の簡易宿泊所組合は一九六一年に自粛区域を設定し、周辺地域に簡易宿泊所を建設しないことを取り決め、その後、この範囲が「寿町地区」として位置づけられた。

寿町を含む寄せ場では住民（日雇い労働者等）が社会から差別・偏見を受けると同時に、地域そのものも「解体地域」として周辺地域から排除される傾向にあった。全体として人々の流動性は高く、貧困等の社会課題も常に存在した。しかし、その中で築かれた共属感情・仲間意識・相互扶助もあり、地域外からの民間支援活動、地域活動も展開していった。一方、行政機関の関わりは基本的に貧困対策を含む労働、治安維持を中心としたものであった。

寿町では、一九六五年に横浜市寿生活館が開設され、生活相談、健康相談等が実施されていく。この時点では、町内の唯一の行政施設であった。一九六九年に福祉施設関係者が中心となって寿地区自治会が結成され、労働者の生活を支える施設として寿町総合労働福祉会館が一九七三年に開設された。一九七五年には日雇労働者組合が結成され、一九七八年に労働組合、自治会を含む地域活動団体が寿地区住民懇談会を立ち上げた。

この間、祭り、識字学校、夜間学校、共同保育、子ども支援、障がい者の自助活動・支援活動等が労働者・支援者等によって活発に展開され、地域活動を通じた交流、生活課題の解決等が共同で目指された。こうした活発な地域活動の背景として、寿町では一九七〇年代ごろまでは港湾労働が主流であったために、他の寄せ場と比較すると定住傾向が高かったことが指摘できる。その後、港湾労働で機械化が進んだことなどから、寿町の日雇い労働者はその多くが建設・土木の現場で就労するようになった。

2　福祉化の過程とその背景

「労働者の街」から「福祉の街」へ

一九八〇年半ばからのバブル経済による好況期には日雇い労働需要が高まると同時に、寿町の簡易宿泊所で暮らし、日雇い労働者として就労する外国人労働者も一時的に増加した。しかし、バブル経済が崩壊し、長期の不況期に入ると、産業構造の変化、人材派遣業等を通じた非正規雇用の普及、対面で集まり日雇い労働を探す過程がインターネット上の場に移ったことなどから、日雇い労働市場としての寄せ場の機能は徐々に衰退していった。同時期から、寿町では生活保護受給者、高齢者も増加し、もともとは日雇い労働者が居住する場であった簡易宿泊所を居所として生活保護を受給しながら暮らす人々（住民）が増えていった。

一九九〇年代以降の寿町では高齢者、障がい者、生活保護受給者といったいわゆる福祉ニーズの高い住民（簡易宿泊所等の居住者）の増加が著しい。その背景には、もともと寿町内で暮らしていた労働者の高齢化だけではなく、市内外の他地域で生活に困窮した人々が生活保護受給にともなって寿町の簡易宿泊所へ転入するようになったことがある。さらに、長期にわたって医療機関や福祉・更生施設に入所していた者のうち、退院・退所後に行き場がない人々がケースワーカー等の紹介を介して寿町の簡易宿泊所に定着し生活保護を受給して暮らす例も増加している。二〇二三年時点で寿町内には簡易宿泊所が一一三軒あり、ほかに市営住宅とアパートもあるが、住民のほとんどは簡易宿泊所に暮らしている。簡易宿泊所は本来は短期の宿泊が想定される宿泊施設だが、寿町では長期に暮らす者が大半であり、生活保護受給者をはじめ簡易宿泊所を居所として住民登録をしている者も多い。

寿町の高齢化率（二〇二三年）は五二・八％で全国平均（二九・一％）を大きく上回っている。生活保護受給のほかに、年金受給者、あるいは年金と生活保護を併用して暮らしている者もいる。高齢化にともない、身体障がい者、要介護者も増えている。介護度が高い状態でヘルパーや訪問介護の支援を受けながら

表 13-1　寿町の簡易宿泊所宿泊者に占める要介護度別認定者数

区分	要介護	要支援
5	52	
4	130	
3	223	
2	310	144
1	136	48
計	851	192

出典：2023年11月、横浜市「令和5年度寿地区社会調査」より

表 13-2　横浜・寿町の社会変化（1989 年・2020 年）

	1989 年	2020 年
高齢化率（65% 以上）	7.5%	54.2%
生活保護受給率（生活保護住宅扶助受給者数 / 簡易宿泊所宿泊者数）	14.0%	91.0%
外国人居住者	533 人	68 人
中学生以下の子ども	78 人	数人程度
求職者登録者数	7,185 人	550 人

出典：横浜市寿地区対策担当「令和3年度版寿福祉プラザ相談室　業務の概要」

簡易宿泊所で一人暮らしをしている住民も一定数いる。**表13－1**は、寿町の簡易宿泊所宿泊者に占める要介護度別認定者数を要介護・要支援状態区分ごとに示したものである。要介護度が四・五などと高く、日常生活の大半の場面で介護が必要な人々が寿町の簡易宿泊所で一定数暮らしていることがわかる。**表13－2**は一九八九年と二〇二〇年の寿町を比較したものである。高齢化率、生活保護受給率の大幅な上昇と、現役労働者の減少が読み取れる。

こうした福祉ニーズ増大の背景は、必ずしも日雇い労働者の高齢化だけではない。生活保護受給を理由とした単身男性高齢者の移住（流入）が増加しており、日雇い労働の経歴を持たない人も多くいる。生活保護を受給して簡易宿泊所で暮らす要介護者が以前にいた場所・施設は、野宿生活のほかに、自立支援施設、無料低額宿泊所、各種の高齢者ケア施設、病院や刑務所等である。

寿町で生活保護を受給して暮らす要介護者の事例として佐藤さん、田中さん、鈴木さん（以上、仮名）がいる。(2) 佐藤さん（六六歳）は、年金を受給していたが少額であったためアパートの家賃を滞納し、公園で野宿生活（ホームレス）をしていたところ、ホームレスの健康や安全を見守る「パトロール」に声をかけられ生活保護につながり、寿町の簡易宿泊所で暮らすようになった。田中さん（五五歳）は就労しており、会社の寮に住んでいたが、脳梗塞を発症し入院し、退職・退寮となった。病院のケースワーカーが簡易宿泊所を探し、生活保護を受給して寿町の簡易宿泊所で暮らすようになった。鈴木さんは刑務所で服役していたが、満期出所後、地域定着支援センターの支援を受けて、生活保護を受給して寿町の簡易宿泊所で暮らすようになった。いずれもホームレス状態、病院、刑務所から、地域生活への移行の過程で寿町で暮らすことになった人々である。

寿町内で生活する人々に関わるこうした変化、とりわけ高齢者、障がい者の増加、生活保護受給率の上昇等と連動して、介護事業所、作業所等の福祉施設・機関も増加している。今日、寿町および周辺地域で活動する、高齢者（介護を含む）、障がい者（身体、知的、精神）、医療・保健のいずれかに関連する施設・機関は四〇以上にのぼる。

こうした変化にともなって簡易宿泊所の住環境も変化している。二〇〇〇年前後ごろから簡易宿泊所の建て替えが進み、八・九階建てでバリアフリー化した簡易宿泊所が増加した。多くの簡易宿泊所では風呂がなく、トイレ・炊事場は共同である一方、エアコン、ＴＶ、ｗｉ－ｆｉ等は完備されている。かつては長年の宿泊者の中から信頼できる人に帳場（管理人）を任せ、夜間も住み込みで対応する例が多くあったが、現在は午前九時～午後五時のみの対応で夜間に帳場がいないという簡易宿泊所も増えている。帳場と宿泊者、宿泊者同士の関係も変化し、宿泊者同士が互いを知らないという、一般の賃貸アパートと変わらない状況も生まれている。また、要介護・認知症の増加にともない、夜間徘徊や急な容体変化に対応する必要も生じている。新しい簡易宿泊所の中には全室バリアフリーにし、要介護者を中心に受け入れるところもある。

地域福祉施策の拡大と住民以外の排除

寿町で生活保護受給者が急増したことの制度的な背景として、横浜市が一九七〇年代のオイルショックの時期から寿町に限定して導入している居宅保護制度がある。これは、本来、旅館業法の対象である簡易宿泊所を居所とみなして生活保護受給を可能とするものである。東京都台東区、大阪市ではこの制度はなく、山谷、釜ヶ崎に比べて寿町が極めて生活保護受給率が高い理由の一つがこの居宅保護制度だ。特に、一九九〇年代以降にこの制度に基づいて寿町の簡易宿泊所で生活保護を受給して暮らす人々が増加した。

社会福祉・公衆保健の拠点となった地域を指してサービスハブと呼ぶことは第10章で触れたが、福祉ニーズの高い住民が増え、医療福祉関連の施設が多く立地するようになった寿町もサービスハブの一つに数えられる。寿町がサービスハブとなっていく過程について見ると、社会福祉事業法等の改正にともなって地域福祉計画が社会福祉法に新たに規定され、自治体が地域福祉計画を策定するようになったことの影響も挙げられる。

二〇〇〇年の社会福祉事業法等改正にともなって社会福祉法に新たに追加された規定に基づき、全国の地方自治体に地域福祉計画策定が求められることとなった。横浜市全体で二〇〇四年に、寿町が位置する中区で二〇〇六年に地域福祉保健計画が作られ、寿地区地域福祉保健計画推進会議（ことぶきゆめ会議）が始まった。これは、高齢者、障がい者の福祉・ケア等に特化した行政関係者、福祉関係者の情報交換の場づくりという意味合いが強い。地区内の医療介護関係者のネットワークづくりも進んだが、その制度上、支援策はあくまでも住民対象となっており、ホームレスはその対象外である。

地域福祉保健計画策定に基づく高齢者、障がい者に特化した地域福祉の制度化はこれらの人々の生活環境整備改善が進むという意味では地域にとってプラスだと言えよう。しかし、そうした施策が進むことの裏面として、定住する住民以外の人々（ホームレス等）が抱えるさまざまな困難やその背景要因に関わる事象が地域の課題と切り離されかねないという懸念もある。行政施策の中での地域課題が、定住する住民（簡易宿泊所で暮らす住民）を中心に位置づけられていくことは、ホームレス等が地域内に存在するにもかかわらず、地域課題の対象から排除されることを意味する。そして、そうした人々（ホームレス等）にとって過ごしにくい場所へ変化していくことでもある。

3　寿町におけるホームレスをめぐる状況とその変化

ホームレス自立支援制度開始にともなう変化と影響

寿町では生活保護受給者を中心として簡易宿泊所で暮らす住民が増加したが、寿町に関わる人々はそれだけではない。野宿者や居住・生活に困窮した人々にとって寿町は生きていくために必要なさまざまな資源（炊き出し・生活情報・居場所・コミュニケーションの機会等）が利用できる場でもあり続けてきた。

もともと日雇い労働の生活と野宿生活（ホームレス状態）は近接性を持っていた。日雇い労働者が寿町の大半を占めていた時代には、日雇い労働に就けず、収入が得られない場合は野宿をする、収入が得られた場合は簡易宿泊所に泊まる、という生活は珍しいものではなかった。当人たちにとっても一時的な失業時の対応とみなされていた。このように、野宿生活を送ることについては、長らく失業問題の一部、労働問題・労働者に関わる問題として位置づけられる傾向にあったと同時に、日雇い労働者であれば多くが経験することともみなされていた。

野宿生活が日雇い労働者の生活の延長であるという認識は以前の行政施策の中でも同様であった。横浜市寿地区対策担当は、一九八一年に地域課題の一つである「深刻な生活困窮に陥る労働者」に関わる情報の把握のために関連機関との間で労働関連連絡会議を開始した。また、失業した日雇い労働者に対しては寿町や周辺の地域活動の中で積極的な支援が行われてきた。

オイル・ショック（一九七三〜一九七四年）による不況を背景として、寿町では一九七四年に寿地区越冬実行委員会が結成され、年末年始に収入や住む場所がない労働者への支援が、労働組合等を中心とした地域活動として行われるようになった。また、不況対策の法外援護として、横浜市は寿町内で使える食券、簡易宿泊所の宿泊券の配布を開始し、簡易宿泊所を居所とした生活保護受給（居宅保護）を認めた。同時に、住む場所がない労働者への支援として、労働者、一部の市職員等によって寿生活館（市施設）の自主管理が行われ寝泊まりする場所や食事が提供された。このように野宿生活は地域全体の課題、地域の労働者の課題としてとらえられていた。

一九八三年から寿町周辺での野宿者支援、パトロールが開始され、バブル経済崩壊を契機に、一九九三年に町内で炊き出しが開始された。その後、寿町での野宿者支援の拠点として横浜駅周辺、桜木町周辺、および市内各地、さらに県内各地でパトロール活動が開始されていった。

二〇〇二年にホームレス自立支援法が施行され、二〇〇三年には寿町内にホームレス自立支援施設はまかぜ(3)が開設されたことは、寿町内、および周辺で野宿生活を送っていた人々に大きな影響を及ぼした。ホームレス自立支援制度における就労支援は常雇用が前提とされており、それ以外の形態の労働（日雇い労働）を志向する者は原則対象外の制度であったため、寿町やその周辺で日雇い労働を継続したいと考えていた労働者たちへの直接的な支援につながらなかった。一方で、ホームレス自立支援施設ができたことで寿町や周辺の日雇い労働者、ホームレスの生活には大きな影響が生じた。その一つが法外援護制度の縮小、廃止である。

横浜市の法外援護制度(4)は、福祉事務所（当時）で一人一日一回に限り、二種類の券が支給される制度であった。食券（通称「パン券」）は寿町内の指定された食品・生活用品と交換可能、宿泊券（通称「ドヤ券」）は寿町内の簡易宿泊所で利用可能であった。寿町に対象を限定して一九七〇年代から実施されてきたが、一九九〇年代後半から発行枚数が大幅に増加し市財政を圧迫したことと、ホームレス自立支援法に基づく自立支援施設開設（二〇〇三年）にともない、二〇〇六年に配布条件が大幅に制限されて縮小され、二〇一二年に廃止された。

一九九〇年代以降に日雇い労働雇用機会が減少したことと法外援護制度の縮小・廃止は寿町およびその周辺で日雇い労働や都市雑業（アルミ缶回収等）で生活を維持してきた人々に大きな影響を及ぼした。法外援護制度廃止前に実施された地元の労働者組合と横浜市との交渉の場で、日雇い労働者の中村さん（五〇歳代）は以下のように述べ、廃止反対を訴えた。

まだ体も動くし、働けるうちは働きたい。自分が働いて得た収入で生活したい。幸い、まだ声をかけてくれる会社がいくつかある。生活保護を受けている人たちには悪いが、福祉事務所から金だけもらって毎日することもなくドヤ（簡易宿泊所）で一日中テレビを見ているような生活はしたくない。しかし、この間ずっと仕事が減っているし、これまでも仕事がないときはパン券、ドヤ券があって本当に助かった。廃止されるのならばもう自分は寿（町）を離れるしかない。自分と同じような働き方をしている仲間たちも「もう寿（町）には住めない、よそに移るしかない」とどんどん寿（町）を離れている(5)。

法外援護制度が縮小された後も、中村さんのように日雇い労働と法外援護制度を併用しながら生活を維持してきた労働者は寿町には一定数いた。しかし、制度廃止によって、寿町はもはや日雇い労働や都市雑業では生計が成り立ちにくい地域へと変化していった。

「ホームレスが住めない街」になった寿町

二〇〇三年のホームレス自立支援施設の開設後、寿町では公共施設敷地内での野宿が原則的に禁止となった。それまでは都市雑業や日雇い労働と法外援護を併用し、収入がないときは野宿をするという生活を送っていた人々はそうしたことが困難となり、寿町はホームレスが暮らせない街となっていった。

そして、生活保護受給者が住民の大半となり、高齢化、障がい者・要介護者等の増加といった福祉ニーズの高まりにともなって寿町では新たな地域まちづくりの場がつくられていく。寿町では、二〇〇六年から開始された寿地区地域福祉保健計画推進会議と、二〇〇九年から開始された地域防災拠点運営委員会（「横浜市震災対策条例」「横浜市災害時における自助及び共助の推進に関する条例」に基づく）が実質的な地域まちづくり会議の場となり、福祉医療、自立支援、健康づくりについて地域の組織・団体、行政機関、専門機関が情報交換等を行う体制がつくられてきた。一般的には住民によって構成される自治会が地域まちづくりの主体を担うことが多いが、寿町の自治会のメンバーは労働者や生活保護受給者等の住民ではなく社会福祉施設関係者ら（地区内に居住する者も含む）が中心であった。

現在の寿町では、就労自立や生活保護受給を望む人々に対する支援施策が行われると同時に、その拠点

図13-3　横浜市寿町健康福祉交流センター

としての役割も担っている。この役割を念頭に再整備されたのが横浜市寿町健康福祉交流センターである。二〇一九年にオープンして以降、生活保護受給者を中心とした高齢住民の健康・福祉の支援の拠点として機能している。一方で、敷地内での野宿禁止が厳格化され、飲酒・喫煙も禁止となった。もはや寿町は野宿生活ができる地域ではなくなったという意味では、社会的包摂と同時に社会的排除が起きているとも言えよう。

寿町の中で野宿生活ができなくなった現在でも、野宿をしたり、野宿とインターネットカフェ等を併用しながら生活する居住不安定層にとって寿町は炊き出しや食料給付、生活に必要な情報、野宿生活を支える物質的・社会的資源が得られる場所であり続けている。自立支援施設等によるアウトリーチも継続的になされているが、就労自立、福祉自立以外の選択肢や福祉支援が提供されない中で、常雇用を望まない人々、常雇用が困難な人々、生活保護を望まない人々等が路上に残っており、その人たちの多くは寿町にある資源を活用しながら生活している。

図13−4は、二〇一四年以降の全国と横浜市のホームレス数の推移である。全体として減少傾向にある

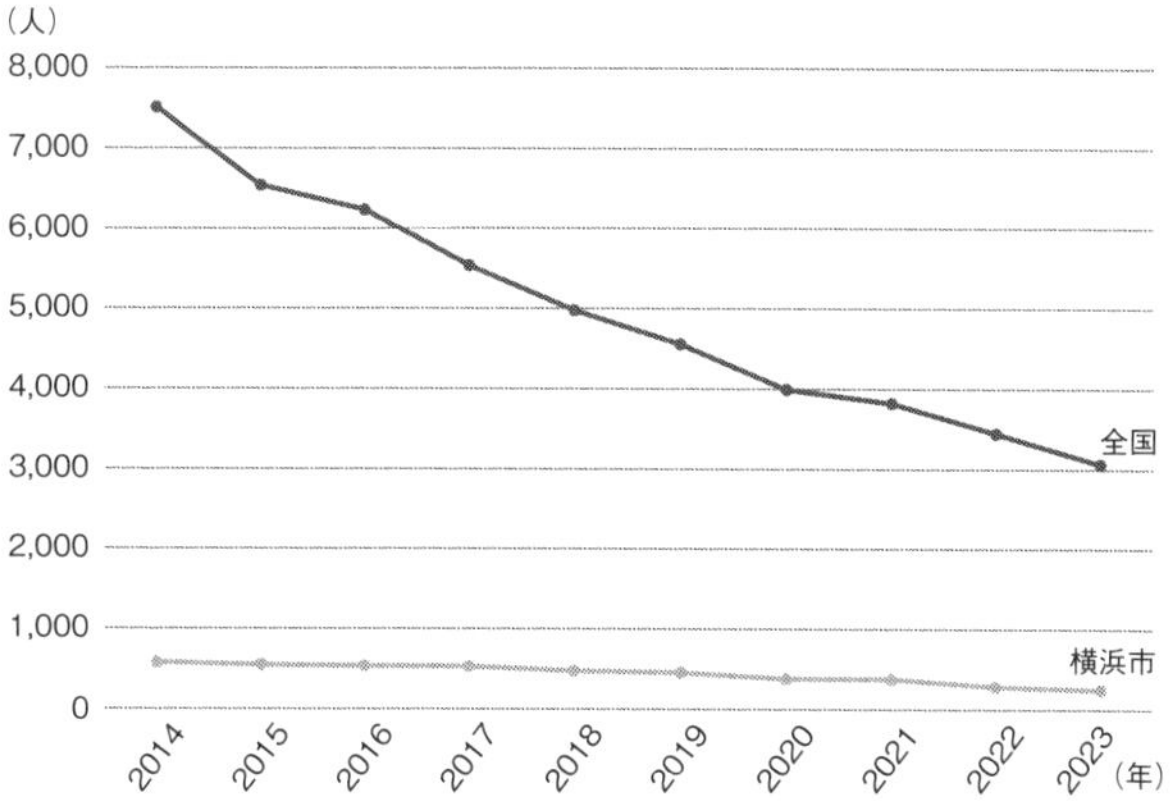

図 13-4　ホームレスの実態に関する全国調査（2014年～2023年）

出典：厚生労働省
注：日中の目視調査である。

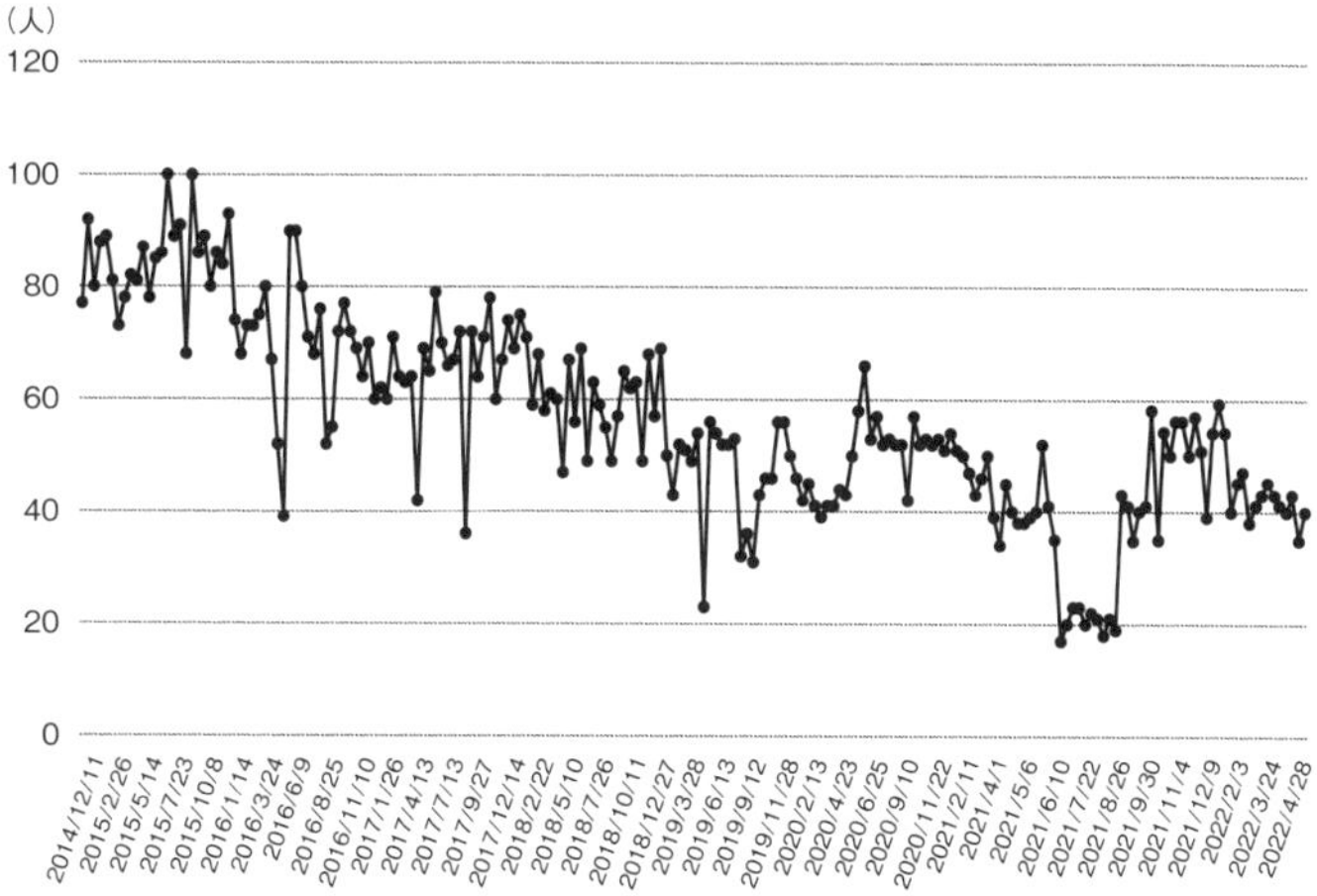

図 13-5　寿町周辺（JR関内駅、横浜スタジアム等）でのホームレスの人数推移（2014年～2022年）

出典：数字は寿・関内夜回り仲間の会（2014年12月～2022年4月）による
注：2021年5月～8月は東京オリンピック開催とその準備により横浜スタジアムが閉鎖された。

が、全国と比べて横浜市では減少幅が小さいことが指摘できる。

図13－5は、二〇一四年から二〇二二年の期間のJR関内駅、横浜スタジアムおよび周辺でのホームレスの人数の推移（支援団体による集計）である。全体としては減少傾向にあるが、大きな変化は見られない。寿町の周辺で野宿生活を送る人々が一定数いる状態が継続していると言えよう。

4　寿町でジェントリフィケーションは起きたのか

事業者・アート団体の参入と外部から寄せられた注目

ここまで見てきた寿町の社会変化は、福祉化の進行とは呼べてもジェントリフィケーションとみなせる事象はほとんどない。簡易宿泊所の宿泊代金は、実質的には横浜市の生活保護費（住宅扶助）とほぼ同じ程度の額で設定されており、DTESのように極端な上昇は生じていない。簡易宿泊所がリノベーションされて家賃（宿泊代金）が倍増し、宿泊者が立ち退きを迫られるようなリノヴィクションの事象も見られない。むしろ、寿町の簡易宿泊所は一九九〇年代後半以降、空室が増え続け、二〇〇〇年代後半には空室数が二〇〇〇を越え、高止まりしたままの状態が続いている。このように住宅不足や家賃上昇の点だけで見ると、寿町はジェントリフィケーションとはまったく関係がないように映る。

ルース・グラスが想定していたジェントリフィケーションとは、都市のインナーエリアで土地利用整理が行われた結果、工場等が転出し、小規模小売店がスーパーマーケットに置き換わり、景観変化が生じると同時に、住民の社会階層が上昇し、それまでの住民が他所へ移らざるを得なくなる、というものだった。一方で、現在、多くの場でジェントリフィケーションとして指摘される現象は再開発と結びついている。社会経済活動が停滞した都市インナーエリアが再開発によって活性化すると同時に、より高所得の消費者や住民が増え、地価・家賃の上昇が起きて、もともとの住民たちは立ち退きを余儀なくされる、という構図で語られることが多い。この構図の中で、地域の活性化に焦点を絞った場合には、寿町にも関連する事象を挙げることができる。

福祉化の進行と並行して、寿町では二〇〇〇年代に入ってから簡易宿泊所の空室をホステル（旅行者向けの宿泊施設）として提供する事業者（企業）、現代アートのパフォーマンス等を実施するアート団体（任意団体）がそれぞれ新規に参入し、特に二〇一〇年代前半ごろの数年間は新事業や現代アートの作品展示・パフォーマンス等が活発に行われ、地域外からも注目を集めることも多かった。

そして、ここでキーワードとして用いられたのが「地域活性化」であった。同時に、停滞地域で外部参入者によって新たな取り組みがなされることで地域再生が図られるというストーリーがマスコミなどメディアによって広まることで、寿町には「活性化されることで再生される停滞地域」というイメージが外部から付与された。

具体的には、簡易宿泊所の空室をホステルとして活用する事業（二〇〇四年開始）、寿町のプロモーションビデオ作成（二〇〇五年）、ジョブトレーニングも行う食堂のオープン（二〇〇九年）等が、その一部について行政の補助も受けながら事業者によって実施され、現代アーティストによる滞在制作・パフォーマンス実施（二〇〇八年開始）等がアート団体によって行われた。この過程で、横浜市の創造都市施策に関する専門委員会である創造都市横浜推進協議会によって寿町は「重点取り組みゾーン」の一部に位置づけられ、文化芸術の拠点づくり、新規参入事業者による新産業育成という観点から「まちの活性化を目指し活躍する」（同委員会提言書）アーティストやクリエイターが活動する地域としての期待を寄せられるようになった。

イメージの刷新がもたらすソフトなジェントリフィケーション

これらの活動に注目が集まったのは二〇一〇年代後半ごろまでの一定期間であった。このことが寿町でのそれらの活動に関心を持った来街者を一時的に増やした側面はあるにせよ、あくまでも寿町に対するイメージの刷新であり、地価や家賃の上昇、住民の立ち退きにつながることはなかった。一方で、寿町が「活性化の対象となりうる困難地域」とみなされていったことは、社会福祉的な支援拠点としての寿町の位置づけを強めていく結果ももたらした。本章の1で見たように、寿町では、一九七〇年代ごろから住民らが主体となって実施してきた内発的な取り組み、相互扶助が行われてきたが、高齢化をはじめとした住民構成等の変化を経て、行政機関・外部団体による外発的な働きかけを通じた活性化や生活支援が積極的に行われる地域へと変わった。日雇い労働者の街であった寿町は、要求型・対抗型の社会運動や地域活動が行われ、必ずしも行政が描く地域再編の枠組みに沿う地域ではなかった。しかし、新たな事業者・団体による活動を通じて「外部からの活性化策や支援が必要な無力な地域」へとそのイメージは転換されていった。このことは、寿町が「活性化される必要性」を外部に示すと同時に、行政による地域再編に説得力を持たせる効果も生んだ。

事業者やアート団体が活発に活動し、一時的に対外的に注目されたことは、寿町のイメージを一新し、労働運動や地域活動の歴史や経験にまつわるイメージを希薄化させることにつながった。また、寿町に地域外から事業者・団体等が新規参入し、注目されることで、行政の助成等を受けて新規の事業・活動が実施されることへの地域住民、地域関係者らの抵抗感を和らげる効果ももたらした。このことは、ジェントリフィケーションそのものとは言い難いが、イメージ刷新によるソフトなジェントリフィケーションとも呼ぶことができるだろう。

本章の1でも触れたように、大阪・釜ヶ崎等をはじめ、日本の各地では、同じ風景を見ながらそれをジェントリフィケーションと呼ぶことが妥当か否か、という議論がなされてきたが、往々にして立場によって意見・主張は分かれる。横浜では、これまでに市の創造都市施策やそれに関連した市内中心部の景観変化、中心部再開発（馬車道、関内等）、黄金町でのアートを用いた地域まちづくりおよび地域浄化（クリーン化）が行われ、それらもしくはその一部について「ジェントリフィケーションだ」という指摘もなされてきた。筆者もそうした意見にはおおむね同意する。しかし、これらは寿町と直接関連しているわけではなさそうである。では、これらの再開発地域と寿町をはじめとする低所得地域との関連はどのように考えればいいのだろうか。

審美化された再開発地域と低所得地域との分離

外部からのイメージが刷新されようとも、活性化に関わる期待が付与されようとも、現実の寿町では生活保護受給者が依然として多数を占め、医療・介護・生活支援を担う各種サービスが集中する「福祉の街」としてあり続けている。また、地域団体等による地域活動も変わらず続けられている。しかし、「外部からの活性化策や支援が必要とされている地域」とみなされることやその実例が広く示されることで、治安に対する外部からの懸念は相対的に低下し、新規参入、施設整備等を含む地域再編の障壁はずっと低くなった。これらとどの程度関連しているかは不明だが、二〇二〇年代に入ってから寿町の近隣ではマンション建設や簡易宿泊所の学生寮への転用も見られる。

長らく、寄せ場は流動的で居住が不安定な低所得層、ホームレス等の最後の包摂場所とみなされてきた。一方で、現在の寿町の状況は、ホームレス、インターネットカフェといった不安定居住とそれに関わる貧困問題が、長らくホームレスをはじめとする生活困窮者を支えてきた地域社会から切り離されつつある状況とも言えよう。寿町では、定住の住民を主な対象とした地域福祉施策が進むことで、もともと他地域に居住していた低所得の高齢者、受け入れ先確保が難しい各種施設からの出所者、障がい者等が地域生活を送る際の受け皿としての役割を果たしてもいる。一方で、ホームレス等の貧困問題が行政による地域課題から切り離されつつもある。現在の寿町は、地域全体が福祉施設の代替となっている状態であり、結果的に他地域よりも医療福祉的な機能の発達も生じている。これがサービスハブ化につながっていると同時に、福祉ニーズの高い人々のさらなる流入を促してもいる。

横浜ではみなとみらい地区再開発の後に、馬車道駅前や関内駅前の再開発も進められたが、これらの地域はいずれも寿町からも近い距離にある。しかし、これらの審美化された空間からは寿町やそこで簡易宿泊所で暮らす人々の存在は見えない。「福祉の街」というと聞こえはよいが、セキュリティが強化されたクリーンな再開発地域での営み（消費等）と、障がいや疾病等を抱え、支援を受けながら暮らす低所得の単身高齢者たちが互いに接することなく、空間的にも社会的にも分離している状態が生じている。また、これらの再開発地域はもともとホームレスの生活空間にあたる場所でもあったが、審美化やセキュリティ強化が進むことでそうした人々の居場所はさらに失われつつある。

図 13-6　関内駅前で工事が進む再開発地区（2024 年 7 月）

横浜では、バンクーバーほど顕著な形でホームレスの排除がなされてきたわけではない。しかし、地域福祉施策が重点化され、福祉機能が拡充されていくことの裏面として、かつては町内にいることが当たり前の存在であったホームレスが暮らせない地域へと変わった。今も寿町内で利用できる各種資源（炊き出し・無料シャワー等の施設利用・情報交換等のコミュニケーション等）を利用するために寿町を訪れるホームレスは少なくない。しかし、それはあくまでも寿町が持ち続けている機能の一時的な利用であり、そこで生活することはできない。かつては寿町に集まり、就労、生活を維持してきた人々は寿町の外で点在して暮らさざるを得ない。そして、そうした生活が可能な場所は徐々に縮減してきている。

大阪・釜ヶ崎では隣接地域に新たな商業施設やホテルが建設され、観光客対象のホテルに切り替える簡易宿泊所も出てきている。寿町の状況は釜ヶ崎ともDTESともまた異なる。現在ジェントリフィケーションが進行中であるともただちには言えないが、近接する関内駅前では再開発事業が進められており、今後、大規模商業施設が開業する計画もある。空間的にも時間的にも近いところまでジェントリフィケーションが迫ってきているという状態が、現在の寿町だと言えるだろう。

なぜ日本ではジェントリフィケーションが指摘されにくいのか

カナダ、米国と異なり、日本では「都市で起きているその変化はジェントリフィケーションだ」という断定や明言はほとんどされず、むしろ正面からの議論は避けられている印象である。大きな理由として、ジェントリフィケーションという語そのものが一般に知られていないことがまず挙げられる。また、たとえジェントリフィケーションという語を知っていたとしても、目にしている光景をジェントリフィケーションという観点からどのように評価してよいか、という判断に躊躇や迷い、混乱が生じている場合も多い。このような状況は、釜ヶ崎や今やアートの街として知られるようになった横浜・黄金町でも同様である。「ジェントリフィケーションだ」という批判と「地域の再生につながっており、ジェントリフィケーションと一方的に断罪するのは適切ではない」という意見が並行して存在する状態が長く続いている。

以上のような状況となっていることの主な理由の一つは、日本では北米ほど住宅価格の高騰（近年は東京都心部等で部分的に生じてはいるが、北米大都市ほどの規模ではない）や住民の階層的な入れ替わりが顕在化していない、もしくは注目されていないためではないだろうか。後者に関しては、東京をはじめとした大都市中心部の一部で起きているとも言われてはいるが、その実態が十分に把握されているわけではない。このようなことから、これまでの日本においては、都市中心部での再開発を指してジェントリフィケーションだと批判することはあっても、そこからの具体的な進展が生じにくい、またバンクーバーのように制度的な規制や反対運動までは至りにくい状態にある、と言えるだろう。

（1）西成区での地域活性化、再チャレンジ可能な社会の実現、子育て世代が住みやすい地域まちづくり等を目標に掲げた大阪市の事業。二〇一三年度から本格的に開始された。
（2）寿町内の介護施設管理者による説明をもとに記述。年齢は二〇二一年時点のもの。
（3）現在は生活自立支援施設。
（4）全国の多くの自治体が法外援護制度を実施しているが、法外援護には統一的な定義はなく、各自治体で独自に条例等を定め、対応を行っている。本章で扱う「食券」「宿泊券」は横浜市独自の制度であった。
（5）二〇二二年九月七日、参与観察調査より。（　）内は筆者による補足。

終章　ジェントリフィケーションを通して社会をとらえる

1　都市の風景の変化とジェントリフィケーション

現在、日本でも都市の中で再開発や駅前整備をたびたび見かけるようになった。駅前が拡張され、狭く通りにくかった道が通りやすくなった、大型スーパーマーケットや商業施設ができ、買い物が便利になり、街の雰囲気も明るくなった。一度はこのように感じたことがある人も少なくないだろう。こうした変化を指して「街がきれいになった」という表現が使われることも多い。一方で、長くその地域や商店街で商売を営んできた個人商店が急に店をたたみ、跡地がチェーン店に変わったり、以前よりも価格帯の高い店に変わった、という経験のある人も同じように多いだろう。

こうした再開発による景観や風景の変化をどのように考えればいいのか。実際の風景を目の当たりにしながらそのように感じる人も少なくないのではないか。たとえば、東京の下北沢では二〇二二年に線路跡地が再整備され、店舗、緑地、広場などが連なる「下北線路街」としてオープンし、乗り入れている私鉄二路線の施設内に飲食店などが連なる商業施設も新たに整備された。同じく東京の渋谷駅近くにあった区立宮下公園は再整備され、ホテルを含む低層商業施設が二〇二〇年にオープンし、その屋上施設として区立公園が移設された。

下北沢については、長く凍結状態にあった道路計画が再浮上したことをきっかけに持ち上がった再開発計画に対して大規模な反対運動が起き、その後、住民参加型の検討会議での議論を経て、線路跡地等が再整備された。区立宮下公園はもともとホームレスが生活する空間でもあった。しかし、公園のネーミングライツ（命名権）を区がグローバル企業であるスポーツ用品メーカーに売却し（その後、命名権協定は途中解約された）、スポーツ施設等を整備して有料公園とする計画を打ち出し、このことに対する反対運動、訴訟も起きた。この過程でホームレスやその支援者らが立ち退かされたこと、高級ブランドも入店する商業施設がオープンしたことから「公共空間からのホームレス追い出しだ」「ジェントリフィケーションだ」との批判もなされた。日本の都市における再開発、再整備に対する批判はこれまでもたびたびなされてきており、住民の追い出しに言及した批判も多い。しかし宮下公園のような一部の事例を除き、「ジェントリフィケーションだ」という批判はこれまでさほど活発にはされてこなかった。これは、本書で紹介したカナダ・バンクーバーの事例とは大きく異なる。

2　グラスの時代から何が変わり、何が変わっていないのか

本書前半でとりあげたグラスは、一九六四年に出版された論集『ロンドン―変化の諸相』の「イントロ

ダクション」において初めてジェントリフィケーションという語を用いた。ただし、グラスは郊外化も含めた都市ロンドンの社会変化全体を見た上で、特に中心部で生じている新たな現象に着目してジェントリフィケーションと名づけた。しかし、現在の日本の都市では、宮下公園など局所的な事象を指してジェントリフィケーションと呼び表す傾向が強く、またどちらかと言えば住宅よりも商業施設をめぐる整備や変化を指す場合が多いようだ。

グラスは当初から社会には階級差が存在すること、そのことが社会の中で一定程度顕在化されてきたことを前提に、その地区で暮らす住民の階級が入れ替わる事象を批判的にとらえてジェントリフィケーションと呼んだ。このこと、特に階級に主眼を置いたとらえ方は、後に一部で批判的な指摘も受けた。現在の日本でジェントリフィケーションという語がとらえどころのない、わかりにくいとされる理由の一つは、所得格差は拡大しているとされるものの、社会の中で階級差がはっきりとは認識されてこなかったこともあるだろう。

バンクーバーをはじめとする北米では、ジェントリフィケーションを発生させる存在（ジェントリファイヤー）として、個々の小規模企業や商店というよりは大規模なグローバル企業、投資・投機のために土地・住宅の売買を行う大規模不動産企業が非難されることも多い。つまり、都市の一区画だけでジェントリフィケーションが発生しているのではなく、グローバルな資本の動きが世界規模で生じているという理解がなされている。そして、批判対象であるジェントリフィケーションの背景にあるものとして新自由主義的な政治・経済のあり方、大企業に利益をもたらす大規模な規制緩和が名指しされて批判されることも多い。

このように、今日、必ずしも統一的な事象を指してジェントリフィケーションという語が使用されているわけではない。しかし、世界全体で見ればジェントリフィケーションという語は広く普及し、さまざまな場面で反対運動や社会運動のスローガンとしても用いられてきた。バンクーバーの事例では、ジェントリフィケーションという事象の解釈は一致しないながらも、自分たちがこのようにあり続けたいと望む生活、住み続けたいと願う地域を維持し続けるために、また現在よりも暮らしやすい地域とするために、異なる立場の人々がそれぞれにジェントリフィケーションに対抗する活動を行っている事例を紹介した。

世界の都市でジェントリフィケーションが注目されている大きな要因の一つが、住宅問題、特に家賃・地価の高騰とそれにともなう生活環境への圧迫である。グラスが『ロンドン―変化の諸相』の「イントロダクション」で、将来ありうるかもしれない懸念として述べたように、大都市の中心部で安定した住居を得られるのはもはや「高収入を得られる富裕者」だけ、という事態は現実に生じている。二〇二三年には、ロンドンの賃貸住宅の家賃の高騰が報道されている(1)。

社会学者であったグラスは、単に住宅に関わる問題だけに注目するのではなく、その都市の地位の低下、経済と社会の不一致の顕在化がそこに暮らす人々に不安をもたらしかねないことにも着目した。そして、そのことが都市の中でのさまざまな摩擦、スケープゴート探しや今で言うところのヘイトクライム、ヘイトスピーチにもつながりうることを、グラスは当時の英国社会による西インド諸島出身者らの扱いから読み解き、懸念を提示した。現代でも「外国人問題」「移民問題」といった表現がよく用いられるが、グラスも指摘しているように、「問題」として名指しされている側が問題なのではなく、名指しする側やその者たち（社会のマジョリティ側）が構成する社会の問題としてこそとらえる必要がある。都市の中で何か新たな事象が生じ、それが「問題」とみなされたときに、都市に新たに現れた外部からの参入者だけに要因を見出そうとするのではなく、その都市、社会がもともと構造的に抱えていた課題、特質やその背景に目を向ける必要があるということだ。これは、現代の移民・外国人、ホームレスだけでなく、繁華街に集まる若者たちや観光客をめぐる「オーバーツーリズム」等について考える際にも当てはまるだろう。

3　ジェントリフィケーションをより多角的にとらえる

都市の再開発や再整備に対して、日本では一般的に「街がきれいになった」と評価されることが多く、「きれいになる」以前の風景は忘れ去られがちだ。そこから何がなくなり、誰がいなくなったのか、深く考えることもあまりない。しかし、しばし立ち止まって「以前ここに何があり、誰がいたのか」と考え、「なぜなくなったのか、なぜいなくなったのか」とその背景や理由に思いを巡らせることは重要だ。なぜならば、そのことこそが都市で生じる変化の構造を主体的に読み解くための第一歩となるからだ。

宮下公園の再開発は明らかにホームレスや支援団体の追い出しにつながり、新たに開店した商業施設には多くの高級ブランドが入った。このことだけを指して「ジェントリフィケーションだ」と呼ぶことも不可能ではない。しかし、そうした個別の変化だけでなく、宮下公園の再開発を可能ならしめたものは何だったのか、それは周辺地域を含む都市全体をどのように変えてきたのか、という視点で見ることは、より広い範囲でジェントリフィケーションをとらえるという意味で重要である。二〇二一年に開催された東京オリンピック・パラリンピックでは、新国立競技場建設のために都営アパートから住民が立ち退きを強いられた。オリンピックをはじめとするメガイベントやそれに付随する開発もジェントリフィケーションを生み出す要因とみなすことができる。

長期的な範囲でとらえれば、地価の上昇や産業構造・雇用状況はもちろん、関連する諸制度を含めたその社会全体に一定の方向性の（新自由主義的な）変化が生じていることは自明である。そのことは「目に見える形で追い出された人々」だけでなく、それまでその場所・地域に関わっていた人々やその生活の全体にどのような影響を及ぼしたのだろうか。「以前にここに何があり、誰がいたのか」と自身の経験も振り返りながら考えることで、見過ごしていた都市や社会の実像、それらの背景にある構造が見えてくるはずだ。まさにグラスはそうした統合的な視点で社会全体をとらえ、都市の変化を読み解いたのである。

より視野を広げてジェントリフィケーションという経験をとらえるための術《すべ》についても考えてみたい。それまでそこに暮らしていた人々や店舗等が別の場所に移らざるを得ない、という状況はジェントリフィケーション以外でも多数起きている。開発、自然災害、紛争、原発事故など、近年だけ見ても世界中で数多くの人々がもとの住まいからの移動を強いられている。これらはそれぞれに状況や背景が異なり、単純にすべて同列には扱うことはできない。しかし、自らが望んでいないにもかかわらず住まいを追われ、元の場所に戻ることができない、そのことによって生活が大きく変容するといった個人の経験をより大きな枠組みでとらえれば、構造的に類似したことが生じているともいえよう。ジェントリフィケーションという事象は、社会、都市の全体といったマクロな視点からも、個人の経験といったミクロな視点からもとらえることが可能である。そして、全体状況の把握のためにはその両方が必要となる。

4 複眼的な視点に立った都市の理解のために

グラスのたどった道から私たちは何を学びえるだろうか。

グラスが提示したことの一つは、真の意味での学際的取り組みや多分野協働の重要性だ。グラスは、その数々の業績を通じて、社会科学、社会調査は他の専門分野と協力し合うことで地に足のついた都市計画・地域計画の実現に役立つことができると述べている。これを現代に読み替えるならば、専門化され、細かく分化した各分野の専門家・担い手たちが共通の問題意識のもとに集まり、自分たちが目指す社会に関するイメージの一致、コンセンサスを図ることこそが、複雑な社会課題の実態や構造を明らかにし、状況を改善し、よりよい社会・生活を獲得していくための一歩となる。

今日、たびたび耳にする「多様性」「社会的包摂」「誰も取り残さないまちづくり・地域づくり」は、本来、多分野の対話や交流、そして多角的なデータやエビデンスの参照・分析を通じて具体的なイメージづくりとそのための方策が検討され、それらを踏まえた実践の上になされるべきだ。しかし、現実には、一定の専門分野で何度も使われてきた型・フォーマットに沿って進められる場合も多い。都市をはじめとする社会の共同性は複雑でわかりにくいことばかりである。多分野の視点から社会の共同性、空間の公共性、都市の中での「公共」のあり方について考えようとすれば、相互の矛盾に気づいたり、わずかな数の用語や概念だけでは表現しきれないという現実にも直面するかもしれない。そのことを知り、向き合うこと、そして使い慣れたわかりやすい用語や概念というメガネをいったん外して都市・社会の姿を見ようとすることから、自分たちが生きる場の真の「理解」や「発見」は始まる。グラスがロンドンをはじめとした英国で実践し、生涯をかけた調査、研究、都市計画への関与といった一連の業績は、現在の時代を生きる私たちにとって必要な術とそのための「社会の見方」を教えてくれている。

（1）ＮＨＫ国際ニュースナビ「家賃が四七万円⁉ ロンドンで『家が借りられない』いま何が？」（二〇二三年一二月二六日）https://www3.nhk.or.jp/news/special/international_news_navi/articles/feature/2023/12/26/36861.html

あとがき

バンクーバーのダウンタウン・イーストサイド（DTES）で二〇一二年に筆者が調査を始めたとき、現地では「ジェントリフィケーション」という語はすでに広く大勢に知られていた。ストリート・ペーパーで特集が組まれ、ジェントリフィケーションをめぐって地域内で議論や混乱があったことは本書の第二部で紹介したとおりである。文字通り、DTESの誰もがジェントリフィケーションへの懸念を語っていたし、多くの場合、それは人々の日常生活の中の経験、実感に起因するものだった。

しかし、その後、ジェントリフィケーションという語の使用は控えられていった。その理由を尋ねてみたところ、「漠然としており、指す範囲が広すぎるから」という回答が多くを占めていた。そうした時期を経て、今日では、ジェントリフィケーションは「すでに起きているもの」とみなされ、止めることはできないにせよ、いかにしてその速度を遅らせることができるか、という意識がDTESで住宅問題や地域経済活性化に関わる人々には共有されている。

日本ではジェントリフィケーションという語は、欧米ほどは、一般には知られてこなかった。日本の低所得地域を対象に研究を行っている、ある米国人研究者は「東京では明らかにジェントリフィケーションが起きているように見えるのに、日本ではそう認識されていない」と語っていた。都市の中で同じ風景を見ても、それをどのような現象・問題として見るか見ないか、ということは、それを表す語、概念の理解や認識にも大きく関わる。

本書は、前半でジェントリフィケーションという語をつくったルース・グラスの業績を振り返ることで、この語が生み出されてきた背景や課題を探った。改めてグラスの業績を読み返してみると、現在のハウジング・ジャスティス、特に公営住宅や低所得層の居住保障を求める議論・主張と重なる部分が多いことに気がついた。当時、グラスが警鐘を鳴らしながらも、その後、長期にわたって積み残されてきた問題が形を変えつつ社会に残り続けていることを表しているとも言えよう。そして、時代は変わってもそうした問題の影響を最も受けるのが社会の周縁に置かれている人々、市井に暮らす人々であることも、残念ながら、変わりがない。

本書の当初の企画は、グラスの業績を振り返ると同時に現代のジェントリフィケーションについても検討するというものだったが、その時点で筆者は現代の事例としてバンクーバーだけを想定していた。筆者は学生時代の一九九六年から横浜・寿町で調査・研究を続けてきたが、本書執筆に関わるまでは正直なところ寿町でのジェントリフィケーションについてそれほど深く考察してきたとはいえない。その後、寿町についても一章を加えることとなったが、本書執筆は筆者にとっても、日本国内でのジェントリフィケーションをどのように考えるか、という問いに向き合う貴重な機会となった。日本でジェントリフィケーションという語が広く知られてこなかった理由の一つは、単なる知識の多寡だけではなく、欧米型のジェントリフィケーションとはまた別の、日本の都市・地域の文脈に沿ったジェントリフィケーションの理解や説明が必要だということでもあるだろう。

現在、日本のさまざまな都市・地域で、望んでいないにもかかわらず住まいを退去させられたり、経営していた小規模店舗を閉じざるをえなかったりする人々がいる。また、「次は自分の番か」と、追い出しの恐れを抱えながら生活している人々もいる。そうした人々が自分の経験や思いをどのように表現し、また理解することができるか、そこにジェントリフィケーションに関わる学問の一つの役割はあるはずだ。本書が、読者の方々が日々の身近な出来事から、あるいは国内・国外の事例から、ジェントリフィケーションについて考えていく際のヒントを得られる一助となれば、幸いである。

寿町とバンクーバーのいずれにおいても数え切れないほど多くの人々に支えられて調査を実施することができた。一人一人の方々に深く感謝している。特に、「現在バンクーバーと呼ばれる地域」（バンクーバーは植民者が名付けた地名だが、本来は先住民固有の土地）で一時的な滞在者である筆者を受け入れてくれた先住民の人々とその土地に敬意と心からの謝意を示したい。

二〇二四年一一月

山本薫子

1957		1957 年家賃法
1958	調査担当ディレクターとなる（46 歳）	ノッティンガム騒擾、ノッティングヒル騒擾
1960	『ニューカマーズ―ロンドンの西インド諸島移民』（48 歳）	
1962		英連邦移民法
1964	『ロンドン―変化の諸相』（52 歳）	
1965	「ロンドンの住宅ニーズ―グレーター・ロンドンの住宅に関する委員会への意見書」（53 歳）	・グレーター・ロンドン発足 ・ホランド委員会報告書 ・1965 年家賃法
1970	「カムデンにおける住宅」（58 歳）	
1971		1971 年移民法
1972	王立英国建築家協会の名誉研究員（60 歳）	
1978	デイヴィッド・ヴィクター・グラス死去（66 歳）	
1979		サッチャー政権（～ 1990 年）
1982	シェフィールド大学から名誉文学博士授与（70 歳）	
1989	『都市の破滅についての常套句』（77 歳）	
1990	3 月 7 日に英国サリー州で亡くなる（享年 77 歳）	

ルース・グラス関連年譜

年	グラス（1990年を除き、年齢は各年の年末時点のもの）	英国社会
1912	6月30日にドイツ・ベルリンで出生	
1914		第一次世界大戦勃発（～1918年）
1919		住宅・都市計画法（アディソン法）
1923		住宅法（チェンバレン法）
1924		住宅法（ウィートリー法）
1929		米国での株価大暴落にともなう世界不況
1930		住宅法（グリーンウッド法）。スラムクリアランスの進展。
1932	ドイツを離れる（20歳）	
1935	ヘンリー・ウィリアム・デュラントと結婚（23歳）	
1939	『ウォトリング―新興住宅地の社会生活調査』（27歳）	第二次世界大戦勃発（～1945年）
1940		バーロー委員会報告書
1941	・ヘンリー・ウィリアム・デュラントと離婚（29歳） ・米国・コロンビア大学の応用社会調査研究部門で上級調査員	
1942	デイヴィッド・ヴィクター・グラスと結婚（30歳）	
1946	「ベスナル・グリーンでの生活」（34歳）	1946年住宅法
1947	・『計画の社会的背景―ミドルズブラの報告』 ・政策系シンクタンクに調査員として所属（35歳）（～1948年）	
1948	都市・国家計画省で調査部門の責任者（36歳）（～1950年）	・1948年国籍法 ・ウィンドラッシュ号が英国着
1949		1949年住宅法
1950	ユニバーシティ・カレッジ・ロンドンに移る（38歳）	
1951	社会調査ユニットのディレクターとなる（39歳）	
1954	「ランズベリー地域のプロフィール」（41歳）	

その他の参考文献（英語）

Committee on Housing in Greater London, House of Commons, 1965, *Report of the Committee on Housing in Greater London* (Chairman: Sir Milner Holland).

Johnson-Schlee, Sam, 2019, "What would Ruth Glass do? London: Aspects of Change as a critique of urban epistemologies". *City: Analysis of Urban Trends, Culture, Theory, Policy, Action*. 23:1, 97–106.

Lees, Loretta, Hyun Bang Shin & Ernesto López-Morales, 2016, *Planetary Gentrification*, Cambridge: Polity.

Subramanian, Divya, 2020, "Ruth Glass: Beyond 'Gentrification'," *The New York Review*.（2024 年 9 月 10 日最終閲覧）（https://www.nybooks.com/online/2020/01/20/ruth-glass-beyond-gentrification/）

Young, Michael W. & Peter Willmott, [1957] 2007, *Family and Kinship in East London*, London: Penguin Random House.

画像出典一覧

p.32, p48, p.73, p.111, カバー表 4：Wikimedia Commons

p.23：UCL Urban Laboratory サイト

p.84：https://www.theguardian.com/uk-news/gallery/2023/jun/20/journeys-to-hope-archives-of-the-windrush-generation

※それ以外で特に注記のないものは著者撮影

ギリス・ドイツ・フランス・アメリカ』ミネルヴァ書房.
スミス，ニール，原口剛訳，2014,『ジェントリフィケーションと報復都市―新たなる都市のフロンティア』ミネルヴァ書房.（=1996, *The New Urban Frontier: Gentrification and the Revanchist City*, London: Routledge.）
創造都市横浜推進協議会，2010,「提言書　クリエイティブシティ・ヨコハマの新たな展開に向けて―2010年からの方向性」.
富岡次郎，1988,『現代イギリスの移民労働者―イギリス資本主義と人種差別』明石書店.
富岡次郎，1992,『イギリスにおける移民労働者の住宅問題』明石書店.
パナイー，パニコス，浜井祐三子他訳，2016,『近現代イギリス移民の歴史―寛容と排除に揺れた200年の歩み』人文書院.（=2010, *An Immigration History of Britain: Multicultural Racism Since 1800*, London: Routledge.）
マール，マシュー，2020,「強度のネオリベラル化とワークフェア政策の功罪」山口恵子・青木秀男編『グローバル化のなかの都市貧困―大都市におけるホームレスの国際比較』ミネルヴァ書房：259–270.
本内直樹，2011,「第二次世界大戦期イングランド北東部の都市労働者・主婦層の居住環境と友人・隣人関係―『ミドルズバラ市の戦時社会調査』の資料から」『国際比較研究』7: 3–34.
森千香子，2023,『ブルックリン化する世界―ジェントリフィケーションを問いなおす』東京大学出版会.
ロー，スチュアート，2017,『イギリスはいかにして持ち家社会となったか―住宅政策の社会学』ミネルヴァ書房.（=2011, *The Housing Debate*, Bristol: The Policy Press.）
山本薫子，2013,「現代日本の都市下層地域における福祉ニーズ増大と地域課題の再編―横浜・寿町地区の事例から」『日本都市社会学会年報』31: 95–110.
山本薫子，2014,「福祉化する都市下層地域における社会的包摂／排除―カナダ・バンクーバーにおけるハウジングファーストによるホームレス支援施策を中心に」『年報社会学論集』27：208–219.
山本薫子，2016,「ジェントリフィケーションに抗する都市下層地域―居住保障と地域経済活性化の取り組みを中心に」『日本都市社会学会年報』34: 74–92.
横浜市健康福祉局生活福祉部生活支援課寿地区対策担当，「寿福祉プラザ相談室　業務の概要」各年版.

参考文献一覧

本書で扱ったグラスの著作（共著を含む）

Glass (Durant), Ruth, 1939, *Watling: A Survey of Social Life on a New Housing Estate,* London: P. S. King and Son.

Glass, Ruth and Maureen Frenkel, 1946, "A Profile of Bethnal Green," *A Contact Book*, 3: 36–45.

Glass, Ruth, [1948]2013, *The Social Background of a Plan: A Study of Middlesbrough*, Oxon and New York: Routledge.

Glass, Ruth and John Westergaard, 1954, "A Profile of Lansbury," *Town Planning Review,* 25(1): 33–58.

Glass, Ruth, assisted by Harold Pollins, 1960, *Newcomers: the West Indians in London*, London: Centre for Urban Studies / George Allen & Unwin Ltd..

Centre for Urban Studies ed., *London: Aspects of Change*, 1964, London: MacGibbon & Kee.

Glass, Ruth and John Westergaard, 1965, London's Housing Needs: Statement of Evidence to the Committee on Housing in Greater London, Centre for Urban Studies.

Glass, Ruth, 1970, "Housing in Camden," *Town Planning Review*, 41(1): 15–40.

Glass, Ruth, 1989, *Clichés of Urban Doom and Other Essays*, Oxford: Basil Blackwell.

本書で扱ったもの以外のグラスの著作のリスト

https://www.ucl.ac.uk/urban-lab/research-projects/2022/feb/remembering-ruth-glass

その他の参考文献（日本語）

川分圭子・堀内真由美編著，2023，『カリブ海の旧イギリス領を知るための 60 章』明石書店．

木村葉子，2013，『イギリス都市の祝祭の人類学―アフロ・カリブ系の歴史・社会・文化』明石書店．

国本伊代編著，2017，『カリブ海世界を知るための 70 章』明石書店．

小玉徹・大場茂明・檜谷美恵子・平山洋介，1999，『欧米の住宅政策　イ

山本　薫子（やまもと かほるこ）
東京都立大学都市環境学部准教授。博士（社会学）。専門は都市社会学。著書に『横浜・寿町と外国人―グローバル化する大都市インナーエリア』（福村出版、2008年）、『原発避難者の声を聞く―復興政策の何が問題か』（共著、岩波書店、2015年）、『社会にひらく 社会調査入門』（共著、ミネルヴァ書房、2023年）など。

立ち退かされるのは誰か？
――ジェントリフィケーションと脅かされるコミュニティ

2024年12月20日　初版第1刷発行

著　者――――山本薫子
発行者――――大野友寛
発行所――――慶應義塾大学出版会株式会社
〒108-8346　東京都港区三田2-19-30
TEL〔編集部〕03-3451-0931
〔営業部〕03-3451-3584〈ご注文〉
〔 〃 〕03-3451-6926
FAX〔営業部〕03-3451-3122
振替 00190-8-155497
https://www.keio-up.co.jp/
装　丁――――木下　悠
組　版――――株式会社キャップス
印刷・製本――中央精版印刷株式会社
カバー印刷――株式会社太平印刷社

Printed in Japan　ISBN978-4-7664-2998-5